dumont taschenbücher

Heijo Klein

DuMont's kleines

Sachwörterbuch der Drucktechnik und grafischen Kunst

Von Abdruck bis Zylinderpresse

DuMont Buchverlag Köln

Meinen Eltern

5. erweiterte und aktualisierte Auflage 1981

Druck: Rasch Bramsche
Buchbinderische Verarbeitung: Boss-Druck, Kleve

Printed in Germany   ISBN 3-7701-0760-8

Vorwort

DuMont's kleines Sachwörterbuch der Drucktechnik und grafischen Kunst informiert über das weite und oft verwirrende Gebiet der grafischen Techniken. Mit der Frage nach dem Herstellungsprozeß verbindet sich die nach den technischen Voraussetzungen des Mediums. Denn Gedrucktes zählt zu den ebenso selbstverständlichen wie unverzichtbaren Medien menschlicher Kommunikation.

In diesem Taschenbuch werden die Verfahren der künstlerischen Grafik und die der Druckindustrie gemeinsam dargestellt. Der einführende Aufsatz dient zur Klärung der Grundbegriffe des Druckens und der Druckgrafik. Außerdem wird die Vielzahl der Verfahren in ihren historischen Bezug gesetzt: von Gutenberg zu den Telefotos der Astronauten. Der lexikalisch gegliederte Hauptteil des Buches ›von Abdruck bis Zylinderpresse‹ umfaßt die vielfältigen Sachwörter des künstlerischen und technischen Bereichs: Holzschnitt, Radierung oder Siebdruck werden ebenso dargestellt wie die maschinellen Offsetdrucke, Plakate und Zeitungen.

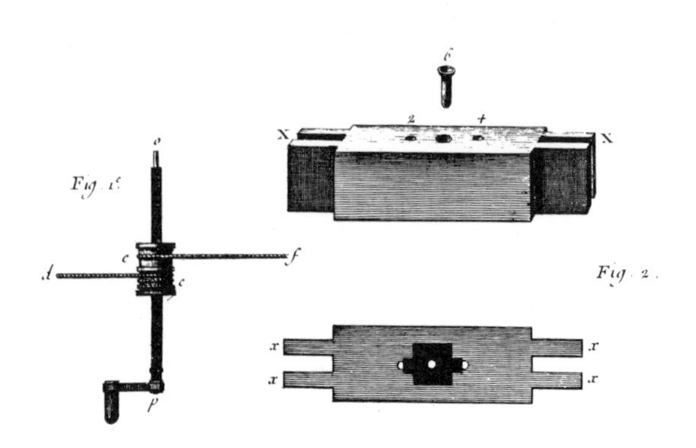

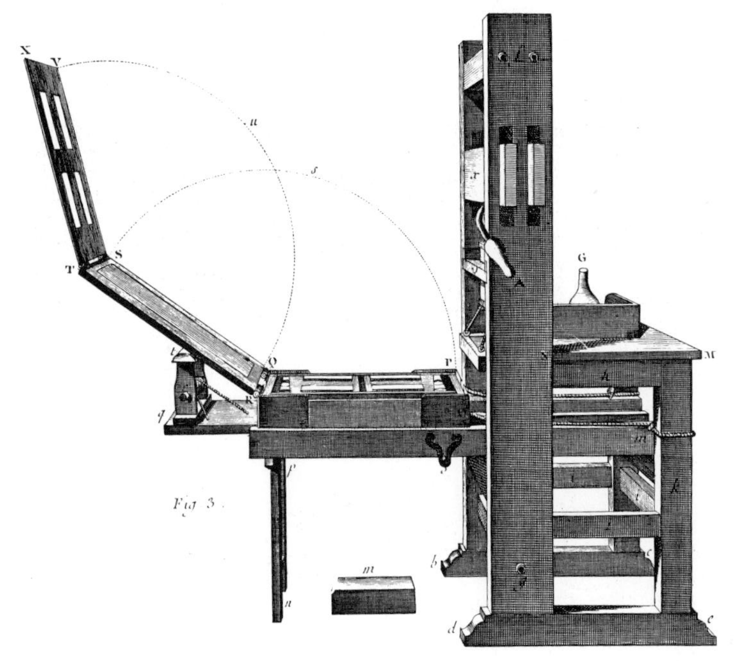

1 *Handpresse* mit Kurbel zur Bewegung des Druckfundaments (Fig. 1) und mit Kopfstück (Fig. 2), 18. Jahrhundert

Von der Schwarzen Kunst zum Farbendruck

Druckerzeugnisse in Bild und Schrift umgeben in vielfältiger Form den heutigen Menschen: die tägliche Zeitung, die in Millionenauflagen innerhalb einer Nacht gedruckt und verteilt wird, das Taschenbuch, das tausendfach verbreitet, das Fachbuch, das als Nachschlagewerk an vielen Orten greifbar ist, dazu die Fülle der kleineren 'Drucksachen'.

Als andere Form einer über den Augensinn erfahrbaren Mitteilung (Visuelle Kommunikation) spricht das Bild unmittelbar an: Das Pressefoto – über Nachrichtensatelliten im Weltraum vermittelt – erreicht als Telefoto in Sekundenschnelle die Zeitungsredaktion und

2 *Funkbild:* Astronaut auf dem Mond, 1. 8. 1969 (Apollo 11)

erscheint zusammen mit der schriftlichen Information. Illustrierte legen besonderen Wert auf das Bild und eine qualitätvolle Wiedergabe möglichst im Farbendruck.

Daneben beherrscht das großformatige Reklameplakat die Straße, will sich im Augenblick einprägen, wohingegen farbige Poster als Sonderform des Plakats zum Wandschmuck verwendet werden.

Grafische Blätter – Serigrafie, Lithografie, Radierung, Holzschnitt u. a. – sind unauffälliger gegenüber ihren industriellen Nachbarn. In kleiner Auflage gedruckt, enthalten sie vielfältige Mitteilungen in konzentrierter Form, erfordern daher ruhiges und geduldiges Betrachten. Die Dauer des Betrachtens oder 'Lesens', auch die Wiederholung dieses Vorganges ohne technische Apparatur ist eine Eigenart, die das Druckwerk gegenüber anderen Medien (Film, Fernsehen, Hörfunk) hervorhebt.

Druckerzeugnisse, Gedrucktes, dient aber nicht nur den Erfordernissen des Tages, sondern wird auch gesammelt und aufbewahrt. Plakate, Poster, Buchillustrationen sind neben vielfältigen Buch- und Zeitschriftentypen einige von vielen möglichen Sammelgebieten. Daneben steht der weite Bereich der eigentlichen Druckgrafik, die in Galerien und Antiquariaten, vom Künstler selbst oder auch durch Kunstvereine, Buch- und Grafikclubs, selbst durch Zeitschriften angeboten wird. Sammeln erweist sich als ein faszinierendes Abenteuer, das von der Suche nach einem bestimmten Blatt über Erwerb (Kauf, Ersteigerung, Tausch) zum Besitz, das durch immer neues Betrachten sowie durch Literaturstudien und Briefwechsel, über Sichten, Ordnen und Vergleichen zur Kennerschaft führen kann. Kein Sammler wird es also mit dem bloßen Ansammeln bewenden lassen, sondern er wird, indem er sich intensiver mit seinem Blatt beschäftigt, dieses sowohl nach der künstlerischen wie nach der technischen Seite bedenken. Dazu gehört ganz wesentlich die Frage, wie dieses Gedruckte entstanden sei und was es von anderen Druckerzeugnissen unterscheide. Denn 'Drucken' ist ein weites Gebiet, in dem es kein Universalverfahren gibt. Vielmehr besitzt jede der zahlreichen Techniken besondere Vorteile, aber auch Nachteile, so daß der Künstler, der Drucker oder der Verleger entscheiden muß, welches Verfahren zu welchem Zweck eingesetzt werden soll. Diese Entscheidung betrifft also ebenso den Künstler, der seine Bildidee selber im Druck realisiert, wie den Drucker, der nach einer 'Vorlage', nach einem vorgegebenen Entwurf arbeitet.

Gerade weil beide – die industrielle Drucktechnik und der Handdruck – aufeinander bezogen sind, und auch in der modernen Druckgrafik die Übergänge fließend sind, wird 'Drucken' als ein zusammengehöriges Gebiet verstanden, das sich aus einer Fülle von Spezialverfahren und Spezialberufen zusammensetzt. Diese Vielfalt verlangt ebenso einen Blick auf den Zusammenhang, wie im einzelnen für die enge Wechselbeziehung von Entwurf und Druck, von Idee und Wiedergabe eine Kenntnis der verschiedenen technischen Möglichkeiten von besonderer Wichtigkeit ist.

Die verschiedenen Techniken des Druckens

Unter Drucken versteht man im allgemeinen eine Vervielfältigung durch Abdrucken. Einfachstes Beispiel: der Fingerabdruck oder der Stempel. Die Stempelfläche zeigt ein Relief, dessen Oberfläche durch leichten Druck auf das Stempelkissen eingefärbt wird. Der Druck geschieht durch Aufdrücken auf Papier, Holz, Kunststoff usw. Diese werden als 'Druckträger', der Stempel als 'Druckform' oder 'Druckstock' bezeichnet.

Die meisten Druckverfahren lassen sich vier gebräuchlichen Druckprinzipien zuordnen: Hochdruck, Tiefdruck, Flachdruck und Durchdruck. Sie sind benannt nach der Art der Druckform. Hochdruck wäre z. B. der Stempeldruck, der Buchdruck, Holzschnitt u. a., denn beim Hochdruck drucken die hochstehenden Teile; die vertieft liegenden Zwischenräume jedoch nicht. Würde man diese hingegen mit Farbe vollstreichen, die hochstehenden Teile blank wischen und dann drucken, wäre dies ein Tiefdruck, weil die druckenden Teile 'tief' liegen (Rakeltiefdruck, Kupferstich, Radierung u. a.). Dagegen liegen beim Flachdruck die druckenden Teile auf gleicher Ebene wie die nichtdruckenden. Durch chemische Behandlung der Druckplatte erfolgt eine Trennung der druckenden von den nichtdruckenden

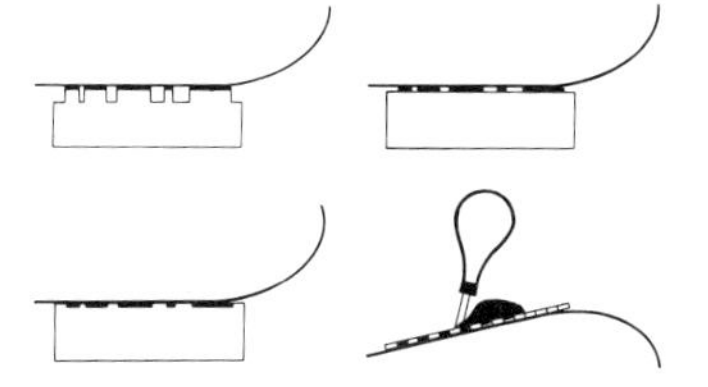

3 *Druckprinzipien*
obere Reihe: Hochdruck, Flachdruck
untere Reihe: Tiefdruck, Durchdruck

Stellen (Offsetdruck, Lithografie). Dagegen wird beim Durchdruck die Farbe durch ein feinmaschiges Sieb und über eine Schablone auf den Druckträger gestrichen(Siebdruck, Schablonendruck). Unter der Lupe lassen sich die vielfältigen Druckerzeugnisse identifizieren: der Hochdruck an den Quetschrändern des Druckstocks in der Farbe, der Tiefdruck am Farbrelief, der Flachdruck am glatten, dünnen Farbauftrag, der Siebdruck an der dicken, flächigen Farbschicht.

Handdruck und Druckgrafik

Neben den Druckprinzipien wird bei Druckerzeugnissen auch nach der Art der Herstellung zwischen Handdruck und industrieller Drucktechnik unterschieden. Als Handdruck bezeichnet man diejenigen Druckverfahren, die weitgehend manuell ausgeführt werden.

Für den Druck von Schrift wird der 'Schriftsatz' aus einzelnen Buchstaben (Lettern) zusammengestellt und in einer Handpresse gedruckt. Für den Druck von Bildern überträgt der Künstler seine Zeichnung auf die Druckplatte. Dabei muß er stets spiegelbildlich arbeiten, denn das, was er etwa auf die linke Seite der Druckplatte zeichnet, erscheint durch das Umdrehen beim Druck rechts im Bild und umgekehrt. Will er Zwischentöne erreichen, z. B. Grau beim Druck mit schwarzer Farbe, so kann er diese 'Halbtöne' vortäuschen, indem er die druckende Fläche in engere oder dichter beieinanderliegende Linien, sog. Schraffuren auflöst. Den fertig geschnittenen Druckstock wird der Künstler mit Druckfarbe einfärben, ein Blatt Papier auflegen und dieses durch Aufdrücken mit einem Reibewerkzeug oder in einer Handdruckpresse abdrucken.

Der Künstler wird dann das fertige Blatt mit seinem Namen signieren und es numerieren. Er vermerkt auf jedem Blatt sowohl die Anzahl der Abzüge, die von diesem Druckstock insgesamt gemacht werden (Auflage), sowie die Nummer des einzelnen Blattes. Ein solches Blatt wäre ein 'Handdruck'; es wäre aber auch eine 'Originalgrafik', weil sie der Künstler selbst hergestellt hat. Doch ist dieser Begriff umstritten. Während das ›Comité National de la Gravure‹ von einer Originalgrafik fordert, daß der Künstler auch den Abdruck selbst zu leisten habe, wird im allgemeinen die eigenhändige Anfertigung der Druckplatte und die Überwachung des Drucks durch den Künstler erwartet. Durch seine Unterschrift (Signatur) bescheinigt der Künstler, daß der Druck seinen technischen und künstlerischen Vorstellungen entspricht.

'Reproduktionsgrafik' bezeichnet Drucke nach einem Gemälde oder nach einer Zeichnung des Künstlers. Der Stecher oder die grafische Werkstatt stellt nach der 'Vorlage' die Druckplatte her, von der die Druckerei die Abzüge anfertigt.

Solche Unterscheidungen sind wichtig für den Sammelwert, den das Blatt besitzt. Ein Blatt aus einer sehr kleinen Auflage ist seltener, also wertvoller als das Blatt aus einer sehr großen. Auch kann ein früher Druck (durch die niedrige Abdrucknummer ausgewiesen) bei rasch verschleißenden Druckstöcken besser ausfallen als ein später Druck. Ein Blatt, dessen Qualität durch die Signatur bescheinigt ist, wird dem Sammler begehrenswerter sein als ein unsignierter, also vom Künstler nicht kontrollierter Druck. Sehr geschätzt sind auch sog. 'Zustandsdrucke', also Abzüge von einer später veränderten Druckplatte. Liebhaber und Sammler achten auf jedes Detail – so können auch Fehldrucke unter bestimmten Umständen sehr gefragt sein.

Gedruckte Blätter mit vorwiegend bildlichen Darstellungen werden als 'Druckgrafik' bezeichnet. Sie fallen damit unter den Oberbegriff 'Grafik' (von griech. graphein = schreiben), der neben dem Gedruckten auch die mit Stift oder Pinsel angefertigte Zeichnung einschließt. Druckgrafik wird auch – im Gegensatz etwa zu Gemälden – nicht dauernd als Wandschmuck benutzt, sondern sie ist mehr 'Blattkunst', die in Mappen und Schubladen aufbewahrt und nur von Fall zu Fall betrachtet wird.

Wegen dieser intimeren Art der Grafik wurden Sammlungsräume früher als 'Kabinette' bezeichnet. Öffentliche Sammlungen bewahren Druckplatten und Drucke, die dem Besucher auf Wunsch vorgelegt werden. Außerdem erstellen die großen Museen wissenschaftliche Kataloge (Bestands- und Ausstellungskataloge, Werkverzeichnisse u. a.), die über das einzelne Blatt genaue Auskunft geben.

Industrieller Druck

Die industrielle Drucktechnik wird vom grafischen Gewerbe bzw. der grafischen Industrie durch viele spezialisierte Berufe ausgeübt. Sie ist weitgehend mechanisiert und automatisiert und produziert Druckerzeugnisse in meist großer Auflage. Je nach der Art der Druckerzeugnisse spricht man von Akzidenzdruck (Gelegenheitsdrucksachen für private und geschäftliche Zwecke), Werkdruck (Bücher und Broschüren) und Zeitungsdruck. Auch die industrielle Drucktechnik arbeitet im Hoch-, Tief-, Flach- und Siebdruck.

Das allgemein verbreitete *Hochdruck*verfahren wird vorwiegend zum Druck von Büchern, Zeitschriften u. a. eingesetzt – deshalb auch 'Buchdruck' genannt. Für den Druck von Schrift werden 'Lettern' benutzt. Das sind kleine Bleistempel, die jeweils das seitenverkehrte Bild eines Buchstabens aufweisen. Solche Lettern reiht der Setzer im 'Winkelhaken' zu Zeilen ('Handsatz'). Dagegen werden in Setzmaschinen einzelne Buchstaben (Monotype) oder ganze Zeilen (Linotype) gegossen ('Maschinensatz').

Für den industriellen Druck von Bildern fertigt man 'Klischees' an. Dazu wird eine 'Vorlage' benötigt, eine Fotografie oder eine Zeichnung des abzubildenden Gegenstandes. Zeichnungen, die nur Linien enthalten, werden als 'Strichvorlagen' bezeichnet, Fotografien u. a. mit Zwischentönen als 'Halbtonvorlagen'. Entsprechend den Vorlagen werden 'Strichätzungen' oder bei Halbtonbildern 'Autotypien' unterschieden. Auch für den industriellen Druck müssen Halbtöne durch volle Töne ersetzt werden. Anstelle der Schraffur bei den Handverfahren geschieht dies bei der Autotypie durch sog. 'Raster', die das Bild in kleine Punkte zerlegen. Der Reproduktionsfotograf fotografiert die Vorlage, und der Chemigraf stellt danach den Druckstock her, indem er das Negativ auf Metall kopiert und die nichtdruckenden Stellen durch Säure wegätzt.

Aus Klischees und Schriftsatz wird dann die Druckform zusammengestellt (Umbruch) – meist nach einem bestimmten Entwurf (Layout). Die Druckform kann anschließend in den Buchdruckmaschinen gedruckt werden. Rotationsmaschinen für den Zeitungsdruck verwenden gebogene Druckplatten. Für den Tief-, Flach- und Durchdruck gibt es besondere Verfahren.

Sollen farbige Drucke angefertigt werden (*Farbendruck*), so ist für jede Farbe ein gesonderter Druckvorgang erforderlich. Dazu werden Druckformen für jede Farbe getrennt hergestellt (Farbauszüge). Je nach der Anzahl der Farben spricht man vom Ein- oder Mehrfarbendruck. Der meist übliche Vierfarbendruck geht von den Grundfarben Gelb, Rot (Purpur), Blau (Zyan) sowie von Schwarz aus. Durch 'Rasterung' und eine aufeinander abgestimmte Stellung der 'Rasterpunkte' auf den Druckplatten der Grundfarben sind beim Zusammendruck Zwischentöne und Mischfarben möglich.

Druckfarben und Druckträger werden den einzelnen Drucktechniken entsprechend eingesetzt. Beide beeinflussen – neben dem Papier, das nach Zusammensetzung und Oberflächenbeschaffenheit sehr unterschiedlich sein kann – die Qualität des Druckergebnisses erheblich. Außer Papier werden auch Bleche, Kunststoff, Holz, selbst Flaschen und Früchte maschinell bedruckt.

Das industriell hergestellte Druckerzeugnis wird von der papierverarbeitenden Industrie weiterverarbeitet. *Buchbindereien* stellen Einbände her, 'binden' die Druckbogen zu Büchern oder Broschüren, 'prägen' die Einbände mittels Handvergoldung oder Heißprägung. *Kartonagenfabriken* fertigen Kartons, Kästen, Etuis und nehmen damit Aufgaben der Verpackungsindustrie wahr. *Verlage* sind vielfach die Auftraggeber der Druckindustrie, da sie zwischen dem Autor eines Manuskriptes und dem Käufer eines Buches die vermittelnde Arbeit leisten.

Zwischen Handdrucktechniken und industriellen Verfahren bestehen mannigfache Bezüge und Wechselwirkungen. Obgleich sich industrielles Drucken aus dem Handdruck entwickelt hat, besteht der Handdruck doch weiterhin neben dem industriellen Druck. Gewiß sind die Produktionszahlen der modernen Druckindustrie eindrucksvoll, aber sie stellen doch keine absoluten Werte dar. Es wäre absurd, das Handverfahren, das in der Stunde vielleicht zehn, fünf oder auch nur einen Druck erbringt, am Rotationsdruck mit über 40 000 stündlichen Drucken zu messen. Denn da jede der beiden Sparten spezifische Eigenarten besitzt und unverwechselbare Ergebnisse im Druck erbringt, kann auf beide nicht verzichtet werden. Der Rotationsdruck ist an die hohe Auflage gebunden; eine Auflage von zehn oder fünfzig Drucken – wie bei der Radierung üblich – würde im Rotationsdruck einen unrealistischen Preis erfordern, wohingegen der Handdrucker durchaus auf seine Kosten käme.

Im Lexikonteil dieses Taschenbuches sind die vielfältigen Drucktechniken isoliert, dem Zwang des Alphabets unterworfen. Ihre historische Folge, ihr Nacheinander oder ihre Gleichzeitigkeit, ihre gegenseitige Beeinflussung oder auch Verdrängung verlangt hier eine knappe Übersicht.

Drucktechnik früher und heute

Im Gegensatz zur neueren Geschichte des Druckens, die weitgehend an den Druckträger Papier gebunden ist, haben frühere Hochkulturen einen anderen Rohstoff benutzt: den Ton. Mit Holzstempeln oder Rollsiegeln wurden Besitzanzeigen, Geschäftskorrespondenz, auch literarische Werke in den weichen Ton gedruckt. Babylonische

Tontafeln aus dem 3. Jahrtausend v. Chr., und solche aus dem Staatsarchiv von Niniveh (ca. 650 v. Chr.), ebenso der berühmte Diskus von Phaistos auf Kreta (ca. 1700 v. Chr.) belegen den Hochdruck in Ton. Römische Firmenstempel auf Tonziegeln und auf Terrakottafigürchen oder mittelalterliche Schriftsätze auf Tontafeln wie die Prüfeninger Weihinschrift von 1119 wurden ähnlich hergestellt. Der Bilddruck mit Siegeln und Modeln – also mit aus Holz oder Metall geschnittenen Druckformen – läßt sich in den Reliefs römischer Keramik (›Terra sigillata‹), in mittelalterlichen Wachs- und Bleisiegeln (›Bullen‹), in Pilgerzeichen und Weihbildern auf Glocken, sogar im Bereich der Backwaren verfolgen. Reliefdruck auf Leder als Tapete oder auf Bucheinbänden ist seit dem Anfang des 15. Jahrhunderts belegt. Druck im heutigen Verständnis, also vorwiegend auf einen planen, dünnen Druckträger, begegnet in China und Japan im 8. Jahrhundert auf Papier und später im mittelalterlichen Zeugdruck auf Stoff. Mit der im späten 14. Jahrhundert einsetzenden Verbreitung des Papiers, das für den Druck bis heute eine wesentliche Voraussetzung ist, beginnt auch die Neuzeit für die Geschichte der Drucktechniken.

Holzschnitt und Buchdruck

Im Umkreis der mittelalterlichen Brief- und Kartenmaler, die ihre Erzeugnisse einzeln von Hand herstellten, finden sich die frühesten Bilderdrucke nach holzgeschnitzten Druckstöcken. Aus der Zeit um 1410–20 sind handkolorierte ›*Einblattholzschnitte*‹, von 1430 Spielkarten eines Florentiner Malers erhalten. Um 1440 gab es Holzschneider in Venedig, Ulm und Straßburg. Neben Einblattdrucken traten seit 1430 sog. Blockbücher auf, bei denen jede Seite mit einer zusammenhängenden Holzplatte gedruckt wurde, die sowohl Schrift als auch Bild enthalten konnte. Wohl um 1440 erfand dann Johannes Gutenberg den Druck mit einzelnen Lettern; seine handkolorierte Bibel druckte er 1452–55 in Mainz. Mit der ›*Schwarzen Kunst*‹ Gutenbergs – denn gedruckt wurde mit schwarzer Farbe auf Papier – begann auch ein Aufschwung für den Holzschnitt. Für Buchillustrationen wurden Druckstöcke in großer Zahl benötigt. Sie konnten zusammen mit der Schrift in einem einzigen Arbeitsgang gedruckt werden. Auch Maler, wie z. B. Wilhelm Pleydenwurff und Michael Wolgemut – Dürers Lehrer – betätigten sich in dieser Technik. Der Nürnberger Drucker Anton Koberger versah seine

APOCALIP

Incipit plogus in apocalipsin.
Iohannes apostolus et euangelista
a christo electus atq; dilectus · in tanto
amore dilectionis uberiori habitus ē·
ut in cena supra pectus eius recumbe-
ret et ad crucem astanti soli matrem
propriam commendasset: ut quem
nubere volentem ad amplexum virgi-
nitatis asciuerat: ipsi ad custodiendā
virginem tradidisset. Hic itaq; cum
propter verbum dei ⁊ testimonium ihesu cristi in pathmos insulam mitte-
retur exilium · illic ab eodē apocalipsis
pre ostensa describit: ut sicut in princi-
pio canonis id ē libri geneseos incor-
ruptibile principiū pnotat: ita etiā in-
corruptibilis finis p virginē in apoca-
lipsi redderet̄ dicentis. Ego sū alpha
et o: initiū et finis. Hic est iohannes · q
sciens superuenisse sibi diem egressionis
de corpore conuocatis ī epheso discipu-
lis descendit inde fossum sepulture sue
locum: orationeq; cōpleta reddidit spi-
ritū · tam a dolore mortis fact⁹ extra-
ne⁹: q̄ a corruptione carnis nosciē ali-
en⁹. Cui⁹ tamē scripture dispositio uel
libri ordinatō ideo a nobis p singula
nō exponit̄: ut nesciēntib; inq̄rendi deside-
rium collocetur: ⁊ querētibus laboris
fructus · et deo magisterij doctrina ser-
uetur. Explicit plogus. Incipit liber
apocalipsis · bti iohannis apli.

Apocalipsis ihesu cri-
sti quā dedit illi de⁹
palam facere seruis
suis que oportet fie-
ri cito: et significa-
uit mittēs per āgelū
suū seruo suo iohanni q testimoniū per-
hibuit verbo dei: ⁊ testimoniū ihesu cristi quecūq; vidit. Beat⁹ qui legit ⁊ qui
audit verba prophetie huius: et seruat ea
que in ea scripta sunt. Tempus enim
prope est. Iohannes septē ecclesijs que
sunt in asya. Gratia vobis ⁊ pax ab
eo qui est ⁊ qui erat ⁊ qui venturus ē:
et a septem spiritibus q in cōspectu thro-
ni eius sunt: ⁊ a ihesu cristo q est testis
fidelis pmogenitus mortuorū et prin-
ceps regū terre: qui dilexit nos et lauit
nos a peccatis nr̄is in sanguine suo ⁊
fecit nos regnū ⁊ sacerdotes deo ⁊ prī
suo: ipsi gl̄a et imperium: in secula secu-
lorū amen. Ecce venit cū nubibus: et
videbit eū omnis oculus: ⁊ qui eū pu-
pugerunt. Et tūc plāgent se sup eum
omnes tribus terre: etiā amē. Ego sum
alpha ⁊ o: principiū et finis · dicit do-
minus deus qui ē ⁊ qui erat ⁊ q venturus est omnipotens. Ego iohannes fra-
ter vester ⁊ particeps ī tribulacione ⁊ re-
gno et patientia in cristo ihesu: fui ī in-
sula q appellatur pathmos propt verbum dei ⁊ testimoniū ihesu. Fui in spi-
ritu in dominica die: ⁊ audiui post me
vocem magnam tanq̄ tube dicentis.
Quod vides scribe in libro: ⁊ mitte septem ecclesijs epheso et smirne ⁊ perga-
mo ⁊ thiatire ⁊ sardis ⁊ philadelphie
et laodicie. Et cōuersus sum: ut viderem
vocem q loquebat̄ mecū. Et cōuersus
vidi septem candelabra aurea: ⁊ ī me-
dio septem cādelabror; aureor; similē
filio hominis vestitū podere: ⁊ p̄cinctū
ad mamillas zona aurea. Caput
autē eius et capilli erāt candidi tanq̄
lana alba: ⁊ tanq̄ nix. Et oculi eius
tanq̄ flamma ignis: ⁊ pedes ei⁹ simi-
les auricalco sicut ī camino ardenti.
Et vox illius tanq̄ vox aquar; mul-
tarum: ⁊ habebat ī dextera sua stellas
septem. Et de ore ei⁹ gladius utraq;
parte acut⁹ exibat: ⁊ facies ei⁹ sicut sol
lucet in virtute sua. Et cū vidissem eū:

4 Gutenberg-Bibel, 1452–1455 (42zeilig ›B 42‹) Initialen und Rankenwerk handgemalt

›Schedelsche Weltchronik‹ von 1493 mit fast 2000 Holzschnitten; er beschäftigte bis zu hundert Gesellen an 24 Druckpressen.

Der *Holzschnitt* erlebte mit Albrecht Dürer seinen Höhepunkt: ›Die Apokalypse‹, ›Die Große -‹ und die ›Kleine Passion‹ sowie das ›Ma-

5 *Holzschnitt:* Albrecht Dürer, Samson kämpft mit dem Löwen, um 1496

rienleben‹ sind nicht nur meisterhaft im Technischen, sondern sie enthalten auch jene, der grafischen Kunst eigentümliche Verbindung von Bildidee, inhaltlicher Aussage und Komposition einerseits mit den spezifisch grafischen Mitteln dieses Druckverfahrens andererseits. Nicht nur in Dürers Werkstatt fand eine allgemein übliche Arbeitsteilung zwischen Entwerfer, Holzschneider und Drucker statt. Teamarbeit einer ganzen Gruppe von Künstlern ist für die Großaufträge Kaiser Maximilians belegt: Dürer, Burgkmair, Altdorfer u. a. arbeiteten an den 137 Holzstöcken für die Darstellung des kaiserlichen ›Triumphzuges‹ und an den 174 Holzschnitten für die dreieinhalb Meter hohe ›Ehrenpforte‹, die zusammengefaltet und verschickt werden konnte. Grafik hatte in dieser Zeit höchsten Rang.

Besondere Anstrengungen unternahm man auch für den *Farbendruck*. Statt der üblichen Handkolorierung wurden seit 1500 'Clair-obscur-Drucke' gefertigt, wobei erst mit einer 'Tonplatte' farbige Flächen bzw. Töne, dann mit einer Konturenplatte die Linien gedruckt wurden. Burgkmair, aber auch Cranach druckten sogar auf handgestrichenem Hintergrund Konturen in Gold und Silber mittels einer 'Unterdruckfarbe'.

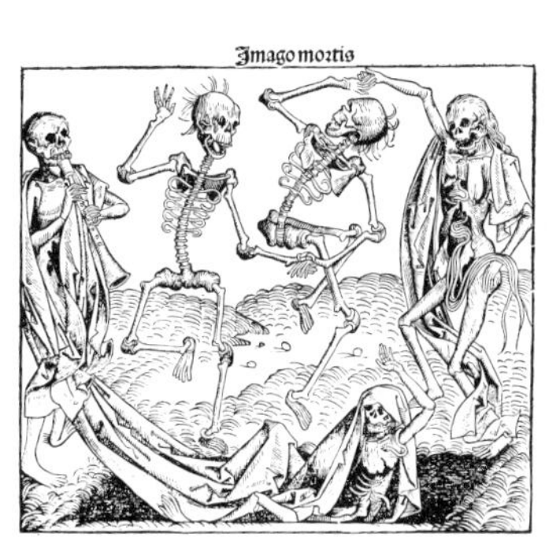

6 *Holzschnitt:* M. Wolgemut, Totentanz aus der ›Schedelschen Weltchronik‹, 1493

7 *Kupferstich:* Israhel van Meckenem, Der Moriskentanz, um 1475

Kupferstich

Neben der Hochdrucktechnik von Holzschnitt und Buchdruck wurde für Bildwiedergaben das Tiefdruckverfahren des Kupferstichs angewendet. Denn im Gegensatz zum Hochdruck des Holzschnitts, der auf kräftige Linienführung, auf den Gegensatz von Schwarz und Weiß angelegt war, vermochte der Tiefdruck nicht nur feinere Strichlagen wiederzugeben, sondern auch Halbtöne. Allerdings bedurfte es dazu einer besonders virtuosen Technik des Stechers, der das Bild in die Kupferplatte gravierte. Dieses Verfahren hatte seinen Ur-

8 *Ornamentstich:* Enea Vico, Grottesken (Kupferstich) um 1540

sprung im Goldschmiedehandwerk, das auch Dürer erlernt hatte. Goldschmiede waren gewohnt, gravierte Bilddarstellungen oder Ornamente einzufärben und auf Papier abzudrucken, um Musterblätter für weitere Arbeiten zu erhalten. Später wurden spezielle '*Ornamentstiche*' angefertigt, die dem Kunstgewerbe als Vorlageblätter dienten. In der Goldschmiedetechnik des Punzens entstanden auch sog. Schrotschnitte, die im Hochdruck wiedergegeben wurden.

Einer der ersten bedeutenden Maler, der die Kupferstichtechnik anwandte, war Martin Schongauer. Er gewann dem Verfahren durch Schraffuren und Schattierungen plastische und räumliche Wirkungen

9 *Kupferstich:* Albrecht Dürer, Melancholie, um 1514 (Kopie)

ab. Albrecht Dürer konnte, darauf aufbauend, seine brillanten 'Meisterstiche' fertigen. Während in Deutschland Maler die Technik des Kupferstichs vielfach selbst ausübten, lag diese in Italien fast ausschließlich in den Händen von Berufsstechern. Deren Zielsetzung

10 *Reproduktionsstich:* Jan Muller (1571–1628), Herkules tötet die Hydra (nach Adrian de Vries, 1602), Kupferstich

war auch eine andere; denn sie fertigten nicht 'Original-', sondern 'Reproduktionsgrafik', d. h., sie setzten Gemälde in Kupferstiche um, in Reproduktionen nach berühmten Originalen. So stach u. a. Marcantonio Raimondi nach Tizian und Raffael, auch nach Dürer. Durch solche Reproduktionsstiche wurden Gemälde, Künstler und neue Stile bekannt, eine Aufgabe, die später die Fotografie übernahm.

Kupferstiche wurden als Einzelblätter gehandelt oder als Illustrationen in Bücher eingeklebt ('Titelkupfer'). Ambulante Bilderhändler zogen bis ins 18. Jahrhundert umher. Druckgrafik wurde auch auf Märkten angeboten. Belegt ist etwa, daß Dürers Frau Kupferstiche ihres Mannes auf der Frankfurter Messe feilbot; seine Mutter vertrieb Drucke auf dem Nürnberger Heiltumsmarkt. Kupferstiche (z. B. von Schongauer) gelangten auf den Handelswegen der Hanse bis nach Skandinavien und Rußland. Italienische Stiche verbreiteten u. a. in den Niederlanden den Stil des Manierismus.

Radierung

Zu der schwierig handzuhabenden Technik des Kupferstichs trat gegen Ende des 15. Jahrhunderts die Radierung. Sie ist am ehesten 'zeichnerische' Technik, da der Künstler mit Feder oder Nadel leicht in den 'Ätzgrund' zeichnen kann. Sowohl das Einkratzen mit 'Kalter Nadel' wie das Ätzen der Radierung haben ihre Anfänge im Handwerk der Waffenschmiede, dem auch die frühen Radierer, z. B. die Familie Hopfer aus Augsburg, angehörten. Dürer und wohl auch Altdorfer stellten ebenfalls einige solcher 'Eisenradierungen' her. Bald aber wurde, besonders in Italien und den Niederlanden, das weichere Kupfer oder auch Zink verwendet. Im 17. Jahrhundert wurde dann die Radierung zum gebräuchlichen Druckverfahren, das vom Künstler unmittelbar ausgeübt wurde. Auf solchen grafischen Blättern lassen sich nicht nur das Spontane des flüchtigen Strichs sowie Nervosität und Genialität einer Linie beobachten, sondern zugleich die Dramatik von Licht und Dunkel, wie sie von der barocken Kunst thematisiert wurde. In Rembrandts Radierungen erreichte diese subtile Kunst ihren Höhepunkt. Er war es auch, der die vielfältigen Mittel dieser Technik: Kaltnadel und Radieren, partielles Ätzen, selbst die Wahl des Papiers seiner Bildidee entsprechend einsetzte. Waren Kunstwerke dieser Art für den Kreis der Kenner und Liebhaber bestimmt, so wandte sich Jacques Callot mit seinen Karikaturen und mit seinen Szenen aus dem Kriegsleben engagiert einer breiteren Öffentlichkeit zu.

11 a *Radierung:* Rembrandt, Die drei Kreuze, 1653, I. Zustand

Buch- und Pressewesen

Die Vielfalt der Druckverfahren bot aber nicht nur den Künstlern vielfältige bildnerische Möglichkeiten, sondern sie bewirkte auch jenen, für die Geschichte der Neuzeit charakteristischen Prozeß von Öffentlichkeit und Verbreitung. Denn durch Drucken und Vervielfachen konnten Ideen und Erkenntnisse einer großen Zahl von Menschen bekannt gemacht werden. Voraussetzung einer solchen Neubestimmung auch der Kunst war das Moment der Vervielfältigung. Das einmalige Kunstwerk erhielt im gedruckten 'Exemplar' sein Gegenstück, weil die Abdrucke (Exemplare) sich nicht oder nur kaum voneinander unterschieden. Außerdem wurde durch eine Produktion auf Vorrat – denn die Auflage mußte erst noch verkauft werden – das sonst übliche Prinzip der 'Herstellung auf Bestellung' verlassen. Das grafische Kunstwerk erhielt Warencharakter.

11 b *Radierung:* Rembrandt, Die drei Kreuze, um 1660, IV. Zustand

Warencharakter und Massenhaftigkeit, damit größere Zugänglichkeit für ein breiteres Publikum, waren in noch stärkerem Maße für den Buchdruck wichtige Vorbedingungen. Schon früh wurde die Möglichkeit der Beeinflussung einer großen Menschenmenge durch Gedrucktes von den Autoren der 'Flugblätter' erkannt und genutzt. Solche knappen Mitteilungen informierender oder propagierender Art – meist mit einem illustrierenden Bild – verbreiteten politische oder religiöse Ideen, schilderten Naturkatastrophen, Kriegsereignisse, Entdeckungsfahrten, Sensationen aller Art. Hinzu kamen gedruckte Ablaßbriefe, Anschläge (Plakate), behördliche 'Erlasse' als erste amtliche Drucksachen.

Die frühen Bücher (Gutenbergbibel u. a.) wurden meist in der damals international üblichen lateinischen Sprache gedruckt. Die lateinische Bibel (Vulgata) war 1500 schon 94mal gedruckt worden. Auf der Frankfurter Buchmesse wurden zwischen 1560 und 1630 noch doppelt so viele lateinische wie deutschsprachige Bücher angeboten. In dem Maße aber, in dem sich ein Autor an ein größeres Publikum wandte, hatte er seit dem 16. Jahrhundert zunehmend die Landessprache zu verwenden. Luthers Bibelübersetzung erschien zu seinen Lebzeiten allein in 430 Ausgaben. Seine Schriften machten von etwa 1500 bis 1540 ein Drittel der gesamten deutschen Buchproduktion aus. Dies mag erklären, welche Bedeutung der Buchdruck auch für die Reformation besaß. Der ungeheure Aufschwung der Bücherproduktion seit Gutenberg betraf nahezu alle Wissensgebiete. Da das gedruckte Buch – im Gegensatz zum handgeschriebenen – in vielen Exemplaren vorhanden und verbreitet war, wurden geistige Güter nun auch weniger verletzlich. Während handgeschriebene Bücher leichter verboten und vernichtet werden konnten, wurde dies bei Gedrucktem nahezu unmöglich, wenngleich die Auflage meist nur 200, selten 1000 Stück umfaßte.

Neben einzelnen Käufern waren die immer zahlreicher werdenden Bibliotheken darauf bedacht, sich möglichst lückenlose Sammelgebiete anzulegen, vergleichbar den Bildsammlungen für die Druckgrafik. Buchhandlungen und Verlage wurden in großer Zahl gegründet. 'Zeitungen' als periodisch erscheinende Zusammenfassungen von Nachrichten entstanden seit dem 16. Jahrhundert; sie wurden nach der Jahrhundertwende zur festen Einrichtung (1609 in Straßburg und Augsburg). Die ›Einkommenden Nachrichten‹ erschienen in Leipzig als erste deutsche Tageszeitung; in England wurde der ›Daily Courant‹ 1702 gegründet. Geschichte der Zeitung ist aber zugleich Geschichte der freien Meinungsäußerung und damit auch Geschichte der Zensur. Bis ins 18. Jahrhundert war die Druckerlaubnis, also das Recht, zu vervielfältigen und Gedanken (nicht nur mittels der Zeitung) zu verbreiten, allgemein an fürstliche Privilegien gebunden. Noch 1729 verfügte der preußische König gegen das ›Hallenser Intelligenzblatt‹, daß eine Privatperson nicht berechtigt sei, über Maßregeln und Anordnungen der Souveräne öffentliche oder gar tadelnde Urteile zu fällen. Während die Pressezensur in England schon 1694, in Deutschland aber erst 1874 aufgehoben wurde, herrschte in Frankreich seit 1788 Pressefreiheit. Gedruckt wurde allgemein auf Handpressen mit Bleilettern im Handsatz.

Reproduktionsstich

Diejenigen grafischen Techniken, die der Bildwiedergabe dienten, erfuhren weitere Verfeinerungen. Holzschnitt und Kupferstich wur-

12 *Kupferstich:* Claude Mellan, (1598–1688), Das Schweißtuch der Veronika, (Kopie 1735)

den im 17. und 18. Jahrhundert fast ausschließlich zur Reproduktion verwendet. Berufsstecher erreichten eine unglaubliche Meisterschaft in der Handhabung des Stichels. In den Niederlanden wurde Ende des 16. Jahrhunderts eine Technik von an- und abschwellenden Linien unterschiedlicher Dicke erfunden, mittels der etwa Claude Mellan (1598–1688) ein Christusbild aus einer einzigen spiralen Linie zu stechen vermochte. Der berühmte Radierer Jacques Callot wurde von der Infantin Isabella Clara Eugenia zur 'Bildberichterstattung' über die Belagerung von Breda berufen, später dann nach La Rochelle und zur Insel Ré von Ludwig XIII. Außerdem waren am französischen Hof besondere Stecher mit der bildlichen Wiedergabe der Hoffeste beauftragt, u. a. Charles Nicolas Cochin d. J. und d. Ä.

Verfeinerungen der Drucktechnik

Mit der 1642 erfundenen *Schabkunst* (Mezzotinto) ersetzte man gar das Schraffurensystem und konnte mit dieser Technik 'echte' Halbtöne wiedergeben. Die im späten 18. Jahrhundert erfundene *Aquatinta*-Radierung ermöglichte durch besondere Flächenätzung Halbtöne zu drucken, auch Zwischentöne von Farben *(Farbstich)*. Mit solchen, feine Tonnuancen zulassenden Druckverfahren schuf sich das Rokoko sein spezifisches Medium. Dies gilt im besonderen Maße für die Mitte des 18. Jahrhunderts aufkommende *Crayonmanier* (Kreidemanier) sowie für den *Vernis mou* (Weichgrundätzung). Diese beiden Techniken erlaubten, den vom Rokoko so geschätzten porösen Kreidestrich – etwa von Pastellkreide – adäquat wiederzugeben.

Zwei Erfindungen mögen die Spannweite des Komplexes Drucktechnik im Zeitalter des Barock belegen. Der Genuese Benedetto Castiglione (1616–70) erfand die Monotypie, eine Technik, die nur einen einzigen Abdruck erlaubte. Sie kam dem Unikat der Handzeichnung nahe und stand zugleich als 'Verwenigfältigung' dem üblichen Prinzip des Drucks entgegen. Andererseits stellte der Edinburger Goldschmied William Ged 1729 mittels 'Matern' aus Gips Duplikat-Druckstöcke nach Schriftsatz her. Der Beginn der 'Stereotypie', einer Voraussetzung des Rotationsdrucks, also einer möglichen Vertausendfachung der Abdrucke für das spätere Massenmedium war gegeben. Beide Tendenzen sind als Eigenarten des Gedruckten bis heute zu beobachten.

Lithografie und Buchillustration

Der Widerstreit zwischen Verviel- oder Verwenigfachung, einer möglichst hohen oder möglichst niedrigen Auflage, läßt sich im 19. Jahrhundert nicht nur innerhalb der Grafik, sondern auch innerhalb

13 *Lithografie:* Honoré Daumier, Ne vous y frottez pas! Liberté de la presse (Rührt nicht an die Pressefreiheit!), 1834

eines neuen Verfahrens beobachten, nämlich der Lithografie. Aloys Senefelder erfand um 1797 den *Flachdruck* oder die ›Chemische Druckerey‹ mittels Lithografiestein. Leichter noch als die Radierplatte konnte der Stein vom Künstler bezeichnet oder beschrieben werden, selbst Halbtöne bereiteten keine Schwierigkeiten. Außerdem nutzte die Druckplatte nicht ab und ließ auch Großformate zu.

Das Verfahren der Lithografie (Steindruck) wurde vom Druckgewerbe insbesondere zur farbigen Reproduktion nach Gemälden industriell eingesetzt. Formate bis zu 1,40 m Seitenlänge konnten in Spezialmaschinen vom Stein gedruckt werden. Die 1845 gegründete 'Bilderfabrik' May in Dresden und Frankfurt produzierte im Jahre 1888 täglich bis zu 1500 Bogen. Dennoch gewann das ebenfalls lithografisch gedruckte *Plakat* zunehmend an Bedeutung und überflügelte zahlenmäßig bald den Reproduktionsdruck nach Gemälden. Künstler wie Henri de Toulouse-Lautrec, später Georg Muche, haben die spezifischen Wirkungen des Plakats mit klaren, auf Flächenwirkung angelegten Farbtönen und mit der Einbeziehung von Typografie (Schrift) zu nutzen gewußt. Später jedoch trennte sich dieser Bereich des Grafischen als 'Gebrauchsgrafik' von der 'Freien Grafik'.

Die Bebilderung von Büchern wurde meist von spezialisierten Illustratoren wahrgenommen, die im *Holzstich* (Xylografie) oft nach Fotografien Druckstöcke fertigten. Einzelne Künstler, u. a. Moritz von Schwind und Ludwig Richter, entwarfen Vorlagen für Buchillustrationen. Lithografien erschienen als Zeitschriftenbeilagen oder als Einzelblätter; Honoré Daumier wählte sie zum Medium seiner zeitkritischen Karikaturen.

Grafik als Original

Mit der Möglichkeit zu unbegrenzter Vervielfachung im industriellen Druck ging eine Gegenbewegung auf seiten der Künstler einher, die bewußt für die kleine Auflage warb und Druckgrafik auch wegen ihrer technischen Besonderheiten schätzte. Ein Gegensatz zwischen Gewerbe bzw. Industrie und Künstler zeichnete sich ab. Die Künstler wandten sich gegen die Bilderflut und gegen die Schwemme des Reproduktionswesens, die Industrie gegen unrentable Niedrigauflagen. Seit um 1880 nun auch Druckgrafik vom Künstler nach dem Druck signiert und durch Numerierung die Begrenzung der Auflage bescheinigt wurde, riß die Kluft zwischen künstlerischer 'Druckgrafik' und industriellem 'Druckerzeugnis' auf, die erst in der jüngsten Gegenwart durch Annäherung der Verfahren überbrückt werden konnte.

Auf künstlerischer Seite wurde im 19. Jahrhundert die '*Maler-Radierung*' propagiert. Diese freie Radierung des Künstlers vermochte – aufbauend auf den zarten Liniengespinsten des Rokoko – eine eigentümlich 'grafische' Ausdrucksform zu finden. Vorbereitet etwa durch die geistvollen ›Scherzi‹ Tiepolos und die Stadtansichten Canalettos, konnte die Maler-Radierung nun selbst mit der Handzeichnung konkurrieren, da sie nicht nur mit unterschiedlichen Strichstärken, sondern auch mit einer größeren Anzahl von Dunkelwerten arbeiten konnte; dies ist ein Ergebnis der Auseinandersetzung mit den Radierungen Rembrandts. Auch der Holzschnitt erfuhr eine Neubewertung (Millet u. a.), vor allem unter dem Einfluß der Drucke Dürers. Auch hier war man um Weiterentwicklungen bemüht. Felix Valloton führte in den 90er Jahren den *Flächenholzschnitt* ein, der in der schwarzen Fläche weiße Linienzüge aussparte. Diese Wirkung übernahm später vielfach der *Linolschnitt* (Matisse u. a.). Experimente mit anderen Materialien gingen zeitgleich einher, wie z. B. Gummi- und Bleischnitt.

14 *Maler-Radierung:* Jean-François Millet, Die große Hirtin, 1862

Alle diese Verfahren erbrachten betont niedrige Auflagen für einen kleinen Liebhaberkreis. So setzten sich viele Künstler nicht nur gegen Reproduktionsstecher, sondern auch gegen industrielle Techniken ab. Eigentümlich widersprüchlich war ihr Verhältnis gegenüber der *Fotografie.* 1822 bzw. 1837 von Niepce und Daguerre erfunden, vermochte sie nicht das Wohlwollen der Druck- und Malkünstler zu gewinnen. Fotografie galt lange als unkünstlerisch, wurde jedoch nicht selten von Künstlern als Vorlage im Atelier benutzt. Nur wenige Maler und Grafiker nutzten fotografische Verfahren, wie etwa Corot für sein Kopierverfahren des *Glasklischeedrucks* (Cliché verre) oder wie später Rouault für seine Radierungen und Aquatinten. Von experimentierenden Fotografen und besessenen Amateuren wurden mit fotografischen *Edeldruckverfahren* wie dem Bromöldruck beachtliche bildnerische Lösungen gefunden.

Zeitung, Schnellpresse, Rotationsdruck

Die steigende Nachfrage nach Druckerzeugnissen erforderte aber auch neue industrielle Methoden. Insbesondere das *Zeitungswesen* hatte sich seit der Französischen Revolution immens ausgeweitet. Allein in den Revolutionsjahren waren über tausend Zeitungen erschienen, einige mit Auflagen bis zu 200 000, die meisten jedoch nur von kurzer Lebensdauer. Statt mit Handpressen, die vordem für den Zeitungsdruck Verwendung fanden, konnte mit der Erfindung der

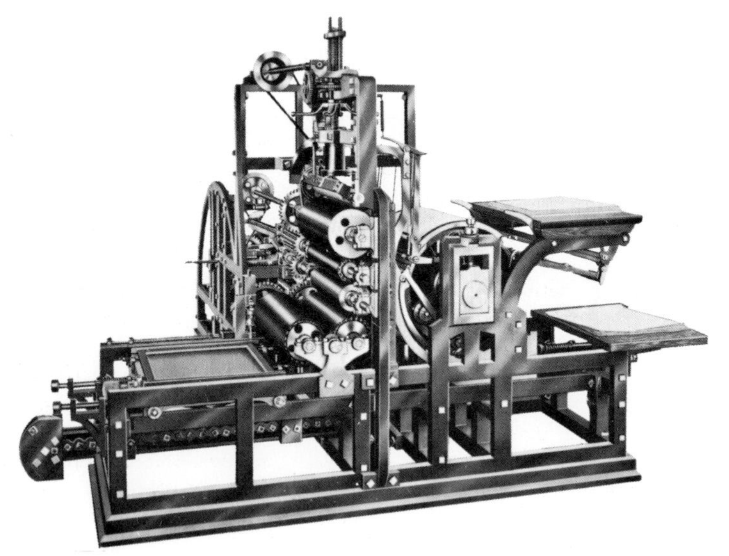

15 Modell der ersten Zylinderdruckpresse von 1812 (Fa. Koenig & Bauer)

Zylinderpresse durch Koenig (1811) die rationelle 'Schnellpresse' eingesetzt werden. Schon seit 1814 druckte man auf diesem Maschinentyp die Londoner ›Times‹. Schnellpresse und 'Tiegeldruckpresse' sind bis heute die gebräuchlichen Maschinensysteme für den Hochdruck. Aus der Zylinderpresse wurde in den 70er Jahren des vorigen Jahrhunderts die Rotationsmaschine entwickelt, welche den gesamten Druckvorgang, der mit rotierenden Walzen erfolgte, automatisierte. Mit dem *Rotationsdruck* begann ein neues Kapitel in der Geschichte der Drucktechnik: In kürzester Zeit – etwa in einer Nacht – konnten gewaltige Auflagen gedruckt werden – Vorbedingung für ein Pressewesen im neueren Sinn. *Setzmaschinen* dienten der weiteren Rationalisierung. Die 1884 von Ottmar Mergenthaler erfundene Linotype-Maschine konnte fast wie eine Schreibmaschine bedient werden; sie goß ganze Zeilen von Buchstaben für den Druck. Für den Rotationsdruck, aber auch, um dem Verschleiß bei hohen Auflagen entgegenzuwirken, mußten Duplikate der Druckplatten hergestellt werden. Mittels der älteren *Stereotypie* gelang dies auf mechanischem, mit der 1838 erfundenen *Galvanoplastik* auf elektrochemischem Weg.

Fotografie und Autotypie

Zur Bildwiedergabe im industriellen Druck wurde die *Fotografie* herangezogen. Nicht nur, daß gezeichnete oder gemalte 'Vorlagen' fotografiert und als '*Bromsilberdruck*' vervielfältigt werden konnten: die fotografische Schicht stellte auch einen idealen 'Ätzgrund' dar für die Herstellung von Druckplatten, wobei die vorher notwendige manuelle Bearbeitung des Ätzgrundes nun Belichtung und Entwicklung übernahmen. Die Vorlage konnte kopiert und geätzt werden. Während Strichätzungen ohne Schwierigkeiten angefertigt werden konnten, waren Halbtöne erst durch die Erfindung der *Autotypie* druckbar. Georg Meisenbach zerlegte durch ein feines Strichgitter ('Raster') die Halbtöne in verschieden große Punkte. Damit war der manuellen Schraffur ein 'selbsttätiges' technisches Verfahren gegenübergestellt. Anstelle der bis dahin üblichen Holzstiche, Stahlstiche, Steingravuren, Lithografien etc. konnten nun Fotografien ohne zeichnerische Umsetzung gedruckt werden. Schrift und Bild waren zudem in einem Arbeitsgang druckbar, was davor nur die Xylografie bzw. der Holzschnitt erlaubte.

Farbendruck, Rakeltiefdruck

In der Geschichte des gedruckten Bildes läßt sich, insbesondere seit dem späten 19. Jahrhundert, eine zunehmende Tendenz zum *Farbendruck* beobachten. Mittels fotografischer 'Farbauszüge' konnte das Autotypieverfahren nun auch für den Mehrfarbendruck Anwendung finden.

Gesteigerten Anforderungen an die Qualität des Halbtonbildes kam der Tiefdruck entgegen. Der moderne *Rakeltiefdruck*, der heute vorwiegend zum Druck von Illustrierten und Werbebroschüren verwendet wird, vermag die bei der Autotypie störenden Rasterpunkte auszuschalten. Obgleich man die Druckwalze (Druckzylinder) für den Tiefdruck mittels Raster ätzt, wird durch die – im Gegensatz zum Hochdruck – unterschiedliche und reichhaltige Farbmenge beim Druck der Raster überdeckt. Daher wirken Tiefdrucke plastischer, sie sind in der Herstellung aber auch aufwendiger. Vorläufer des Rakeltiefdrucks ist die von Karl Klietsch erfundene *Heliogravüre* mit planer Druckplatte.

Neuerdings werden statt fotografischer Übertragung der Vorlage auch Graviermaschinen eingesetzt, die elektronisch die Vorlage abtasten und mit einem Stichel kleine Vertiefungen in den Druckzylinder fräsen. *Graviermaschinen* werden ebenso für Hochdruckklischees verwendet. Während aber auch diese Verfahren das Halbtonbild in Punkte zerlegen, vermag der *Lichtdruck* mit Hilfe eines den Tonwerten entsprechenden Gelatinereliefs echte Halbtöne zu drucken.

Offsetdruck

Das jüngste der industriellen Druckverfahren, der Offsetdruck – schon 1904 in den USA erfunden, aber in Deutschland erst nach 1945 verbreitet – hat wegen seiner Vorzüge auf vielen Gebieten den Buchdruck zurückgedrängt. Durch die dünnere und auch preiswertere Druckplatte und durch den indirekten Druck können nicht nur leichtere und kleinere Maschinen gebaut werden; auch ist die im Offset verwendete biegsame Druckplatte gegenüber der schweren Druckform des Hochdrucks einfacher herzustellen und leichter handhabbar. Große Plakate, vor allem im Farbendruck, werden fast ausschließlich im Offset hergestellt; kleinere Drucksachen (Kataloge, Dissertationen etc.) im sog. *Kleinoffset.* Rasterbilder können ebenso leicht auf die durchsichtigen Kunststoffolien der 'Lithos' gebracht werden wie Schrift mittels des *Fotosatzes* oder im elektronischen *Lichtsatz.*

Farbstich (Aquatinta): Jean François Janinet (1752-1814), Die Narrheit (nach Fragonard)

VUE DES REPAS SERVIS A L'EMPEREUR ET AUX ELECTEURS A FRANCFORT

A Paris chez Basset rue S. Jacques a S.te Geneviève.

VUE D'OPTIQUE

Representant les Repas servis à l'Imperreur et aux Electeurs dans l'Hotel de Ville de Francfort les 22 Juin, et 1.er Aoust 1758

1. Sa Majesté Imperiale. 2. l'Electeur de Mayence. 3. Celui de Treves. 4. Celui de Cologne. 5. Celui de Bohemé. 6. Celui de Baviere. 7. Celui de Saxe. 8. Celui de Brandebourg. 9. l'Electeur Palatin. 10. l'Evêque de Worms. 11. Le Prince de Loskowitz, et le Prince d'Auersperg. a. Table sur la quelle sont les marques de la dignité Imperiale, la Couronne, le Sabre, le Sceptre et la Bulle d'Or. b. Table des Princes. c. Place ou etoit un Théatre pour les Musiciens qui se tenoi.ent debout.

3 **Bilderbogen** aus Epinal (Holzschnitt, Handkolorit) F. Georgin; Die Schlacht von Eßling und der Tod des Grafen von Montebello, 1809

4 **Holzschnitt** (Clair obscur): Hans Burgkmair, Der Tod und das Liebespaar, um 1510

Lithografie (Kreide- und Tuschlavierung): Edvard Munch, Die Sünde, 1901

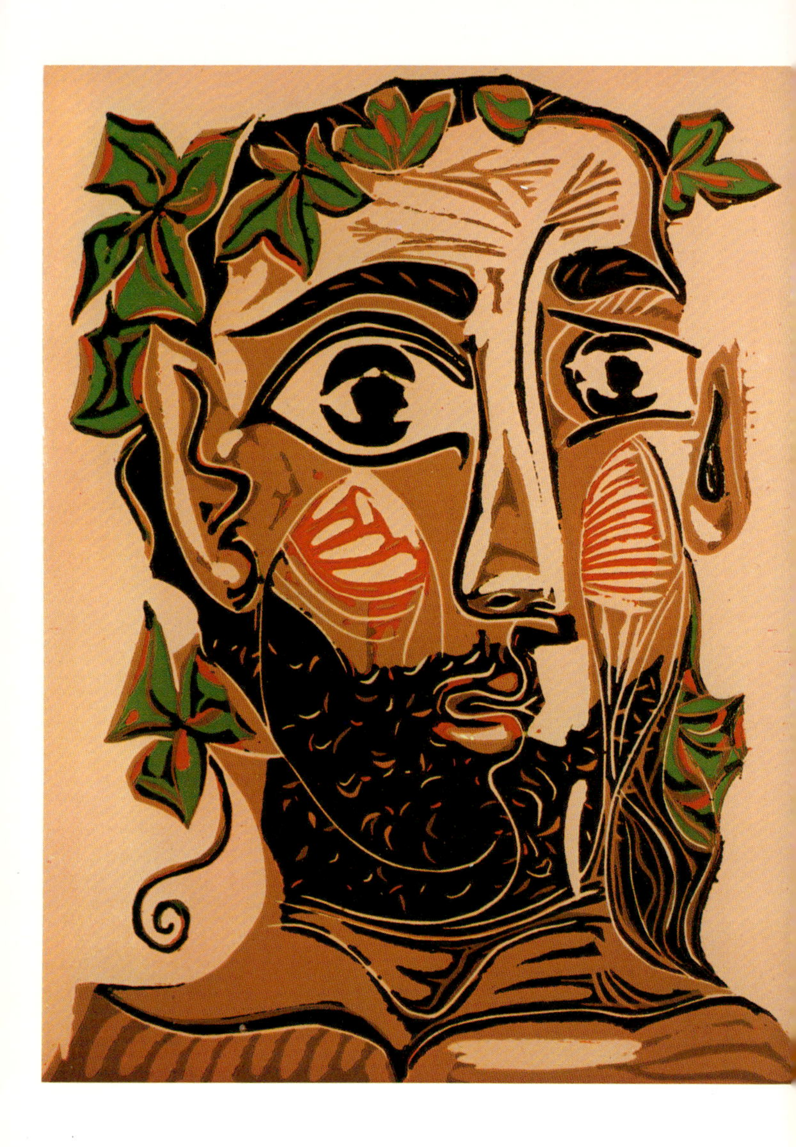

6 **Linolschnitt:** Pablo Picasso, Bärtiger Mann mit Blätterkranz, 1962

Poster (Siebdruck mit Leuchtfarben): ›Joint‹, 1972

8 Farbendruck

1

2

5

3

6

4

7

1-4 Druck der Einzelfarben nach einer mehrfarbigen Vorlage:
1 Blau (Cyan), 2 Gelb, 3 Rot (Purpur), 4 Schwarz.
5-7 Übereinanderdruck: 5 zweifarbig, 6 dreifarbig, 7 vierfarbig (Endzustand)

Dessen Leistung mag als sog. Computersatz bis ca. 2,5 Mill. Buchstaben je Stunde erreichen, gegenüber 30 000 Zeichen der lochbandgesteuerten Bleisetzmaschinen.

a Ansicht

16 Rollenoffsetmaschine für mehrfarbigen Zeitungsdruck in Großauflagen (Fa. M.A.N.-Roland COLORMAN). Die Maschine macht pro Stunde 35 000 Zylinderumdrehungen, das entspricht in einfacher Produktion der stündlichen Leistung von mit einem Falzwerk ausgelegten Zeitungen. Bei doppelter Produktion verdoppelt sich die Anzahl der Zeitungen, wobei sich ihre Seitenzahl auf die Hälfte vermindert. Eine Papierrolle und ein Eindruckwerk liefern jeweils 16 Zeitungsseiten. Mit der Anzahl der Druckwerke vervielfacht sich die Seitenzahl der Produkte.

b Schema mit dem Verlauf der Papierbahnen

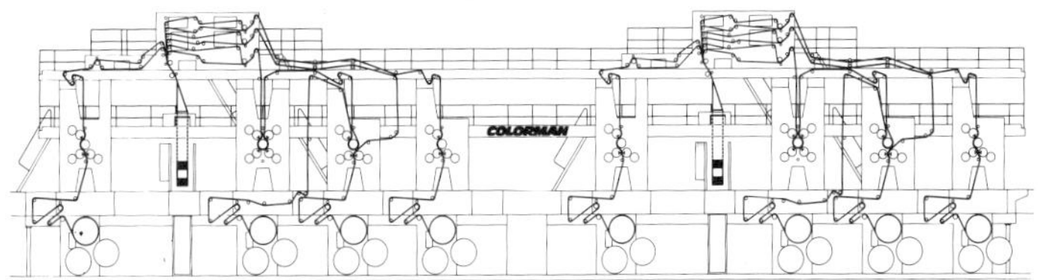

Industrielle Spezialverfahren

Ein noch in Entwicklung befindliches Verfahren ist die *Xerografie*. Sie stellt im herkömmlichen Sinn keine eigentliche Drucktechnik dar, da das Schriftbild durch Lichtprojektion auf elektrisch geladene Farbstaubpartikel und auf ebenfalls aufgeladenem Papier entsteht. Zur Zeit gilt die Xerografie noch als eines der büromäßigen Vervielfältigungsverfahren neben *Hektografie*, *Schablonendruck*, *Fotokopie*, *Lichtpause* u. a.

Außer diesen geläufigen Drucktechniken mögen einige weitere Bereiche genannt werden, um die Breite des Umfeldes Drucktechnik wenigstens anzudeuten. Die Verpackungsindustrie arbeitet mit mehreren, auf ihre Materialien abgestimmten Druckverfahren *(Blechdruck, Flexodruck, Letterset* u. a.). *Banknoten* und *Briefmarken* verlangen spezielle Techniken, ebenfalls Musiknoten und Landkarten *(Kartografie)*. Moderne Varianten der Reproduktionsdrucke begegnen etwa mit sog. '*Repliken*', die bei Gemäldereproduktionen sogar das Farbrelief wiedergeben, und – vorwiegend bei Bildpostkarten – mit der '*Panografie*' (Xografie), die plastische Effekte erreicht. Neuerdings erzeugen Computer-Druckwerke ein Schriftbild mittels heißer Luft.

Druckgrafik im 20. Jahrhundert

Angesichts dieser technischen Vielfalt im industriellen Bereich mag es verwundern, daß auf künstlerischem Gebiet lange Zeit beharrlich an den traditionellen Techniken festgehalten wurde. Holzschnitt, Radierung und Lithografie wurden von der Generation des genialen Picasso meisterlich beherrscht. Vereinzelte Künstler nahmen *Material-* und Prägedruck (Reliefdruck) mit hinzu. In allen Verfahren verstärkte sich der Anteil der Farbdrucke. Während die künstlerische *Fotografie* erst im fortgeschrittenen 20. Jahrhundert breitere Anerkennung fand, blieb der seit 1952 existierenden *Computergrafik* dieses bisher versagt. Erst der Serigrafie glückte ein früher Durchbruch auf künstlerischem Gebiet.

Der *Siebdruck* – neben Hoch-, Tief- und Flachdruck als 'Durchdruck' das vierte der geläufigen Druckprinzipien, der schon lange in der Vorstufe der handwerklichen Schabloniertechnik bestand – wurde in den 20er Jahren in den USA wiederentdeckt. Es ist sicher kein Zufall, daß er in den 60er Jahren mit der stark farbbetonten, von Amerika bestimmten Pop- und Op-Art in Europa Fuß faßte. Denn von allen Druckverfahren besitzt der Siebdruck durch die dick

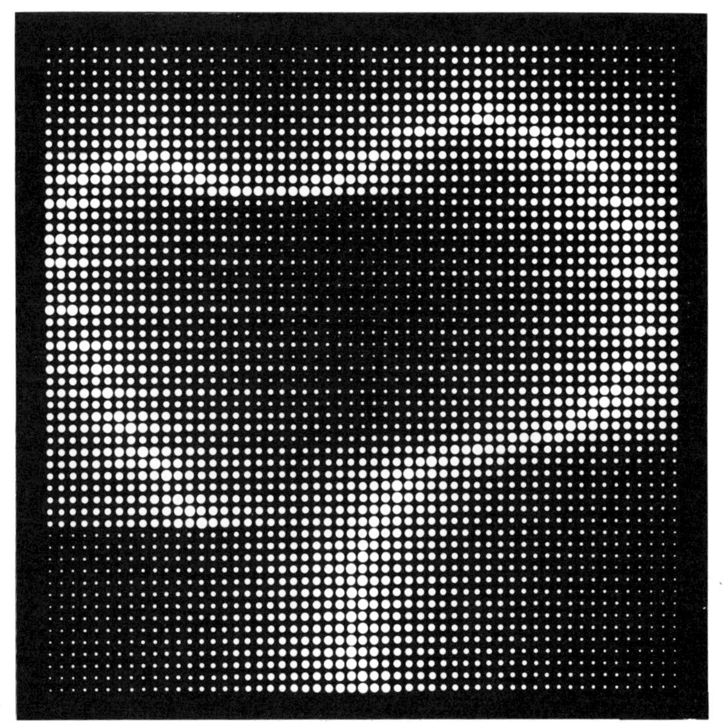

17 *Serigrafie:* Almir Mavignier, aus der Mappe ›Punktum‹, 1965

aufgestrichenen Farben die intensivste Farbwirkung. In der Druckindustrie findet der maschinelle Siebdruck etwa für Werbeplakate Verwendung.

Da sich diese Erzeugnisse der Industrie nicht von denen des Handdruckers unterscheiden, wurde mit dem Siebdruck ein Teil des Streits um die Qualität des 'Originals' hinfällig. Die Kluft zwischen industrieller Technik und handwerklicher Künstlerarbeit schien überbrückt, da sich ein arbeitsteiliges Verhältnis von Künstler und Drukker ergab, das sogar in manchen Zügen mit der Aufgabenteilung von Maler bzw. Zeichner und Berufsstecher etwa im 16. und 17. Jahrhundert verglichen werden kann. Mit solcher Arbeitsteilung wurde jedoch zugleich der Originalbegriff komplexer, weil die modernen

Reproduktionstechniken (besonders der Offsetdruck) Wiedergaben in einer Perfektion ermöglichen, die vom Künstler eigentlich nur noch die Herstellung der Vorlage, also einen Entwurf verlangen. Da der Anteil des Künstlers am Druckvorgang dem fertigen Druck nicht abzulesen ist, wird streng zwischen Original- und Reproduktionsgrafik unterschieden, was aber seitens des Künstlers die Akzeptierung dieses Originalbegriffs voraussetzt.

18 *Poster:* ›Easy Rider‹, Offsetdruck

Die Künstler der 60er Jahre und der Gegenwart setzen sich verstärkt mit industriellen Verfahren auseinander. Nicht nur fotomechanische Umdrucktechniken (z. B. *Dye Transfer*), auch Autotypie, Zinkätzung, Offsetdruck werden künstlerisch genutzt; selbst ältere Verfahren wie Lichtdruck, Heliogravüre u. a. werden wiederentdeckt. Nicht zuletzt diese enge Verbindung künstlerischer und industrieller Techniken in der Gegenwart rechtfertigt es, 'Drucktechnik' hier in dieser Breite darzustellen.

Lexikon

Abdruck. Im allgemeinen das durch Drücken oder Pressen entstandene 'Abbild' der eingefärbten Druckform auf Papier oder auf einen anderen Druckträger. Da der Abdruck das Spiegelbild der Druckplatte* wiedergibt, wird diese meist seitenverkehrt hergestellt.

Ausnahmen sind: Siebdruck* (Serigrafie) und Xerografie* (kein Pressen), Blindprägungen vgl. Prägedruck* (keine Druckfarbe), Offsetplatte* (seitenrichtiges Bild).

Die Qualität eines Abdrucks muß den Möglichkeiten der Druckplatte entsprechen. Kritische Stellen sind u. a. in den Tonwerten* die Übergänge von hellen zu dunklen Tönen, das Vorhandensein von reinem Weiß und reinem Schwarz. Auch das Schwarz soll 'transparent', also nicht klecksig sein. Bei Farbdrukken* darf der Übereinanderdruck der Farben keine 'Unschärfen' enthalten (vgl. Passer*).

Abdruckszustände. Durch nachträgliche Überarbeitung der Druckplatte können (insbesondere bei den Handdruckverfahren) die Abdrukke verschieden ausfallen. Geätzte Druckplatten werden zuweilen durch Nachschneiden* mit dem Grabstichel oder mit der 'kalten Nadel'* korrigiert, nachdem schon Abdrucke des ersten Zustands in den Handel gekommen sind (sie gelten wegen ihrer Seltenheit als besonders wertvoll). Auch können vom Künstler neue Motive auf derselben Druckplatte hinzugefügt oder vorhandene entfernt werden. Durch Veränderung der Plattengröße ergeben sich weitere Unterschiede. So kann die Druckplatte an den Rändern beschnitten werden, oder der Künstler kann mehrere Motive auf dieselbe Platte zeichnen, danach diese auseinanderschneiden und in ihren einzelnen Stücken drucken lassen. Auch Vergrößerungen der Druckplatte und damit der Abdrucke kommen vor, indem eine weitere Druckplatte an die vorhandene angestückt wird.

Besonders bei älterer Reproduktionsgrafik* sind durch systematische Veränderung der Druckplatte verschiedene, spezifischen Zwecken dienende Abdrucke angefertigt worden. Diese 'Zustandsdrucke' sind in einer bestimmten Reihenfolge entstanden. Der 'unvollendete Probedruck'* wurde für den Stecher, der 'vollendete Probedruck' für den Künstler angefertigt, der 'Remarque-Abdruck'* mit besonderen Merkmalen für den Sammler. Bei solcher Reproduktionsgrafik, die eine Bildunterschrift trägt, wurden oft vor dem Anbringen der Schrift einzelne Abdrucke zwar mit vollendetem Bild, jedoch ohne die üblichen Bildunterschriften, Künstler-, Stecher- oder Druk-

a) I. Zustand (Reichsdruck)

19 *Abdruckszustände:* Rembrandt, Christus heilt die Kranken (›Das Hundertguldenblatt‹), Radierung

b) III. Zustand

c) IV. Zustand (Überarbeitung von W. Baillie, 1775)

kernamen als Probedrucke für den Künstler gefertigt ('Abdruck vor aller Schrift'). Das fertige Blatt wird als 'Abdruck mit der Schrift' bezeichnet. Jedoch sind auch bei der Schrift vielfach Unterscheidungen festzustellen, etwa Titeländerungen, Zusätze im Lauf der Auflage*, auch modische Varianten des Schriftbildes. Bei Drucken mit unvollendeter Schattierung der Zierbuchstaben spricht man von 'offener Unterschrift'.

Abklatsch. In der Druckindustrie versteht man darunter einen reliefplastischen Abdruck nach einer vorhandenen Druckform* zur Herstellung eines Duplikats (vgl. Galvanoplastik*, Stereotypie*, Matrize*, auch Klatschdruck*, Umdruck*).

Ablegen. Beim Handsatz* das Zerlegen der Druckform* nach erfolgtem Druck und das Einordnen der Lettern*, Regletten*, des Blindmaterials* und anderer Satzelemente in die entsprechenden Fächer der Setz- bzw. Materialkästen. Beim Maschinensatz hingegen werden die Matrizen nach dem Guß automatisch im Magazin abgelegt, die Lettern bzw. Zeilen nach dem Druck eingeschmolzen (vergleiche Setzmaschine*).

Abreiben. Manuelles Druckverfahren: Auf die eingefärbte Druckplatte wird ein Blatt (Bogen) Papier aufgelegt und dieses mit einem Reibewerkzeug (Falzbein u. a.) angedrückt (vgl. Abdruck*, Einblattdruck*, Falzen*).

Abziehbild. Bilddruck auf Papier oder Folie, die sich beim Übertragen auf Glas, Lack, Porzellan usw. von der Druckschicht 'abziehen' läßt (vgl. Umdruck*). Bei der Herstellung von Abziehbildern wird zunächst der Papierbogen mit einer wasserlöslichen Schicht versehen und getrocknet. Darauf folgt der Bilderdruck; auf diesen wird eine klebende Haftschicht aufgebracht.

Additive Farbmischung.
s. Farbmischung

Adresse. Bei älterer Grafik wird verschiedentlich der Verlag*, der das Blatt in den Handel brachte, auf dem Abdruck angegeben ('Adresse'). Adressen belegen den Besitz der Druckplatte, Besitzwechsel äußern sich in wechselnden Verlegernamen. Ihre Folge kann oft den unterschiedlichen Schrifttypen der Bildunterschrift entnommen werden. Abdrucke, die der Künstler anfertigte, solange die Platte noch in seinem Besitz war, enthalten keine Adresse.

Ätzgrund. Säurefeste Schicht aus Asphaltlack*, Wachs, Kolophonium etc. Sie bewirkt, daß bei der Ätzung* die Metallplatte (Zink, Kupfer u. a.) für die Säure partiell unangreifbar wird.

Ätzung. Chemisches Verfahren, die Vertiefungen in der Druckplatte mittels Säure ('Ätze', 'Scheidewasser') wie z. B. Eisenchlorid, Schwefelsäure usw. zu erzeugen. Um den Ätzvorgang zu steuern, wird in mehreren Arbeitsgängen geätzt, wobei die jeweils fertigen Stellen mit Asphaltlack* u. a. abgedeckt werden. Dadurch wird die Druckplatte unterschiedlich tief angegriffen (s. Autotypie*, Chemigrafie*, Radierung*).

Die künstlerische Nutzung des Ätzens erfolgte schon vor der Erfindung der Radierung: Durch abdeckendes Ätzen in Eisen und Stahl wurden gegen Ende des 15. Jahrhunderts Rüstungen und Waffen, auch besondere Gebrauchsgegenstände mit Ornamenten, Schriftzeichen und figürlichen Darstellungen versehen.

Akzidenzdruck. Gelegenheitsdrucksachen im Geschäfts- und Privatverkehr (Formulare, Besuchskarten, Anzeigen, Prospekte usw.) im Gegensatz zum Werkdruck*.

Albertotypie. Lichtdruck*-Verfahren des Münchner Fotografen J. Albert (1868). Er verwendete Glasplatten als Träger der Druckschicht.

Algraphie. Flachdruckverfahren* mit Aluminiumblechen anstelle der Lithografiesteine (vgl. Lithografie*, Offsetdruck*). Das Verfahren wurde 1892 von Josef Scholz in Mainz erfunden und u. a. von Hans Thoma (1839–1924) benutzt.

Allonge (von frz. allonger = verlängern). Ausklappbares Blatt in einem Buch*. Bei solchen, aus Büchern stammenden Bilddrucken oder Landkarten, wie sie häufig als Einzelblätter im Handel sind, verweisen zuweilen die Falzbrüche auf ihre einstmalige Funktion (vgl. auch Einschaltbild*).

Anastatischer Druck (griech. anastasis = Wiedererweckung). Älteres, von Aloys Senefelder erfundenes Reproduktionsverfahren* der Lithografie* für einfarbige Buchdruckarbeiten oder Lithografien. Die Vorlage* wird zunächst in einer fettabweisenden Flüssigkeit (Essig) geweicht. Nach dem Trocknen wird sie mit fetthaltiger Umdruckfarbe eingerieben und auf dem Lithografiestein umgedruckt. Das Verfahren wird nur noch für kleine Auflagen verwendet (vgl. Umdruck*).

Anbügelschablone.
s. Siebdruckschablone

Andruck. Bei maschinellen Druckverfahren der erste Abdruck des Klischees* oder des Satzes* entsprechend dem Probedruck bei den Handverfahren. Auf dem Andruck (auch 'Abzug', 'Bürstenabzug'*) lassen sich der 'Halbtonumfang' (vgl. Halbton*), beim Farbendruck* die Farbwerte, wie auch der Übereinanderdruck der Farben beurteilen und korrigieren.

Beim maschinellen Druck von Originalgrafik* wird der Andruck vom Künstler signiert, der Druck damit autorisiert; d. h., die nach diesem Andruck gefertigte Auflage* wird vom Künstler als seinen Vorstellungen entsprechend akzeptiert.

Anilindruck. Ältere Bezeichnung für den Flexodruck* mittels Gummi- oder Kunststoffplatten (nach den damals verwendeten Anilinfarben).

Anlage. Markierung oder mechanische Einrichtung in Druckmaschinen oder an der Druckplatte. Sie bewirkt, daß beim Einlegen des Papierbogens der Druck immer auf die gleiche Stelle erfolgt. Da besonders beim Farbendruck* genaue Anlage die Voraussetzung für einen exakten Druck ist, werden sog. 'Paßkreuze' angebracht (vgl. Passer*).

Anlöseschablone.
s. Siebdruckschablone

Anopistografischer Druck (griech.: einseitig beschrieben). s. Einblattdruck

Anreiben. Vermengen von Farbkörpern (Pigmente) und Bindemitteln* zu einer Druckfarbe*. Bei der maschinellen Herstellung erfolgt das Anreiben der Druckfarben in sog. 'Walzenstühlen'. Dabei pressen Stahlzylinder mit hohem Druck Farben und Bindemittel aufeinander und vermengen sie.

Aquatinta (ital. aqua forte = Scheidewasser, Säure; tinta = Farbe). Sonderform der Radierung*. Das

20 *Aquatintakorn* (Schema)

Aquatintaverfahren erlaubt es, Halbtöne im flächigen Druck wiederzugeben. Zunächst werden die Umrisse und die linearen Teile der Zeichnung auf die Kupferplatte radiert und dann geätzt. Diejenigen Stellen der Zeichnung, die im Druck weiß erscheinen sollen, werden dann mit dünnem Ätzgrund abgedeckt. In einem 'Staubkasten', in dem ein Blasebalg säurefesten Staub aufwirbelt (Harz, Asphalt, Kolophonium), wird die Platte eingestäubt, anschließend werden die Staubkörnchen über einem Feuer angeschmolzen. Die Staubkörnchen wirken wie ein feiner Raster, denn bei der folgenden Ätzung kann die Säure nur zwischen den einzelnen Staubpartikeln eindringen. Um verschiedene Halbtöne zu erreichen, wird durch stufenweises Ätzen und Abdecken die Platte verschieden tief geätzt. Das Abdecken mit 'Ätzgrund' bedeutet hier eine Art negativer Malerei, durch die im Bild erst die hellen, dann die dunklen Töne entstehen (vgl. Aushebeverfahren*, Aussprengung-*, Krakeluren-, Sandpapier-Verfahren*).

21 *Aquatinta:* (Detail) s. Abb. 22

Wegen der Empfindlichkeit der Aquatintaplatte lassen sich nur ca. 100 Abdrucke herstellen. Verstählte Platten ergeben zwar höhere Auflagen, mindern aber die Feinheit der Halbtöne. Denn zu den Qualitätskriterien zählt der flächige Druck mehrerer Halbtöne und ein feines 'Korn', das durch die abdeckenden Staubkörnchen entsteht. Die Wirkung ähnelt der Tusch- oder Sepia-Zeichnung.

Jean Charles François (1719–69) experimentierte im Aquatintaverfahren; als Erfinder gilt Jean Baptiste LePrince, dessen früheste Blätter 1768 datiert sind. Aquatintadrucke sind von Goya, Picasso, Miró u. a. bekannt. Heute wird die Aquatinta vielfach mit anderen Verfahren kombiniert – u. a. von Friedrich Meckseper (geb. 1936) und Armin Sandig (geb. 1929; ›Deklination der Aquatinten‹).

Asphaltlack. Braunschwarzes, lichtempfindliches Erdpech, das leicht schmelzbar und in Benzin, Petroleum oder Terpentin löslich ist. Wegen seiner Beständigkeit gegen Säuren wird Asphalt als Abdeckschicht ('Ätzgrund') im Tiefdruck verwendet (vgl. Ätzung*, Radierung*).

Asphaltverfahren. Frühes Verfahren der Fotografie*, das von Nicéphore Niepce 1822 für Lichtbilder – zunächst auf Stein ('Photolithogra-

22 *Aquatinta:* Jean Baptiste Le Prince, Die Rast der Kalmücken, 1771

fien') – benutzt wurde. Eine Lösung von Asphaltlack* ist bei dünnem Auftrag lichtempfindlich. Bei entsprechend langer Belichtungszeit werden die belichteten Stellen gehärtet, die unbelichteten hingegen im 'Entwickler' (Terpentin, Petroleum) ausgewaschen. Wird als Schichtträger Zink etc. verwendet, kann die Platte geätzt werden. Wegen der geringen Lichtempfindlichkeit des Asphaltlacks wird das Verfahren heute nicht mehr angewendet.

Aufklotzen. Im Buchdruck* müssen Druckplatten (Klischees*, Galvanos usw.) auf Schrifthöhe gebracht werden. Dazu werden Unterlagen aus Holz, Metall oder Kunststoff benutzt, auf die die Druckplatten mit Nägeln, Facettenhaltern usw. befestigt bzw. aufgeklebt oder aufgeschweißt werden.

Auflage. Die Anzahl der gedruckten Einzelexemplare einer Drucksache bzw. die Gesamtzahl der Drucke. Der Auflagendruck folgt den Probe-* oder Andrucken*, auch den sog. Künstlerdrucken*. Bei kleineren Auflagen künstlerischer Druckgrafik können die Einzelblätter numeriert sein. Die Höhe einer Auflage kann von der Abnutzung der Druckplatte* oder aber von der Aufnahmefähigkeit des Marktes abhängen. Sie kann jedoch auch absichtlich niedrig gehalten werden, um durch 'begrenzte Auflage' einen höheren Preis für die einzelnen Abdrucke zu erzielen (vgl. Numerierung*, Signierung*).

Aufziehen. Beschädigte Blätter werden zuweilen mit ihrer Rückseite auf ein anderes Papier oder einen Karton geklebt ('aufgezogen'). Es ist eine Notmaßnahme, die nur als äußerstes Mittel angewendet werden sollte. Säurefreier Klebstoff und säurefreies Papier* sind Voraussetzung dafür, daß der Abdruck im Laufe der Zeit nicht durch das Aufziehen zersetzt wird (vgl. Kaschieren*).

Ausbluten. Das Lösen des Bindemittels vom Farbpigment nach dem Drucken. Die Farbpigmente verbreiten sich dann vom Rasterpunkt wie Tinte in Löschpapier.

Ausschießen. Da Druckmaschinen meist mehrere Seiten (Kolumnen*) zugleich auf denselben Papierbogen oder -strang drucken, ist es notwendig, die Kolumnen dergestalt anzuordnen, daß nach dem Falzen des Bogens die Seiten in richtiger Reihenfolge erscheinen. Die Anordnung der Kolumnen legt ein 'Ausschießschema' fest, das u. a. die Anzahl der Seiten und die Falzart (vgl. Falzen*) berücksichtigt. 'Ausschießen' bedeutet dabei das Anordnen der fertig umbrochenen Kolumnen im Schließrahmen* auf der Schließplatte bei der Druckformvorbereitung* (vgl. Formschließen*).

'Ausschießen' bezeichnet in einem anderen Sinn das Herausnehmen von sog. 'Einschießpapier', das – um ein 'Abliegen' der frischen Drucke zu vermeiden – zwischen die Druckbogen* gelegt wurde.

Ausschließen. Durch Vergrößern oder Verkleinern der Wortzwischenräume werden im Schriftsatz* die Zeilen auf gleiche Länge gebracht. Beim Handsatz werden unterschiedlich breite Metallstifte ('Ausschluß') verwendet, deren Kegelabmessung der auszuschließenden Schrift entspricht. Sie sind jedoch niedriger als die Lettern*. Bei Zeilen-Setzmaschinen geschieht das Ausschließen durch Keile oder konische Ringe, die ein 'Ausschließmechanismus' zwischen die Matrizen schiebt. Einige Fotosetzmaschinen (Fotosatz*) addieren (vor der Belichtung) zunächst die Dickten* aller Buchstaben der Zeile und verteilen dann den verbleibenden Raum gleichmäßig auf alle Wortzwischenräume. Bei lochbandgesteuerten Setzmaschinen (vgl. Computersatz*) errechnet ein Computer die Wortzwischenräume.

Aushebeverfahren. Vergleichbar dem Aussprengverfahren*. Die Druckplatte wird zunächst mit Ätzgrund (vgl. Ätzung*) überzogen; bei Aquatinta* wird vorher das Staubkorn aufgebracht. Die Zeichnung wird nun mit besonderer 'Aushebefarbe', einem weißen Farbstoff mit fettem Öl, aufgetragen. Die Aushebefarbe weicht den Ätzgrund auf, so daß er an diesen Stellen weggewischt werden kann.

Aussprengverfahren. Im Gegensatz zum Aushebeverfahren* beginnt das Aussprengverfahren ('Reservage') mit dem Aufbringen der Zeichnung. Für den Tiefdruck wird die Zeichnung mit deckenden Wasserfarben in einer Gummiarabicum-* oder Zuckerlösung aufgetragen. Nach dem Trocknen überzieht man die ganze Platte mit einem Ätzgrund (vgl. Ätzung*). Im Wasserbad wird der Ätzgrund an denjenigen Stellen von der Platte abgelöst, an denen die wasserlösliche Farbe sein Haften auf dem Metall verhindert. Da die Farben sich nun auflösen, sind die von ihr vorher bedeckten Stellen ätzbar.

Bei der Aquatinta* ginge das Aussprengen dem Einstäuben und dieses dem Ätzen voran. In der Lithografie wird ein Aussprengverfahren in der Weise angewendet, daß die Zeichnung mit der Zuckerlösung auf den Stein oder die Metallplatte aufgetragen, diese vor dem Ätzen aber ganz mit Lithokreide oder Lithotusche abgedeckt wird.

Im Siebdruck* wird in diesem Verfahren die Zeichnung mit fetthaltiger Kreide auf das Sieb gebracht. Ein wasserlöslicher Leim schließt das gesamte Sieb, wird aber nach dem Trocknen an den Stellen der Fettkreide mit Terpentin 'ausgesprengt'.

Das Aussprengverfahren wurde von Hercules Seghers (1589–1645) wohl schon Anfang des 17. Jahrhunderts angewendet. In neuerer Zeit arbeiteten Picasso, Miró, Rouault u. a. mit dieser Technik.

Auswaschplatte. Klischee* aus Kunststoff, das auf fotografischem Wege hergestellt, aber nicht geätzt wird ('fotopolymere Druckplatte'). Vielmehr werden nach dem Belichten die nichtdruckenden Stellen durch Chemikalien tiefergelegt ('ausgewaschen').

Auswaschschablone.
s. Siebdruckschablone

Autografie (griech.: autos = selbst, graphein = schreiben). Um die Jahrhundertwende übliches Verfahren, um Selbstgezeichnetes oder -geschriebenes mit einfachen Mitteln druckbar zu machen. Mit 'Autografietinte', die der lithografischen Tusche ähnelt, wird auf normales Papier oder auf kleisterbestrichenes 'Autografiepapier' gezeichnet oder geschrieben. Dieses wird auf eine Stein- oder Zinkplatte umgedruckt, von der dann der Druck erfolgt (vgl. Umdruck*).

Autotypie (griech. autos = selbst, typos = Abdruck). Verfahren zur Wiedergabe von Halbtönen* (Fotografien, Gemälde u. a.) im Buchdruck. Ausgegangen wird meist von einer Halbtonfotografie (und bei mehrfarbigen Abbildungen vom Ektachrom*). Die Fotografie wird auf dem Reißbrett der Reproduktionskamera befestigt. Um ein für den Buchdruck erforderliches Rasternegativ herzustellen, wird in die Kamera, nur wenige Millimeter vor der fotografischen Aufnahmeschicht, ein Kreuzraster eingesetzt (vgl. Raster*). Zur Belichtung dienen sehr starke Bogenlampen, die die Vorlage anstrahlen. Die weißen Flächen reflektieren am meisten Licht, so daß sich hier die 'Lichtkegel' überschneiden und nur ganz kleine Rasterpunkte entstehen lassen, während die weniger hellen Flächen entsprechend weniger Licht reflektieren und dadurch größere Rasterpunkte entstehen. Im Entwickler werden die belichteten Silbersalze geschwärzt, die unbelichteten Stellen beim Fixieren ausgeschwemmt. Nach dem Fixieren entsteht ein durchsichtiges Negativ, das sich nur aus Punkten zusammensetzt.

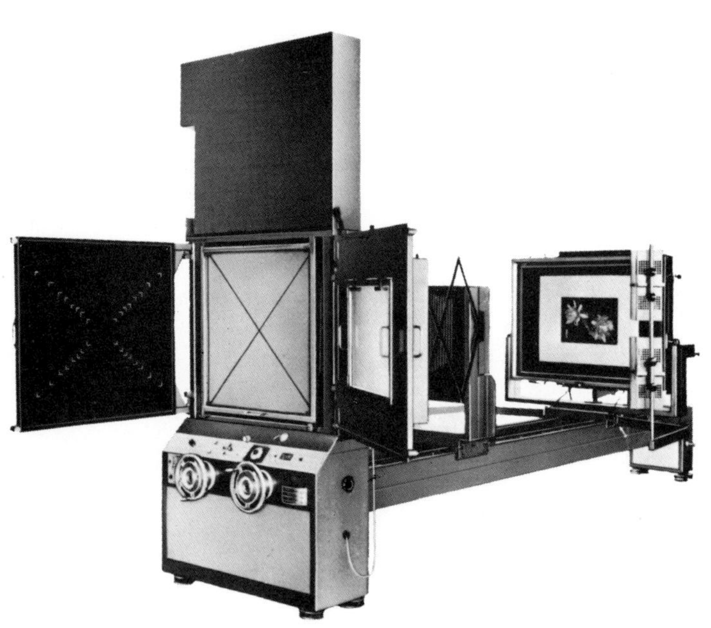

23 *Autotypie:* Reproduktionskamera RH 60 der Firma Sixt KG (Rasteraufnahme der Vorlage)

24 *Autotypie:* Ätzmaschine mit geöffnetem Deckel und Klischee

25 Nachschneiden der Autotypie

Träger des Druckstockes ist eine plangeschliffene Zinkplatte, die mit einer lichtempfindlichen Blaulackschicht überzogen ist. Zinkplatte und Negativ werden in den Kopierrahmen gespannt. (Metallkopie) Durch die Belichtung erfolgt eine Gerbung der Blaulackschicht, wodurch die belichteten Stellen säurefest werden. Ein Abdecken der Rückseite und der Kanten bereitet die Zinkplatte für den Ätzprozeß vor (vgl. Ätzung). Die Anätzung (1/10 mm) hellt auch die dunklen Stellen leicht auf. Dann deckt man diese dunklen, angeätzten Töne ab und ätzt die etwas helleren Flächen, die anschließend auch wieder abgedeckt werden, bis nach mehreren Ätzprozessen die Autotypie fertig ist.

Statt des Ätzens von Hand leistet die Ätzmaschine den Wechsel von Abdecken und Ätzen, indem ein Gemenge einer ätzenden und einer erhaltenden Flüssigkeit mit hoher Geschwindigkeit und in einer bestimmten Richtung gegen die Metallplatte geschleudert wird.

Der Abdruck* einer Autotypie (Buchillustration, Zeitungsbild) läßt sich also an dem 'Raster' der verschieden großen Punkte erkennen. Die dunkleren Stellen im Bild bestehen aus breiten, dicht zusammengerückten Punkten, die helleren Stellen aus 'spitzen' Pünktchen mit weiterem Abstand. Da alle Punkte gleichmäßig schwarz sind, werden die Halbtöne vorgetäuscht, sie sind 'unecht' (vgl. dagegen den Lichtdruck*). Die Autotypie wurde 1881 von Georg Meisenbach erfunden und ist heute das allgemein übliche Verfahren zur Herstellung von Halbtonklischees.

Autotypischer Tiefdruck. Verfahren zur Herstellung von Tiefdruckzylindern*. Die Bildübertragung erfolgt ähnlich der Autotypie*-Aufnahme unmittelbar, also ohne Pigmentpapier* (vgl. Rakeltiefdruck).

Banknotendruck. Geldscheine wurden früher in allen Drucktechniken hergestellt, heute meist im Tiefdruck. Auf besonderen Bogenrotationsmaschinen erfolgt der Druck von gravierten Stahlplatten, da nur der Stahlstich* sehr enge und feine Strichlagen drucken kann. Zum Schutz vor Fälschungen wird die Zeichnung der Druckplatte kompliziert gehalten, u. a. durch Guillochen* und Moirélinien*. Im Gegensatz zu anderen Verfahren wird für die farbigen Geldscheine nur eine einzige Druckplatte verwendet, die mit ausgesparten Farbwalzen verschieden eingefärbt wird. Dadurch liegen die Farben beim Druck nicht aufeinander, sondern nebeneinander. Da das Auge die dicht beieinanderliegenden Tonwerte* anders registriert als die fotografischen Aufnahmeverfahren (Farbtrennung durch Ausfilterung, s. Farbauszüge*), werden fotomechanische Fälschungen erschwert.

Zusätzlichen Schutz bietet das in geheim gehaltenen Stoffzusammensetzungen hergestellte Banknotenpapier, das beim Reiben zwischen den Fingern einen besonderen 'Griff' und beim Klopfen mit dem Fingernagel einen besonderen Klang erzeugt. Neben eingearbeiteten Textil- und Metallfäden enthält das Banknotenpapier ein Wasserzeichen*, das nur in der Naßpartie angebracht werden kann (s. Papier*).

Barytabzug. Abdruck von Lettern* und Klischees* einer Hochdruckform auf Barytpapier* zur Erzielung einer reproduktionsfähigen Vorlage ('Übertragungsverfahren') für den Offset-* oder Tiefdruck*.

Barytpapier. Geglättetes ('kalandriertes') Papier* mit einer Beschichtung aus Bariumsulfat und Leim (bzw. Gelatine). Infolge dieser Oberflächenschicht wird beim Barytabzug* eine sehr präzise Wiedergabe des Druckstocks erreicht.

Bastardschrift. s. Schrift

Bilderdruck.
s. Illustrationsdruck

Bildpostkarten. Gedruckte Bilder im Postkartenformat, die auf ihrer Rückseite einen Vordruck für die Empfängeranschrift und einen Raum für Mitteilungen enthalten. Man unterscheidet nach Art der Darstellung Ansichts- und Glückwunschkarten, außerdem Kunstpostkarten (Gemäldereproduktionen), Fotokarten mit figürlichen Szenen u. a.

Bildpostkarten stellt man heute meist im Bromsilberdruck* her. Jedoch wurden namentlich früher auch Verfahren wie Lithografie, Radierung, Holzstich, Prägedruck angewendet, außerdem – besonders bei Glückwunschkarten – Teile des Bildes aus Glimmer, Federn, Atlasseide und Glanzbildern aufgeklebt.

Die einfache Postkarte kam 1869 als 'Correspondenzkarte' in Gebrauch, die Bildpostkarte 1870. Sie erlebte ihre Blütezeit 1890 bis

1920. Neben sogenannten Freundschaftskarten – vom Künstler bemalte Originale (u. a. der Expressionisten) – entwarfen zahlreiche Künstler Bildpostkarten: Walter Crane und Kate Greenaway im England der 70er Jahre, Emil Nolde 1894–96 die anthropomorphen ›Bergriesen‹, in Wien vor dem Ersten Weltkrieg: Egon Schiele, Oskar Kokoschka und Gustav Klimt. Die Surrealisten Max Ernst und Salvador Dali, auch Joan Miró, benutzten Bildpostkarten für ihre Collagen und Gemälde. Künstler der 60er Jahre (Kienholz, Twombly, Broodthaers) fertigten Bildpostkarten, Ansichtskarten mit ironisierender Verfremdung (Kölner Dom von Beuys, Rot, Wewerka u. a.) oder mit politischem Programm (Staeck Ed. u. a.).

Bildtafel. Gedruckte Seite mit Abbildung in einem Buch.

Bildtiefe. Bezeichnung für die dunklen Stellen im Bild ('Schattenpartien') in Gegensatz zu den 'Lichtern' (helle Stellen).

Bimetallplatte. Druckplatte für den Offsetdruck* aus zwei Metallschichten. Auf das Grundmetall (Kupfer, Messing u. a.) ist eine dünne Schicht Chrom, Nickel u. a. aufgalvanisiert. Diese obere Schicht wird je nach Maßgabe der Vorlage durch Ätzen partiell entfernt. Beim Druck nimmt Chrom Wasser an, während Kupfer die Farbe hält.

Bindemittel. Klebstoffähnliche Substanz, die die Farbkörper (Pigmente) zusammenbindet und ihr Haften auf dem Druckträger (Papier u. a.) ermöglicht. Statt des früher üblichen Leinöls werden heute auch Kunstharze und Kompositionsfirnisse verwendet. Bindemittel sind im allgemeinen farblos. Eine Ausnahme bilden die sog. Doppeltonfarben* (vgl. Druckfarbe*).

Blattgold. Dünne Folien ('Blätter') aus gehämmertem Gold werden für die Handvergoldung* und den Goldschnitt* verwendet. Das nur etwa ein Zehntausendstel Millimeter (0,00014–0,00010 mm) starke Blattgold schimmert grünblau, wenn es gegen eine Lichtquelle gehalten wird.

Blechdruck. Verpackungsbehälter aus Blech, wie Dosen, Büchsen und Kanister werden im Offset* oder

26 *Bleischnitt:* (Detail) s. Abb. 27

27 *Bleischnitt:* Otto Nückel, Salve, um 1930

Letterset* bedruckt. Die Oberfläche des Gummizylinders wirkt der Glätte des Materials entgegen. Meist wird vor dem Druck eine Grundierung aufgetragen. Nach dem Druck laufen die Bleche durch Trockenöfen.

Bleischnitt. Bei diesem Hochdruckverfahren* besteht die Druckplatte aus Blei. Da das Bleimaterial sehr weich ist, kann es leicht mit Stichel oder Fräse graviert werden. In diesem Verfahren wurden zu Beginn dieses Jahrhunderts häufig Exlibris*, Vignetten* gefertigt. Bleischnitte schuf z. B. Otto Nückel (1888–1956).

Bleistiftdruck. Flachdruckverfahren*: Eine Aluminiumplatte wird zunächst voll geätzt (in Phosphorsäure und Gummiarabicum), um sie wasserhaltend zu machen. Die Zeichnung wird dann mit dem Bleistift aufgetragen. Nach Einreiben mit Stearinöl kann auf der Offsetpresse gedruckt werden.

Bleistiftradierung. Tiefdruckverfahren*: Auf eine Kupferplatte wird zunächst ein dünner Ätzgrund* aufgebracht. Dann wird mit dem Bleistift die dünne Schutzschicht von der Kupferplatte teilweise abgehoben und diese anschließend geätzt.

Blinddruck. Druck ohne Farbe. Bei der Beseitigung von Druckschwierigkeiten (Schmitz*) wird ein sog. 'Blinddruck' in die Druckform eingebaut, der zwar druckt, aber nicht von den Farbwalzen eingefärbt wird. Beim Prägedruck* spricht man von Blindprägung bzw. Reliefdruck*.

Blindmaterial. Im Schriftsatz* (vgl. Handsatz*, Umbruch*) wird Hartbleimaterial verwendet, das niedriger als die Schrifttypen ist. Es druckt also nicht, ist 'blind'. Mit Blindmaterial werden Zwischenräume bei Buchstaben, Wörtern oder Zeilen erreicht (vgl. Ausschließen*, Durchschießen*, Reglette*, Steg*).

Blockbuch. Bevor Gutenberg den Druck von beweglichen Lettern erfand, wurden Bücher von Holztafeln gedruckt. Für jede Seite war eine solche geschnitzte Holztafel (s. Holzschnitt*) nötig, die Bild und Schrift enthielt. Beim Druck entstand aber auf der Rückseite des Papiers ein Relief (Schattierung*), das keinen Widerdruck erlaubte. Deshalb wurde der Druckbogen einseitig mit zwei Holztafeln bedruckt und in der Mitte gefaltet, so daß im Buch die Doppelblätter am Schnitt geschlossen sind. Die Heftung erfolgte am Rükken als 'Block' durch Verschnürung mit Faden, Kordel, Leder- oder Pergamentriemchen. Auch die aus China stammenden Bücher ähnlicher Bindeart werden Blockbücher genannt.

Blueprint (engl.: 'Blaudruck'). Bezeichnung für Lichtpausen*, im engeren Sinn für Blaupausen (Zyanotypie*).

Brennätzverfahren. Lithografische* Technik. Die durch Umdruck* auf den Stein übertragene Zeichnung wird mit Kolophonium, einem Harzpulver, eingestäubt und dieses mit einer Stichflamme angeschmolzen. Dadurch wird ein effektiver Ätzschutz der Bildteile erreicht.

Briefmarkendruck. Postwertzeichen werden in allen klassischen Druckverfahren angefertigt. Das Druckverfahren richtet sich nach den

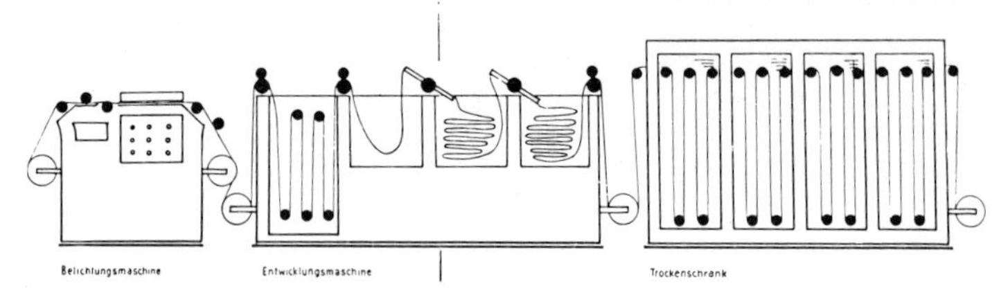

28 *Bromsilberdruck:* Schema der Anlage

technischen Möglichkeiten, nach der Eignung für eine saubere und dem Entwurf entsprechende Wiedergabe sowie nach der Wirtschaftlichkeit. In einem speziellen Verfahren des Briefmarkendrucks wird von der 'Molette'*, einem gerundeten und gehärteten Stahlstempel, ausgegangen, in den das Briefmarkenbild eingraviert ist. Die Molette wird in den weichen Stahl des Tiefdruckzylinders (Formwalze) unter starkem Druck mehrfach eingeprägt. Da meist von einem Bogen von 10 x 10 Briefmarken ausgegangen wird, erhält die Formwalze 100 Einprägungen der Molette. Der Stahlzylinder wird nach dem 'Molettieren' gehärtet und in kleinformatige Bogenrotationsmaschinen zum Druck eingesetzt.

Bromöldruck. Fotografisches Edeldruckverfahren* (vgl. Fotografie*). Das fotografische Positiv (Bromsilberkopie) wird zunächst in einem Gerbbleichbad und in nicht saurem Fixierbad behandelt. Auf diese Weise entsteht ein Gelatinerelief, die 'Gelatinematrize'. Diese nimmt beim Einfärben mit Fettfarbe an den gegerbten Stellen Farbe an, stößt sie aber an den ungegerbten Stellen ab. Da das eingefärbte Gelatinerelief nur einen geringen Tonumfang besitzt, können auch mehrere Gelatinematrizen mit jeweils unterschiedlichem Tonwert übereinandergedruckt werden ('Bromölumdruck').

Bromsilberdruck. Fotografisches Vervielfältigungsverfahren zur Herstellung von Ansichtskarten, Werbebildern u. a. ('Rotationsfotografie', 'Kilometerfotografie'). Mehrere Halbtonnegative werden zunächst auf einer, dem Maschinenformat entsprechenden Glasplatte montiert. Dieses Negativ wird auf eine silberhaltige, lichtempfindliche Schicht kopiert, entwickelt, fixiert und getrocknet (vgl. Fotografie*). Der Vorgang geschieht automatisch in verdunkelten Räumen auf bis zu 1000 m langen Fotokartonrollen. Nach dem Formatschneiden wird die Rückseite des Bromsilberdrucks meist im Hochdruck bedruckt.

Bronzedruck ('Golddruck'). Druck mit Bronzedruckfarben. Druckbronzen werden mit Spezialfirnissen angerieben und in einem Gang gedruckt.

Bronzieren. Bei den maschinellen Druckverfahren erfolgt der Druck dabei mit einer klebrigen Unterdruckfarbe, auf die anschließend das pulverisierte Metall aufgestäubt wird.

Brotschrift. Ältere Bezeichnung im Handsatz* für solche Schriften, die in Setzereien in großen Mengen vorhanden waren und als Grundschriften für alle Arbeiten ebenso nötig waren 'wie das tägliche Brot'. Heute spricht man von 'Werkschrift' (vgl. Setzersprache*).

Buch. Als Ergebnis der Tätigkeit von Autor, Verlag und Grafischem Gewerbe besteht das Buch aus den gefalzten und gehefteten (geklebten) Teilen des Druckbogens und einem Einband. Die gedruckten Teile des Buches werden in der Folge: Titelei* (Präliminarien) und Textteil (mit Kapiteleinteilung) unterschieden. Bei wissenschaftlichen Büchern folgt dann noch ein Anhangteil mit Anmerkungen zum Text, Abbildungen, Literaturverzeichnis, Index (vgl. auch Einschaltbild*, Allonge*).

Gegenüber der dünneren und mit einem einfacheren Umschlag versehenen Broschüre (oder Heft) ist das Buch »eine nicht periodisch erscheinende Publikation von mindestens 49 Seiten« (UNESCO-Empfehlung). Man spricht von Kopf (Oberseite) und Fuß (Unterseite) des Buches, von Rücken (Heftseite) und Schnitt.

Buchbinderei. In diesem selbständigen Arbeitszweig des grafischen Gewerbes werden die in der Drukkerei gefertigten Druckbogen zu Broschüren und Büchern weiterverarbeitet. Die handwerkliche Buchbinderei bindet Einzelbände ('Sortiment') oder kleinere Auflagen (Leinen-, Papp-, Leder-, Pergamentband, Broschur). Die industrielle Buchbinderei bindet nur Großauflagen – meist mit automatisierten Maschinen.

Der Druckbogen wird gefalzt, die so gewonnenen 'Lagen' werden geheftet oder geklebt (Klebebindung, Lumbeckverfahren). Der Buchblock wird an den Außenseiten beschnitten und – bei Büchern – mit einer aus 'Deckel' und 'Rücken' bestehenden 'Decke' versehen, die geprägt werden kann (Prägedruck*, Handvergoldung*). In Buchbindereien werden auch Mappen, Kästen, Kassetten, Fotoalben etc. hergestellt, vielfach auch Bilder gerahmt. Besondere Kartonagen-Fabriken fertigen Kästen, Etuis und Kassetten in Großauflagen (vgl. Falzen*, Farbschnitt*, Metallschnitt*, Aufziehen*, Kaschieren*, Kleben*).

Buchdruck. Dieses älteste der heute üblichen Druckverfahren arbeitet nach dem Hochdruckprinzip*. Es geht auf Gutenberg zurück (ca. 1400–1468) und wurde auch später vorwiegend zum Druck von Büchern verwendet. Im Buchdruck werden Druckformen benutzt, die meist aus vielen Einzelteilen (Lettern*, Klischees*, Galvanos*) in besonderen Schließrahmen zusammengesetzt werden. Für den Druck verwendet man verschiedene Maschinensysteme, die alle unter starkem Druck (10–25 kg je Quadratzentimeter Druckspannung) arbeiten. (Vgl. Handpresse*, Tiegeldruckpresse*, Schnellpresse*, Rotationsdruck*.)

Buchstabe.
s. Letter

Bürstenabzug. Andruck* mittels (gefeuchtetem) Papier und Abklopfen mit einer Bürste.

Büttenpapier.
s. Papier

Camaïeudruck. (nach arabisch qum'ul = Knospe, französisch = Einfarbenbild) Abart des Clair-obscur-Schnittes*. Ohne die sonst übliche schwarze Konturenplatte werden verschiedene Abstufungen eines Farbtons oder auch Grau in Grau gedruckt.

Cellophanieren. s. Kaschieren

Chemigrafie. Bezeichnung für das Herstellungsverfahren von Druckplatten für den Hochdruck* mittels Ätzen oder Gravieren unter Zuhilfenahme der Reproduktionsfotografie* (vgl. Autotypie*, Auswaschplatte*).

Chromolithografie (von griech. chroma = Farbe). Mehrfarbiger Steindruck, manuelles Reproduktionsverfahren für den Farbendruck (vgl. Lithografie*). Der Chromolithograf legt zunächst auf die farbige Vorlage eine durchsichtige Folie und ritzt in diese die Umrisse (Konturen) der verschiedenen Farbflächen ein. Die in den Einritzungen eingefärbte Folie wird auf einem Lithografiestein ('Konturenstein') abgedruckt. Dann werden vom Konturenstein so viele 'Klatschdrucke'* gedruckt, wie Farben notwendig sind (bis zu 16). Auf den Klatschdrucken der Teilfarben arbeitet der Chromolithograf mit Pinsel und Feder die Farbtöne nach Maßgabe des Originals heraus: Farbnuancierungen werden durch Auftupfen feiner Punkte mit engerem oder weiterem Abstand erreicht (vgl. dagegen: Raster*). Die fertigen Klatschdrucke werden auf 'Maschinensteine' umgedruckt, von diesen erfolgt der Druck. Chromolithografien erkennt man an ihrem glänzenden, fetten Druck, der häufig wegen des mehrfachen Übereinanderdrucks in den dunklen Bildstellen klebt oder verharzt ist (Seidenpapiereinlage bei Büchern). Chromolithografien sind im Auflagendruck sehr aufwendig.

Die Chromolithografie wurde 1816 von den Lithografen Engelmann und Lasteyrie zur Reproduktion von Ölgemälden erfunden. Sie wurde im 19. Jahrhundert häufig angewendet (Bildtafeln, Zigarren-Bauchbinden u. a.), heute benutzt man sie nur noch für besonders hochwertige Reproduktionen.

Chalcografie (griech.: chalkos = Kupfer). Ältere Bezeichnung für den Kupferstich*.

Cicero. Maßeinheit im typografischen Bereich: 1 Cicero entspricht etwa 4,5 mm bzw. 12 Punkten (1 Punkt = 0,376 mm). Die Bezeichnung wird von den 1466 von Peter Schöffer in einer ähnlichen Schriftgröße gedruckten Briefen Ciceros hergeleitet.

Clair-obscur-Druck (frz.: hell-dunkel). Holzschnittechnik* in Anlehnung an die Hell-Dunkel-Zeichnung ('clair-obscur'), deren Wirkung auf dem Einbeziehen des Zeichnungsträgers (farb. Papier mit Deckweiß) in die Bildgestaltung beruht. Bei Clair-obscur-Drucken werden deshalb aus der Druckplatte die Stellen der Lichter* ausgespart, so daß hier das Weiß des Papiers wirken kann. Bei Farbdrucken werden die farbigen Flächen mit sog. Tonplatten, die schwarzen Linien (Konturen) meist mit einer besonderen Linienplatte gedruckt, sofern nicht – wie in Italien – auf diese verzichtet wurde (vgl. 'Camaïeudruck').

Clair-obscur-Drucke traten um 1500 zuerst in Italien und Deutschland auf. 1516 bemühte sich Ugo da Carpi um ein Privileg für einen Druck ›a schiaro e scuro‹, jedoch nutzte Burgkmair es schon früher: Jost de Negker, der für ihn und für Cranach schnitt, erwähnte 1512 diese Technik als seine Erfindung. Parmigianino zeichnete spezielle Entwürfe, ebenso Hans Baldung Grien. Auch nach Giulio Romano, Guido Reni und Raffael wurde geschnitten. Der Clair-obscur-Druck gilt als typisches Verfahren des Manierismus.

Cliché verre. s. Glasklischeedruck

Computergrafik. Grafische Erzeugnisse, die mit Hilfe der Elektronischen Datenverarbeitung (EDV), sog. Computern hergestellt werden. Voraussetzung ist ein Computerprogramm, das mit einem Vorrat an Zeichen, mit einer Anzahl von

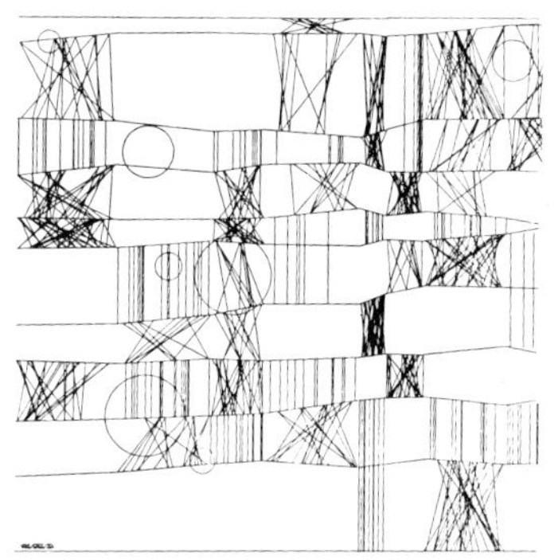

29 *Computergrafik:* Frieder Nake, ER 56 – Z 6411/10/65 Nr. 2, 1965

Regeln und mit sog. 'Zufallsgeneratoren' arbeitet. Durch diese Zufallsgeneratoren (etwa die unregelmäßigen Meßwerte eines Geigerzählers, Tabellen von Roulettezahlen, die Berechnung 'irrationaler Zahlen' wie die Zahl π) soll – in Korrespondenz zur menschlichen Intuition – ein irrationales Moment die Regelmäßigkeit ergänzen.

Die zeichnerische Wiedergabe elektronischer Daten wird von mechanischen Geräten, sog. 'Plottern' mit Farbstiften oder Zeichenfedern geleistet. Sie werden durch Loch- oder Magnetbänder gesteuert, oder sie sind unmittelbar mit dem Computer verbunden. Elektronische Datensichtgeräte ('Displays') lassen die (lineare) Zeichnung mittels eines 'Oszillografen' durch Kathodenstrahl entstehen. Sog 'Rasterdisplays' bringen die Zeichnung in ein Zeilensystem (ähnlich dem Fernsehbild), das Halbtöne und Farbtöne zuläßt. Bei 'Kurvenzugdisplays' entstehen Bilder als Folge von Punkten. Jedoch ist bei allen 'Displays' eine Fotografie des Bildes erforderlich, um es zu konservieren.

Bei der Computergrafik gibt die sog. 'Rechenkurve' Kurven höherer mathematischer Ordnung wieder. Diese können aber durch verschiedenste Zuordnungen, Überlagerungen und Symmetriebeziehungen, besonders aber durch die 'Zufallsgeneratoren' verändert werden. Soll der Computer Bilder (Fotos usw.) wiedergeben, so müssen diese zunächst in Zahlenwerte (etwa in solche, die die Grautöne bestimmen) umgesetzt werden. Dazu kann die Vorlage elektronisch abgetastet werden – etwa durch 'Scanner' (vgl. Farbauszug*).

1952 stellte Ben F. Laposki Computergrafiken her, indem er elektrische Schwingungen verschiedener Zeitfunktion einander überlagern ließ (Analog-Rechensystem), 1956 ließ Herbert W. Franke ›Oszillogramme‹ bzw. ›elektronische Grafiken‹ entstehen. Seit 1963 wird Computergrafik mittels digitaler Großrechner gefertigt. In Deutschland arbeiteten die Mathematiker Frieder Nake und Georg Nees, in den USA Michael A. Noll an frei gestalteten Formen u. a. mittels Zufallsgeneratoren. Dagegen lieferte William A. Fetter gegenständliche Arbeiten aus dem Bereich der Luftfahrt.

Computersatz. Unrichtige Bezeichnung für die Zwischenschaltung eines Elektronenrechners (Computer) beim lochbandgesteuerten Schriftsatz*. Der Computer errechnet und steuert die Anzahl der Buchstaben je Zeile sowie die Worttrennung. Computer können sowohl beim maschinellen Bleisatz (Setzmaschine*) als auch im Fotosatz* und Lichtsatz* verwendet werden.

Copyright (engl. = Druckerlaubnis). Vermerk im Impressum* eines Buches oder einer Broschüre. Es bezeichnet den Inhaber der Verlagsrechte (Urheberschutz) sowie das Erscheinungsjahr und wird typografisch durch ein © dargestellt.

Crayonmanier
(frz. crayon = Kreide) s. Kreidemanier.

CRT-Fotosatz (engl. Cathode Ray Tube = Kathodenstrahlröhre) s. Lichtsatz*.

cum privilegiis (lat. = mit Ausnahmerechten). Nachweis der Druckerlaubnis bei älteren Büchern und grafischen Blättern; z. B. 'Cum Privilegio Regis' = mit königlicher Genehmigung.

Datierung. Auf grafischen Blättern wird vom Künstler – meist auf dem unteren Rand – eine Notiz angebracht, die die zeitliche Zuordnung des Werkes ermöglicht (vgl. bei Büchern das Impressum*).

del. (lat. delineavit = hat es gezeichnet). Abkürzung für die Angabe des Künstlers bzw. Entwerfers bei älterer Druckgrafik (vgl. pinxit*, excudit*). Originallithografien des 19. Jahrhunderts sind manchmal mit 'del. et lith.' (hat

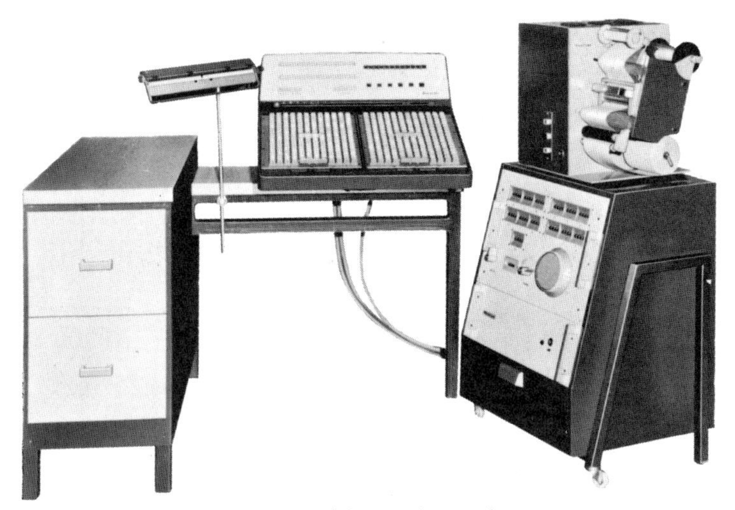

30 *Computersatz:* ›Monotype‹ Elektronischer Perforator

es gezeichnet und lithografiert) bezeichnet.

Diazotypie. Lichtpausverfahren* für Reproduktionszwecke auf besonders beschichteten Papieren. Anstelle der fotochemischen Silbersalze bei der Fotografie* werden für die Beschichtung der Papiere lichtempfindliche, organische Diazo-Verbindungen (Diazonium-Salze) und ein Farbstoff verwendet. Nach der Belichtung wird das Papier Ammoniakdämpfen ausgesetzt. Dadurch verbinden sich an den nicht belichteten Stellen Farbstoff und Diazo-Verbindung zu einem haltbaren positiven Bild ('Ammoniak-Kopierverfahren').

Dickte. Beim Schriftsatz* die Breite ('Dicke') der einzelnen Lettern*. Das breitere ›M‹ besitzt z. B. eine andere Dickte als das schmale ›I‹. Dagegen haben bei Schreibmaschinen alle Drucktypen gleiche Dickten (vgl. Schreibmaschinensatz*).

Dietz-Replik.
s. Replik

DIN-Format.
s. Papierformat

Doppeltondruck. Doppeltonfarben enthalten ein farbiges Bindemittel*, das sich während des Trocknens als kranzförmiger 'Hof' um den gedruckten Raster*-Punkt legt. Mit Doppeltonfarbe wurde besonders am Anfang dieses Jahrhunderts in einem Druckvorgang zweifarbig gedruckt.

Dreifarbendruck. Für das Übereinanderdrucken von Farben gelten die gleichen Gesetze der subtraktiven Farbmischung* wie beim Mischen von Farben untereinander. Beim Mehrfarbendruck geht man von der Tatsache aus, daß es mit den drei Grundfarben Gelb, Purpur und Cyan, sowie den sich daraus ergebenden Mischungen möglich ist, viele verschiedene Farben wiederzugeben (vgl. Farbendruck*). Für den Dreifarbendruck werden Teildruckplatten mit dem entsprechenden Farbanteil einer jeden Grundfarbe hergestellt (vgl. Farbauszug*). Die Rasterpunkte der drei Farben liegen nicht übereinander, sondern nebeneinander. Das Nebeneinanderdrucken der Rasterpunkte wird durch das Drehen des Kreuzrasters um einen bestimmten Winkel erreicht. Ohne ein Drehen des Rasters* bei der Aufnahme für die einzelnen Platten würde ein schmutzigbraunes Bild entstehen.

Druckautomat. Schnellpresse* mit automatischer Bogenanlage und Bogenauslage.

Druckbogen. Der im Auflagendruck bedruckte unzerschnittene Papierbogen.

Drucken. Zweidimensionale Vervielfältigung durch Abdrucken einer eingefärbten Druckform auf den Druckträger (Papier u. a.). Wird der Druckträger zweiseitig bedruckt, so bezeichnet man das Bedrucken der ersten Seite als 'Schöndruck' und das Bedrucken der zweiten Seite als 'Widerdruck' (Gegendruck).

Nach der Art der Druckform unterscheidet man Hoch*-, Flach*- und Tiefdruck*. Für jedes dieser Druckprinzipien sind gesonderte Maschinen erforderlich. Hochdruckverfahren erfordern starken Druck (bis 25 kp/cm²), Tiefdruckverfahren einen mittleren (ca. 10 kp/cm²) und Offsetverfahren einen leichten Druck (3 kp/cm²). Ohne Preßvorgang geschehen Schablonendruck*, Xerografie* und die fotografischen Verfahren* (Bromsilberdruck* u. a.).

Druckerlaubnis.
s. Imprimatur

Druckfarben. Die Farben für die verschiedenen Druckverfahren sind auf sehr unterschiedlicher Basis aufgebaut und müssen jeweils in ihrer Konsistenz ('kurze' oder 'lange' Farben) und ihren Trocknungseigenschaften dem betreffenden Maschinensystem angepaßt werden. Druckverfahren, bei denen die Farbe über ein aus mehreren Walzen bestehendes 'Farbwerk' verteilt wird, dürfen keine flüchtigen Lösungsmittel enthalten, sondern nur trocknende und nichttrocknende Öle. Dagegen enthalten Farben für das Tiefdruck*- und Anilindruckverfahren* Anteile flüchtiger Lösungsmittel. Die Trocknung erfolgt somit entweder durch chemische Reaktionen, durch 'Wegschlagen' oder durch Verdunstung.

Druckfarben bestehen im wesentlichen aus dem Farbkörper (Pigment), dem Füllstoff und dem Bindemittel*. Je nachdem, in welchem Druckverfahren sie verarbeitet werden, können ihnen durch diverse Trockenstoffe oder mittels sonstiger Zusätze gezielte Eigenschaften verliehen werden. Neben Mineralölen und verschiedenen Natur- und Kunstharzen kommen auch pflanzliche Öle, besonders Leinöl, für die Druckfarben in Betracht. Der überwiegende Teil aller grafischen Farben ist nach wie vor Schwarz (Zeitungs*- und Werkdruck*). Zur Herstellung schwarzer Druckfarbe ('Druckerschwärze') ist die Qualität des als Farbpigment dienenden Rußes von besonderer Bedeutung. Zahlreiche Faktoren beeinflussen die Eigenschaften der Druckfarben und somit die Qualität der damit hergestellten Druckarbeiten. Der 'Film' der Farbe muß dem jeweiligen Maschinentyp angepaßt werden; er steht in Abhängigkeit zur verwendeten Papiersorte. Bei bunten Druckfarben unterscheidet man zwischen deckenden und lasierenden Farben. Auch ist die Echtheit der Farbe gegenüber chemischen und physikalischen Einflüssen, Lichtechtheit, Lackierfähigkeit und Scheuerfestigkeit von Belang.

Druckform. Als Druckform bezeichnet man die 'Druckplatte', von der (in allen Druckverfahren) der Abdruck – meist mit Farbe – auf den Druckträger (Papier u. a.) erfolgt. Die Druckform kann aus vielen Einzelteilen zusammengebaut, 'geschlossen' sein (Buchdruck), sie kann auch eine Metall- oder Kunststoffplatte sein (Auswaschplatte*, Rotationsdruck*, Offsetdruck*), ein Metallzylinder (Tiefdruck*), eine Glasplatte (Lichtdruck), Gummiplatte (Flexodruck) oder ein Kalkstein (Lithografie), Gewebe (Siebdruck). Die Art der Druckform ist abhängig von dem jeweiligen Druckverfahren.

Druckformvorbereitung. Beim Buchdruck* gesonderte Abteilung zwischen der Arbeit des Setzers und des Druckers. In dieser Abteilung erfolgt das Zusammenstellen von Unterlagen für Klischees* ('Schuhebauen'), die Befestigung der Druckplatten ('Aufklotzen'*), das 'Ausschießen'* der Kolumnen, das Prüfen und Justieren der Druckstöcke ('Formtest'), Plattenzurichtung, Ausrichten der Formteile mit dem Standprüfgerät, Formschließen* und Anfertigung des Kontrollabzugs.

Druckgrafik. Bezeichnung für künstlerische Erzeugnisse, die vervielfältigt, also gedruckt sind. Dagegen umfaßt 'Grafik'* auch die zeichnerischen Unikate.

Druckmaschine. Gemeinsam ist den modernen industriellen Druckverfahren der automatisierte Arbeitsablauf. Druckmaschinen werden elektrisch angetrieben; sie besorgen automatisch das Anlegen des Papiers, Einfärben, Druck und Auslegen des bedruckten Papiers. Die Maschinen von Hoch-, Flach- und Tiefdruck arbeiten nach drei Prinzipien:

1. Fläche gegen Fläche: Die gesamte Druckform druckt gleichzeitig auf den Druckträger, was einen starken Kraftaufwand erfordert (Buchdruck: Tiegelpressen*, Kniehebelpressen* für Prägungen).
2. Zylinder gegen Fläche: Der Abdruck geschieht streifenweise fortschreitend zwischen dem papierhaltenden Druckzylinder und der flachen Druckform (Zylinderpresse*,

Lichtdruckpresse*). Lithografie- oder Reiberpressen* arbeiten nach einem ähnlichen Prinzip.

3. Zylinder gegen Zylinder: Da auch die Druckform gebogen und zylindrisch ist, erfolgt der Druck permanent (Rotationsmaschine*, Flexodruck*) vgl. Drucken*.

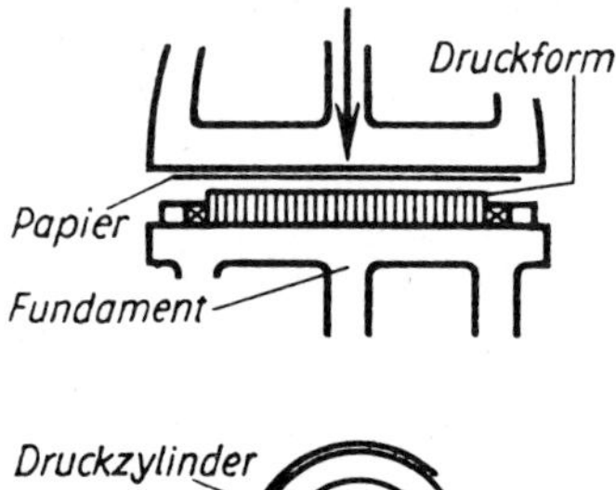

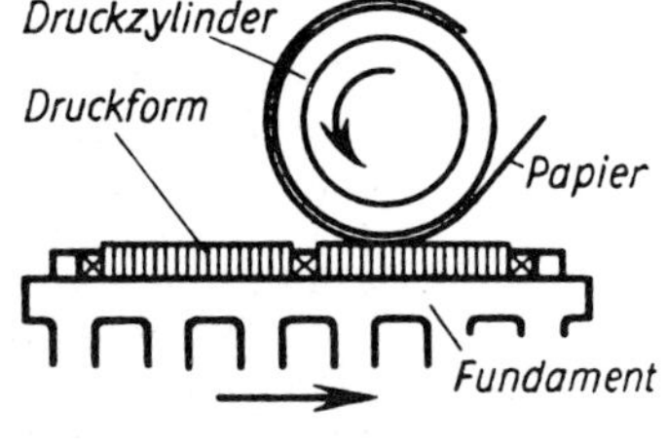

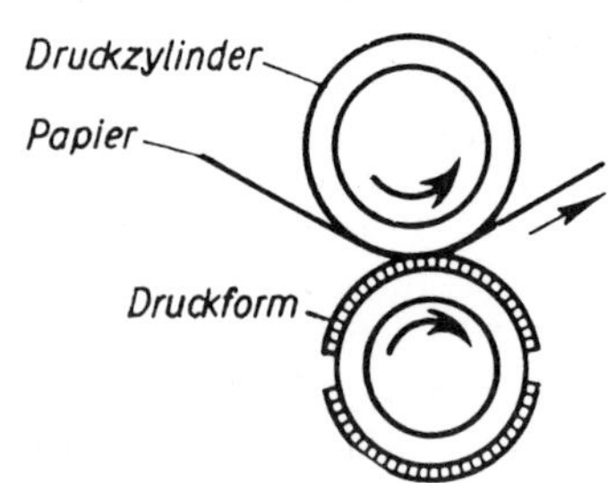

31 *Druckmaschine:*
a) Fläche gegen Fläche
b) Fläche gegen Zylinder
c) Zylinder gegen Zylinder

Druckplatte.
s. Druckform

Druckstock. Bezeichnung für die Druckplatte im Hochdruck*, auch für das Klischee*, das auf Schrifthöhe (23,567 mm) gebracht wird.

Druckträger. Das zu bedruckende Material (Papier*, Kunststoff, Blech).

Drucktype.
s. Letter

Druckvariante. Unterschiedliche Abdrucke* (vgl. Abdruckszustände*, Andruck*, Handdruck*, Probedruck*, Zustandsdruck*).

Druckvermerk. Auf Plakaten sowie auf Druckerzeugnissen für Industrie, Wirtschaft und Behörden die Angabe der Druckerei, Auftrags- und Genehmigungsnummer, usw. Ein erweiterter Druckvermerk ist das Impressum* bzw. das Kolophon*.

Dublieren. Fehler, der beim Auflagendruck in allen Verfahren vorkommen kann. Er zeigt sich als doppelte Kontur (vgl. Schmitz*).

Duplexdruck (lat. duplex = doppelt). Einfachste Art des Farbdrucks* mit Autotypie*. Von der Vorlage werden zwei Autotypien ohne Farbausfilterung aber mit verschiedenem Rasterwinkel (Raster*) angefertigt. Die erste Platte wird kontrastreicher geätzt, gibt also die dunkleren Bildstellen wieder, die andere dagegen schwächer, da sie auf die Lichter abgestimmt ist. Beim

Druck wird diese Platte mit einer hellen Tonfarbe* (Braun, Grau) verwendet, während die kontrastreiche Platte mit Schwarz aufgedruckt wird.

Dagegen wird der sog. 'falsche Duplex' bei nur einer Autotypieplatte mit verschiedenen Farben und leichter Plattendrehung gedruckt. Damit vergleichbar ist die Wirkung des Drucks von nur einer Platte mit Doppeltonfarbe ('Doppeltondruck' vgl. Druckfarbe*). Die Wirkung des Duplexdruckes kommt der des einfarbigen Tiefdrucks nahe. Im Offsetdruck erreichen Duplexdrucke, die mit Hilfe der Fotolithografie entstanden sind, eine noch bessere Tonabstufung.

Durchdruck. Druckverfahren, bei denen die Farbe durch eine Schablone auf den Druckträger gedruckt wird (Schablonendruck*, Siebdruck*).

Durchschießen. Beim Schriftsatz* das Vergrößern der Abstände zwischen den Schriftzeilen durch Einlegen von Blindmaterial (Regletten*). Beim Druck bezeichnet 'Durchschießen' das Zwischenlegen von unbedruckten Papierbogen, um ein 'Abliegen' der frischen Drucke zu vermeiden; es wird heute durch Bestäubeeinrichtungen ersetzt. In der Buchbinderei* werden zuweilen Bücher, Formularsätze u. a. mit Schreibpapier, Löschpapier, Kohlepapier etc. 'durchschossen'.

Durchschlagen. Dieser Fehler beim Druck entsteht durch schlechte Farbqualität oder durch eine falsch gewählte Papiersorte. Die Druckfarbe dringt dabei durch das Papier und wird auf der Rückseite sichtbar.

Dye Transfer (engl. dye = Farbstoff, transfer = Übertragung) Neueres fotomechanisches Umdruckverfahren, im Prinzip den Edeldruckverfahren* und dem Lichtdruck* vergleichlich. Von der Vorlage werden Farbauszüge* hergestellt. Diese Negative werden auf einen 'Matrix-Film' (Fa. Kodak) kopiert, der nach gerbender Entwicklung ein Gelatinerelief enthält. Die Matrix-Filme kommen dann in die entsprechenden Farbstofflösungen (Gelb, Cyan, Purpur) und können danach auf ein präpariertes Gelatinepapier übertragen werden: Mit einer Gummirolle werden nacheinander die verschiedenen Matrix-Filme auf das Gelatinepapier gepreßt (Aufquetschen). Dabei übernimmt nach einigen Minuten das Gelatinepapier den jeweiligen Farbstoff.

Die Matrix-Filme können nahezu beliebig oft eingefärbt und abgedruckt werden. Der Abdruck zeigt im Gegensatz zum Lichtdruck* kein 'Korn'. Dye-Transfer-Farben sind leuchtstark und in hohem Maße lichtecht. Dieses Umdruckverfahren wird u. a. von Richard Hamilton, Diter Rot u. a. benutzt.

Echoppe. Werkzeug für die Crayonmanier*, eine Radiernadel mit mehreren Enden.

Edeldruckverfahren. Zusammenfassende Bezeichnung für Druckverfahren mittels fotografischer Schichten, die unter Lichteinwirkung gegerbt werden (vgl. Bromöldruck*, Pigmentdruck*).

Einblattdruck. Einseitig bedruckte Blätter, die vor der Erfindung der Buchdruckerkunst entstanden (anopistografischer Druck). Der Druck erfolgte durch Abreiben der Papierrückseite über dem eingefärbten Holzstock. Einblattdrucke wurden häufig an den unbedruckten Seiten zusammengeklebt und zu Blockbüchern* verarbeitet.

Einfarbendruck. Druck mit nur einer Farbe z. B. Schwarz, vgl. Farbendruck*.

Einschaltbild. Bildtafel*, meist auf Kunstdruckpapier, innerhalb eines Buches. Einschaltbilder aus älteren Büchern werden zuweilen vom Buch* getrennt im Handel angeboten (vgl. auch Allonge*).

Einzug. Zur Gliederung eines Textes kann die erste Zeile jedes Absatzes 'eingezogen' (eingerückt) werden. Die Zeile des Bleisatzes beginnt also mit Blindmaterial*. Der übliche Einzug beträgt ein bis zwei Gevierte*.

Eisenradierung. Für die frühen Radierungen* wurden Eisenplatten verwendet, da die für Kupfer geeignete Säure (Eisenchlorid) unbekannt war. Das Verfahren wurde 1493 von Daniel Hopfer in Augsburg ausgeübt, später von Albrecht Dürer (›Christus am Ölberg‹ 1515), Hans Burgkmair (›Merkur, Venus und Cupido‹ 1520) u. a.

Ektachrom. (Eingetragenes Warenzeichen 'Kodak Ectachrome' der Firma Kodak für lichtempfindliches Material. EKta = Eastman/Kodak, griech. chroma = Farbe). Zur Reproduktion* farbiger Vorlagen* verwendetes Farbdiapositiv (vgl. Farbenfotografie*).

Épreuve d'Artiste (E. A.).
s. Künstlerdruck

Épreuve d'Essai.
(frz. = Probedruck*)

excudit (lat. = 'hat es verfertigt'). Bezeichnung des Verlegers (vgl. Adresse*).

Exlibris (lat. = 'aus den Büchern', aus der Bibliothek). Ein künstlerisch gestaltetes Zeichen des Buchbesitzers auf einem kleinen Blatt,

32 a u. b *Exlibris*

das auf die Innenseite des vorderen Buchdeckels geklebt wird. Exlibris enthalten Namen, Monogramm, Wappen des Besitzers oder eine symbolische oder auch allegorische Darstellung. Die Worte »ex libris« stehen häufig als Überschrift. Ein 'Super-Exlibris' ist ein außen auf den Buchdeckel geprägtes Besitzerzeichen.

Das Exlibris trat in Deutschland Ende des 15. Jahrhunderts zunächst als Holzschnitt auf, später meist als Kupferstich. Nach 1900 wurde es besonders in England und Deutschland gepflegt. Sammlungen von Exlibris befinden sich u. a. im Britischen Museum London, im Germanischen National-Museum Nürnberg, in der Berliner Kunstbibliothek.

Fadenzähler. Standlupen, die meist fünffach vergrößern. Mit ihnen werden Rasterlinien, Ätzungen (Autotypien) und der Passer* auf dem Druckbogen geprüft.

Fahnenabzug. Im Buchdruck versteht man darunter einen Abzug, der unmittelbar nach dem Setzen der Schrift (Satz*) und noch vor dem Umbruch* angefertigt wird. Die langen schmalen Papierblätter ('Fahnen') dienen der Korrektur von Fehlern im Satz ('Druckfehler').

Faksimiledruck. Vorlagengetreu ausgeführte druckgrafische Wiedergabe nach Handschriften, Frühdrucken, Gemälden etc. Der Faksimiledruck stellt die höchste Ähnlichkeitsstufe der Reproduktion dar. Als besonders geeignete Verfahren gelten der Holzstich*, der Lichtdruck*, auch erstklassige fotomechanische Nachdrucke* etwa mittelalterlicher Handschriften (Buchmalerei).

Faksimileschnitt.
s. Holzstich

Falzen. Bezeichnung für das Falten des Papier- bzw. Druckbogens zu einem kleineren Format. Die Knickstelle, das so entstandene Gelenk, heißt 'Falz' oder 'Bruch'. Zum Falzen von Hand dient das 'Falzbein', ein längliches, flaches Reibewerkzeug aus Knochen (vgl. Buchbinderei*).

Farbauszug. Für die Herstellung von Druckformen für den maschinellen Farbendruck* wird die vielfarbige Vorlage mittels der Reproduktionsfotografie* in die Grundfarben der subtraktiven Farbmischung* optisch zerlegt. Durch das Vorschalten eines Farbfilters werden auf einem farbwertrichtigen ('panchromatischen') Schwarzweißfilm die Teilfarbennegative hergestellt ('ausgezogen'). Für den Gelbauszug verwendet man einen Violett-, für den Purpurauszug einen Grün- und für den Cyanauszug einen Orangefilter, jeweils also in der Komplementärfarbe (vgl. Farbmischung*). Um eine Moiré*-Bildung zu verhindern, wird bei den einzelnen Farbauszügen der Kreuzraster immer um 30 Grad gedreht (vgl. Autotypie*, Raster*). Auch bei vielfarbigen Drucken (6 oder 8 Farben) werden stets nur drei Farbauszüge hergestellt und diese dann entsprechend verändert. Farbrichtigkeit läßt sich allerdings nur durch Korrekturen erreichen.

Neben der optischen gewinnt zunehmend die lichtelektrische Farbenzerlegung an Bedeutung. Bei den zunächst in den USA entwickelten Scannern* tasten die Lichtstrahlen die farbige Vorlage ab und zerlegen sie in Teilfarben. Die Abtastwerte werden umgerechnet und die Farbauszüge entsprechend belichtet.

Farbbogen. Musterbogen, dessen Farben für den Auflagendruck maßgebend sind (vgl. Farbskala*).

Farbendruck. Bei den industriellen Druckverfahren unterscheidet man Einfarbendruck (der nicht unbedingt mit Schwarzdruck gleichzusetzen ist (vgl. Doppeltondruck*) und Zweifarbendruck* (vgl. Duplexdruck*) wie auch in verschiedenen Farben gedruckte Akzidenzen* (Schrift, Strichätzung, Flächen) vom Mehrfarbendruck. Nur im Mehrfarbendruck (drei, vier und mehr Farben) sind Ergebnisse möglich, die bunte Vorlagen farbgetreu wiedergeben können.

Ebenso wie in den Handdruckverfahren wird auch in den maschinellen Techniken für jede Farbe eine Druckplatte benötigt. Der maschinelle Mehrfarbendruck, der in allen Drucktechniken ausgeführt werden kann, nutzt die Gegebenheit der Reduktion der Vielfarbigkeit in die drei subtraktiven Grundfarben Gelb, Purpur und Cyan. Mittels Farbauszügen* werden Druckplatten für die jeweiligen Farben hergestellt. Über- oder Nebeneinanderdruck ergibt für das Auge Mischfarben. Um eine größere Tiefe im Zusammendruck zu erzielen, verwendet man für die vierte Farbe eine Schwarzplatte (vgl. Vierfarbendruck*).

Im Offsetdruck* werden manchmal unter Benutzung von Tonfarben* bis zu acht Farben gedruckt, im Steindruck* bis zu zwanzig.

Voraussetzung für den Mehrfarbendruck ist äußerste Genauigkeit bei der Anlage*. Deshalb werden möglichst Paßkreuze mitgedruckt, die genaues Justieren erlauben (vgl. Farbskala*, Farbbogen*). Bei Autotypien* ('Farbsätzen') ist außerdem die exakte Anordnung der Rasterpunkte* wesentlich (vgl. Passer*). Durch sie wird erst beim Druck mit lasierenden Farben der Eindruck von Mischfarben hervorgerufen ('Additive Farbmischung'*).

Bei Druckmaschinen erfolgt die Übertragung der Druckfarbe von der im Farbkasten laufenden Duktorwalze über ein Walzensystem (Farbheber, Kontakt-, Übertragwalze, Reibzylinder, Auftragwalze) auf den Druckzylinder. Zur Steuerung der Farbmenge dienen entweder ein durchgehendes 'Farbmesser' oder dicht nebeneinanderliegende 'Farbschieber'. Ihr Abstand von der Duktorwalze bestimmt die Dicke des Farbfilms und damit die Farbdichte auf den Partien der Walzen.

Bei den großen Druckmaschinen für den Mehrfarbendruck (vgl. Offset*) geschieht die Farbdosierung automatisch durch besondere Farbregelanlagen. Unter Einbeziehung der Mikroprozessoren- und Computertechnik werden Farbmesser bzw. Farbschieber jedes Farbwerks durch ein Densitometer (fotoelektrischer Dichtemesser) gesteuert, das die Farbsollwerte auf dem Film oder der Druckplatte mißt. Bei einem anderen System tastet das Densitometer eine auf dem Probebogen mitgedruckte Meßfeldleiste ab. Letztere enthält auf Farbschieberbreite für jede Farbe je Abschnitt einen Vollton sowie unterschiedliche Raster und Linien.

33 *Farbendruck:* a Roland Farbsteueranlage RCI und b Farbregelanlage CCI

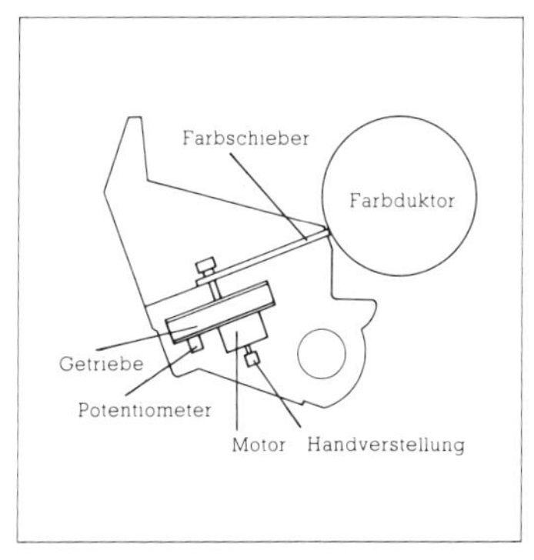

Farbenfotografie. Bezeichnung für alle Verfahren, die Abbildungen mit natürlichen Farben durch Fotografie* erzeugen. Man unterscheidet additive und subtraktive Verfahren.

1. Die *additiven* Verfahren (u. a. das kinematografische ›Technicolor‹) beruhen auf der additiven Farbmischung* mit den Grundfarben Rot, Grün und Blau. Durch Addition der Grundfarben erfolgt

die Farbwiedergabe. Die Brüder Lumière erreichten durch rote, grüne und blaue Stärkekörnchen, die sie in die fotografische Schicht einbetteten (sog. Farbraster), partielle Farbzerlegungen in drei ineinandergeschachtelte Teilfarbenbilder ('Autochromverfahren'). Im sog. 'Linsenrasterverfahren' wird die Farbzerlegung durch mikroskopisch feine Zylinderlinsen geleistet, die in den Schichtträger dicht beieinander geprägt sind. Wegen der getrennten bzw. gespreizten Strahlengänge werden additive Verfahren auch 'Spreizverfahren' genannt.

2. Die heute meist üblichen *subtraktiven* Verfahren werden durch den Mehrschichtenfarbfilm erzeugt: Auf den Schichtträger sind drei hauchdünne Schwarz-Weiß-Emulsionsschichten (je 1/250 mm) übereinander aufgegossen. Jede dieser Schichten ist getrennt für einen Bereich der additiven Grundfarben Blau, Grün und Rot empfindlich und enthält zusätzlich bestimmte Farbbildner (z. B. Phenole für Blau). Diese Farbbildner bilden bei der 'chromogenen' Entwicklung mit Substanzen des Schwarzweißentwicklers Farben. Farbbild und Schwarzweißbild entstehen also parallel. Durch Ausbleichen wird das Schwarzweißbild entfernt und alles Silber aus der fotografischen Schicht herausgelöst.

Auch bei der Farbenfotografie entsteht ein seitenverkehrtes, farbenumgekehrtes Negativ, von dem durch Kopie ein farb- und seitenrichtiges Positiv gemacht werden kann. Da das Licht die fotografischen Schichten nacheinander durchläuft, ergibt sich der Farbeindruck durch subtraktive Farbmischung*. Man nennt die subtraktive Farbenfotografie auch 'Siebverfahren' wegen der stufenweisen Heraussiebung der einzelnen Farben.

Farbfilm. 1. Dünne Schicht von Druckfarbe*, mit der in der Druckmaschine die Druckform eingewalzt wird.
2. Film der Farbenfotografie*.

Farbfolie. Druckfarbe für die Heiß-Prägung*. Sie besteht aus dünnen Kunststoffstreifen, auf die die getrocknete Farbe meist mit einem Bindemittel ('Grundierung') gebracht ist. Bei der Heiß-Prägung löst sich der Farbstoff von der Folie ('Abziehfolie') und haftet mit dem nun verflüssigten Bindemittel auf dem Druckträger. Neben diesen Abziehfolien gibt es Farbfolien, die nur aus Blättern der getrockneten Farbe, also ohne 'Trägerfolie' bestehen.

Farbmischung. Physikalischer Begriff, der sich im Fall der additiven Farbmischung auf die Wirkung von Farbreizen auf das menschliche Auge, im andern Fall (subtraktive Farbmischung) auf die Veränderung der Lichtfarbe bezieht.

1. *Additive* Farbmischung entsteht durch gleichzeitige Einwirkung verschiedener *Farbreize* auf das Auge. Sie begegnet überall dort, wo unterschiedliche Farbwerte ('Farbvalenzen') einander überlagern und als optische Eindrücke miteinander vermischt werden; in der Drucktechnik etwa beim Druck mehr-

farbiger Rasterpunkte, die so dicht beieinanderliegen, daß das Auge sie nicht mehr auflösen kann. Additive Farbmischung tritt auch bei Übereinanderprojektion verschiedenfarbiger Lichter auf oder beim sog. 'Farbenkreisel', wenn die zeitlich nacheinander gebotenen Farbvalenzen durch die Schnelligkeit ihrer Abfolge vom Auge nicht mehr getrennt werden können. Theoretische Grundlage ist dabei die Vorstellung von den Spektralfarben. Vom lichtlosen Schwarz nimmt mit dem Hinzutreten jeder Spektralfarbe die Helligkeit zu. Die Mischung aller Farben ergibt Weiß. Mithin ist jede Farbmischung heller als die Einzelfarbe. Grundfarben der additiven Farbmischung sind Blau, Grün und Rot.

2. Die *subtraktive* (oder multiplikative) Farbmischung ist im Gegensatz zur additiven keine Mischung von Farbreizen, sondern eine subtraktive Farberzeugung. Denn sie beruht auf der Veränderung der *Lichtfarbe* bei Durchgang oder Reflexion des Lichtes an Farbstoff- oder Pigmentschichten. So verändert sich z. B. weißes Licht substantiell, wenn es durch farbiges Glas – etwa durch eine rote und durch eine blaue Scheibe – hindurchfällt, es wird violett. Das Gleiche geschieht, wenn etwa eine rote und eine blaue Farbmasse vermischt wird bzw. in dünnen Schichten aufeinanderliegt. Das auffallende weiße Licht wird als violettes Licht zurückgeworfen, die Lichtfarbe hat sich auch hier verändert. Im drucktechnischen Bereich begegnet die subtraktive Farbmischung also bei der Mischung von Farbpigmenten (pulverisiert oder flüssig) oder beim Übereinanderdruck von Druckfarben. Dabei ist die Mischung stets dunkler als die Einzelfarben, da die Mischung sämtlicher Farben Lichtlosigkeit, also Schwarz ergäbe. Grundfarben der subtraktiven Farbmischung sind Gelb, Purpur und Cyan.

Farbsatz. Zusammenfassende Bezeichnung für alle Teilfarben-Negative, Druckstöcke etc., die für den Farbendruck* nach einer farbigen Vorlage gefertigt werden und zusammengehören.

Farbschnitt. Bei Büchern die eingefärbte Schnittkante der Blätter ('Buchschnitt') vgl. Metallschnitt*, Sprengschnitt*.

Farbskala. Für den Druck der Auflage* verbindlicher Andruck* der Einzelfarben (blau, gelb, rot, schwarz) eines Farbsatzes* und deren fortschreitender Zusammendruck (z. B. blau; blau + gelb; blau/gelb + rot; blau/gelb/rot + schwarz).

Farbstich. Vorläufer des Farbendrucks*, da er nach den Prinzipien der Farbzerlegung angelegt ist. Im Gegensatz zum maschinellen Farbauszug* erfolgte die Farbzerlegung durch Auge und Hand des Stechers, der für jede Farbe eine gesonderte Druckplatte anfertigte (vgl. Chromolithografie*).

J. Chr. Le Blon nutzte um 1710 die Newtonsche Theorie, nach der alle Farben aus den Grundfarben*

Rot, Gelb und Blau zusammengesetzt seien. In der Technik der Schabkunst* druckte Le Blon seine Reproduktionen nach Gemälden mit drei Platten in der Reihenfolge Blau, Gelb und Rot naß in naß, um eine bessere Vermischung der Farben zu erzielen. Später wurde mit einer vierten Platte noch Schwarz für Schatten und Konturen hinzugenommen (Vierfarbendruck*). Jean François Janinet (1752–1814) erreichte mit dem Aquatinta-Verfahren die Wirkung der von ihm reproduzierten Aquarelle und Pastelle.

fecit (lat. = 'hat es gemacht'). Bezeichnung für den Künstler (Autor), der das Original gefertigt hat. Bei Reproduktionsgrafik auch ›pinxit‹*, im Gegensatz zu ›sculpsit‹* und ›impressit‹*.

Federlithografie (Federmanier). Verfahren der Lithografie*. wobei die Zeichnung mit Feder und Lithotusche auf den Stein, die Zinkplatte oder auf Umdruck*-Papier aufgetragen wird. Als Federlithografie wurden verschiedentlich auch Buchillustrationen ausgeführt u. a. von Alfred Kubin (1877–1959).

Federpunktmanier. In der Lithografie* ein Verfahren zur Erzielung von Halbtönen. Dabei wird mit der Feder Punkt an Punkt gezeichnet, so daß die Zeichnung – äußerlich dem Rasterbild ähnlich – aus größeren und kleineren Punkten mit engerem oder weiterem Abstand besteht (vgl. auch Chromolithografie*).

Filete. Spachtelförmiger Druckstempel aus Messing für den Handprägedruck* (Heißprägung). Die gekrümmte Kante der Filete enthält im Hochrelief das Ornamentmotiv, das als Blinddruck oder mit Blattgold* bzw. Farbfolie* als vertieftes Relief in das Material eingeprägt wird.

Film. Durchsichtige, dünne Kunststoffolie. Der in der Fotografie* verwendete Film besitzt zusätzlich eine lichtempfindliche Schicht.

Firnis (frz. vernis = Lack). Bindemittel für Druckfarben*, das durch Einkochen von Leinöl hergestellt wird. Firnis war früher das einzige Druckfarben-Bindemittel.

Flachdruck. Druckverfahren mit Druckplatten, deren druckende Teile etwa auf gleicher Ebene mit den nichtdruckenden liegen. Das Prinzip des Flachdrucks beruht auf dem Gegensatz von Fett und Wasser: Die druckenden Teile sind so präpariert, daß sie Farbe (Fett) annehmen und Wasser abstoßen, wohingegen die nichtdruckenden Teile Wasser annehmen und Farbe (Fett) abstoßen ('chemisches Druckverfahren').

Flachdruckverfahren sind der Steindruck (Lithografie*), die Algrafie*, der Zinkdruck* und Offsetdruck*. Auch der Lichtdruck* zählt hierzu.

Flächenholzschnitt.
s. Holzschnitt

Flattermarke. Mitgedrucktes Kontrollzeichen im Bundsteg (vgl.

Steg*) zwischen erster und letzter Seite des gefalzten Bogens. Die Flattermarke, eine fette, kurze Linie, wird bei jedem Bogen um ihre Länge tiefergesetzt, so daß sich bei den richtig zusammengetragenen Bogen eines Buches eine durchgehende 'Treppe' von Flattermarken ergibt. Beim gebundenen Buch sind diese meist nicht sichtbar.

Flattersatz. Schriftsatz* mit Zeilen unterschiedlicher Länge, die meist auf Linksachse gestellt werden und rechts frei auslaufen (vgl. Schreibmaschinensatz*).

Flexodruck. Hochdruckverfahren mit flexibler Druckform. Diese ist entweder ein Gummistereo* (vgl. Stereotypie*), das auf dem Druckzylinder (s. Druckmaschine*) befestigt wird, oder ein gravierter Gummizylinder. Flexodruck erfolgt auf Rotationsmaschinen, so daß hohe Auflagen in kurzer Zeit erreicht werden. Statt der früher üblichen Anilinfarben ('Anilindruck'*) verwendet man heute spezielle, wasser- oder spirituslösliche Druckfarben. Im Flexodruck werden Papier, Metallfolie und Kunststoff meist zu Verpackungszwecken (Briefumschlagfutter etc.) bedruckt.

Flockprint (engl.: 'Flockendruck'). Siebdruckverfahren für Textilien mit der Wirkung von geschorenem Samt: Mit klebender Farbe druckt man auf das Gewebe ein Muster, worauf anschließend ein Gebläse Wollhärchen oder Flocken aufbläst. Mittels elektrischer Aufladung werden alle nicht klebenden Härchen entfernt, dagegen die im Muster klebenden senkrecht gestellt, bis sie (mit dem Trocknen der Farbe) in dieser Stellung festkleben.

Flushing (engl. ausspülen, ausfällen). Herstellungsverfahren für Druckfarben. Der chemisch hergestellten, wässerigen Farbe wird in Knetmaschinen unter Vakuum das fettige Bindemittel zugesetzt und gleichzeitig das Wasser entzogen. Die durch das Ausfällen (flushing) des Wassers gewonnenen Farbpigmente sind wesentlich kleiner als die durch Mahlen erzeugten Farbpigmente (vgl. Anreiben*).

Folienraster. Durchsichtige Folie mit aufgedrucktem Raster, das häufig in der Werbegrafik – etwa als Bildgrund – verwendet wird (vgl. Gebrauchsgrafik*).

Formelsatz. Satz von chemischen und mathematischen Formeln. Diese schwierige Satzart (vgl. Musiknotensatz*) wird im Handsatz sowie im Foto-* bzw. Lichtsatz* geleistet. Zeilensetzmaschinen sind wegen der benötigten unterschiedlichen Kegelstärken der Lettern* ungeeignet.

Formschließen. Beim Hochdruck* das Festspannen der Druckform im Schließrahmen*. Die umbrochenen Satzkolumnen werden zunächst auf einer eisernen 'Schließplatte' von der Größe des Druckmaschinenformats 'ausgeschossen' (s. Ausschießen*), dann in einen eisernen Schließrahmen gelegt. Nachdem die Abstände zwischen den Kolumnen mit ‘Formatstegen’ (Metallstücke in der Höhe des Blindmaterials*) gefüllt sind, wird die Form mit ‘Schließzeugen’ (Eisengeräte, die durch Schrauben in ihrer Breite verändert werden können) ‘geschlossen’.

Fotochromie. Fotolithografisches Flachdruckverfahren* mittels Lithografiestein, das früher häufig zur Gemäldereproduktion verwendet wurde. Der Lithografiestein wird dabei zunächst gekörnt, mit einem lichtempfindlichen Asphaltlack versehen, dieser dann belichtet und entwickelt. Durch die Körnung des Steins können Halbtöne ohne Raster* wiedergegeben werden.

Fotografie (griech. phos = Licht, graphein = schreiben). Verfahren zur Abbildung von Gegenständen durch Einwirkung der von diesen reflektierten Lichtstrahlen auf eine lichtempfindliche Schicht. Diese besteht aus Halogensilber, das zusammen mit Gelatine auf einen durchsichtigen Schichtträger (Glas oder Film) aufgegossen ist. Die fotografische Schicht ist unter anderem hinsichtlich Lichtempfindlichkeit, Farbempfindlichkeit, Gradation (‘Härte’ d. Bildes), Auflösungsvermögen (Abbildung nahe beieinanderliegender Formen) beeinflußbar. Durch die Belichtung (in der Kamera oder unmittelbar als ‘Kontaktkopie’) wird die fotografische Schicht dergestalt verändert, daß beim Eintauchen in die Entwicklerflüssigkeit das Halogensilber zu metallischem Silber reduziert und das vorher unsichtbare (‘latente’) Bild sichtbar wird. Nach einem Unterbrecherbad werden die unbelichteten Teile der Schicht im Fixierbad entfernt. Ein anschließendes Wasserbad schwemmt die Fixierbadsubstanzen aus, das Bild ist nun lichtbeständig.

Das so gewonnene Bild ist ein ‘Negativ’, da es den Gegenstand seitenverkehrt und mit vertauschten Tonwerten abbildet. Durch Kopie oder Vergrößerung entsteht in einer nochmaligen Umkehrung das seiten- und tonwertrichtige Positiv (meist auf Papier). Mit sog. Umkehrfilmen kann man unmittelbar ‘Positive’ erzeugen: Bei ihnen wird das entwickelte Bild ausgebleicht, mit einer zweiten Belichtung das restliche Bromsilber nochmals belichtet, dann entwikkelt, fixiert und gewässert. In der Farbenfotografie* werden besondere Verfahren angewendet. Die Fotografie wurde zur Voraussetzung der modernen Reproduktionstechnik*: Autotypie*, aber auch Lichtpausverfahren*, selbst die Xerografie* arbeiten mit ihr.

Joseph Nicéphore Niepce (1765 bis 1833) stellte 1822 das erste fixierte Foto mit einer Camera obscura nach dem Asphaltverfahren* her. Louis Jacques Mandé Daguerre (1787–1851) erfand 1837 die Positivaufnahme auf einer Silberplatte mit lichtempfindlicher Jodsilberschicht (Daguerrotypie), 1839 gelang Fox Talbot die Negativ-Fotografie auf Papier. Als Negativ nutzte Scott Archer 1851 die nasse Glasplatte mit Kollodiumschicht, Maddox 1871 die Trockenplatte. 1894 brachte George Eastman den Rollfilm als Tages-

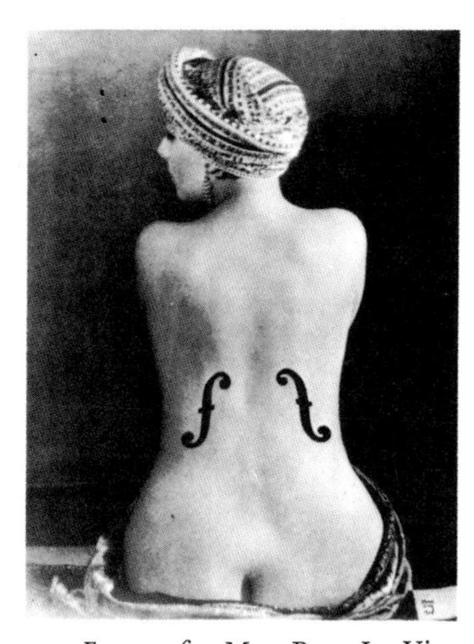

34 *Fotografie:* Man Ray, Le Violon d'Ingres, 1921

lichtpackung auf den Markt (Fa. Kodak), 1937 die Fa. Agfa den Agfacolor-Film.

Daneben hat sich die Fotografie als eigene künstlerische Gattung entwickelt. Fotografen der Frühzeit sind: David Octavius Hill (1802–70), Franz Hanfstaengl (1804–77), Giuseppe Alinari (1836 bis 90), Frederick Scott Archer (1813–57) u. a. Später sind Heinrich Kühn (1866–1944), Edward Steichen (1879–1973), Helmut Gernsheim (geb. 1913) zu nennen. Spezialgebiete verfolgten u. a. für die Landschaftsfotografie: Adolf Miethe (1862–1927, Albert Renger-Patzsch (1897–1966), Erna Lendvai-Dircksen (geb. 1883); Architektur: Walter Hege (1893–1955); Bildnis: Hugo Erfurth (1874–1948) und Irving Penn (geb. 1917); Akt: Otto Steiner (geb. 1915), Lucien Clergue (geb. 1939); Bildberichte: Erich Salomon (1886–1944), Henri Cartier-Bresson (geb. 1908), Robert Doisneau (geb. 1912).

Fotogramm. Fotografisches Verfahren, das ohne Kamera in der Dunkelkammer ausgeübt wird: Auf unbelichtetes Fotopapier werden Gegenstände gelegt, die sich nach Belichtung und Entwicklung meist als Silhouetten im starken Schwarzweißkontrast abbilden (Unikate). Statt Fotopapier kann auch eine lichtempfindliche ('sensibilisierte') Druckplatte belichtet werden, womit das Bild druckfähig ist.

Fotogravüre.
s. Heliogravüre

Fotokopierverfahren. Vervielfältigungen mittels Kamera oder durch Kontaktkopie auf lichtempfindlichem Material. Bei der 'Mikrofilmkopie' wird die Vorlage auf einen Film sehr kleinen Formats fotografiert. Mikrofilme müssen in besonderen Lesegeräten betrachtet werden, die das Negativ stark vergrößern. Die 'Reflexkopie' kopiert unmittelbar die Vorlage mittels der von dieser reflektierten Lichtstrahlen auf Spezialpapier.

Fotolithografie. Verfahren zur Herstellung von Druckplatten für den Flachdruck* (Offsetdruck*) mittels der Reproduktionsfotografie* (vgl. Zinklithografie*). Dabei wird von der Vorlage zunächst ein Rasternegativ in der Größe des späteren Drucks angefertigt und davon ein Diapositiv (Film). Solche Diapositive können nun auf dem Leuchttisch leicht in der Anordnung des gewünschten Drucks mit Klebeband montiert werden ('Montage' anstelle des Umbruchs im Buchdruck*). Die fertig montierten Filme kopiert man dann auf die mit einer lichtempfindlichen Schicht versehene Offsetplatte*, die danach entwickelt und geätzt wird. Die fertige Druckplatte zeigt ein seitenrichtiges Bild, weil durch den Offsetdruck* ein Umdruck erfolgt.

Fotosatz. Verfahren zur Herstellung von kopierfähigen Vorlagen* für den Tief-*, Offset-* und Siebdruck* sowie auch für den Hochdruck* (s. Auswaschplatte*, vgl.

35 *Fotolithografie:* Offset-Kopiereinheit, Modell SKE/X (Firma Sixt KG)

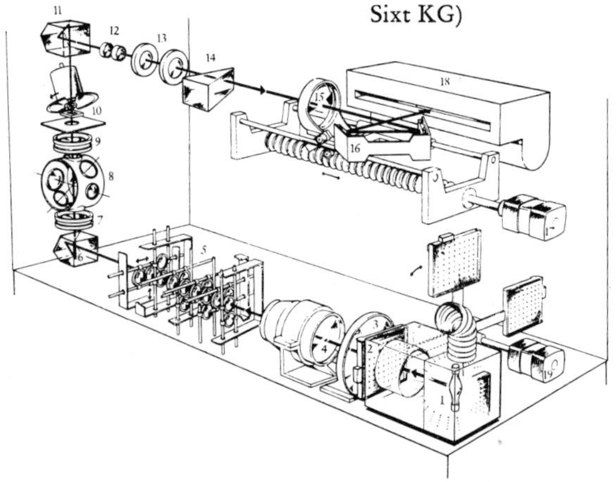

36 *Fotosatz:* Schematische Darstellung des Strahlenganges einer Fotosatzanlage: 1 Projektionslampe, 2 Schriftrahmen, 3 Fokussierlinse, 4 Kollimatorlinse, 5 Zeichenauswahlprismen, 6 Umlenkprisma, 7 Linsen, 8 Vergrößerungseinrichtung, 9 Linsen, 10 Verschluß, 11 Umlenkprisma, 12 Korrekturlinsen, 13 Justiereinrichtung, 14 Korrekturprisma, 15 Projektionsoptik, 16 Spiegelwagen, 17 Spiegelwagenantriebsmotor, 18 Filmkassettenaufnahme, 19 Schriftrahmen-Wechselmechanik

37 *Fotosatz:* elektronisch gesteuerte Fotosetzmaschine ›Diatronic‹

Lichtsatz*). Die Schriftzeichen werden durch vorhandene Negative auf einen lichtempfindlichen Film projiziert und nach der Belichtung entwickelt (vgl. Fotografie).
Der Ungar E. Uher baute um 1930 die erste praktisch einsetzbare 'Lichtsetzapparatur' (nach Versuchen von Porzsolt um 1894). Ziel der technischen Weiterentwicklung war es, auf direktem Weg zu einem reproduktionsfähigen Film zu gelangen. In diesem 'optischen' Fotosatz können stündlich bis zu 35 000 Buchstaben gesetzt werden – die manuelle Bleisetzmaschine leistet dagegen stündlich ca. 6000 Buchstaben (vgl. Computersatz*).

Fotoschablone. Schablone* für den Siebdruck*, die mit Hilfe der Fotografie hergestellt wird (s. Siebdruckschablone).

Fotoumdruck. Vgl. Edeldruckverfahren, Dye Transfer

Frontispiz. (lat. frontispicium; frons = Vorderseite, inspicere = hinsehen). Ganzseitiges Bild, das bei Büchern und Broschüren dem Haupttitel gegenübersteht ('Titelbild'). Bei Büchern des 18. u. 19. Jahrhunderts wurde als Frontispiz vielfach ein Kupferstich beigebunden ('Titelkupfer').

Frottage (von frz. frotter = abreiben). Manuelles Durchreibeverfahren (Abreibung) von reliefierten Gegenständen. Bekannt sind Abreibungen nach Inschriftensteinen und Reliefs in China; Holzfrottagen in neuerer Zeit von Max Ernst u. a.

Galvanoplastik (nach dem ital. Physiker Luigi Galvani). Elektrochemisches Verfahren zur Herstellung von Duplikaten nach Druckplatten des Hochdrucks (Satz, Ätzungen, Holzschnitte etc.). Von der Hochdruckform wird – wie bei der Stereotypie* – eine Abprägung auf eine Matrize* (Wachs oder Kunststoff) angefertigt. Nachdem die Matrize durch Graphitpulver elektrisch leitend gemacht wurde, wird sie in ein 'galvanisches Bad' gehangen, in eine Kupfervitriol-Lösung mit Schwefelsäure. Gegenüber der Matrize (Kathode) wird eine Kupferplatte (Anode) ins Bad gebracht und beide unter Strom gesetzt. Durch die Wirkung des elektrischen Stroms löst sich von der Anode Kupfer, das sich auf der Kathode (Wachsmatrize) als Niederschlag ansetzt. Bei genügender Stärke des Niederschlags (0,25 mm) wird die Matrize aus dem Bad genommen, die Kupferhaut durch heißes Wasser gelöst und mit Weichblei hintergossen. Solche Kupfergalvanos können für

Auflagen bis zu 150000 Exemplaren verwendet werden. Höhere Auflagen erfordern Nickelgalvanos oder eine Verchromung.

Als Erfinder gilt Moritz Hermann Jacobi, der 1838 in St. Petersburg (Leningrad) erstmals Medaillen in diesem Verfahren anfertigte. Murray gelang es, auch von nichtleitenden Körpern durch Graphit Galvanos anzufertigen.

Gebrauchsgrafik. Zusammenfassende Bezeichnung für künstlerisch gestaltete Druckerzeugnisse, die für den Verbrauch bestimmt sind. Sie erscheinen meist in großer Auflage im industriellen Druck. Für Entwürfe und für reproduktionsfähige Vorlagen benutzt die Gebrauchsgrafik u. a. Folienraster*, Letraset* etc. Man unterscheidet 'Werbegrafik' (Reklameplakate, Warenverpackungen, Anzeigen, Signete u. a.), 'Buch- und Zeitschriftengrafik' (Schutzumschläge, Bucheinbände, auch Typografie*, Layout*), 'Kartengrafik' (Glückwunsch-, Einladungs-, Speisekarten u. a.) und 'Amtliche Grafik' (Briefmarken, Banknoten, Wappen, Fahnen usw.).

Geviert. Im Handsatz* Metallstift von quadratischem Grundriß mit der Seitenlänge des Kegels der betreffenden Schrift (vgl. Letter*). Gevierte u. a. werden zum Ausschließen* der Schrift gebraucht ('Ausschlußstücke'). Schwächere Ausschlußstücke werden als Halb-, Drittel- und Viertel-Gevierte bezeichnet.

Geißfuß. Messerartiges Gerät mit V-förmiger Schneide zum Bearbeiten des Holzschnitts*.

Gigantografie (Rasterprojektion). Verfahren der Reproduktionsfotografie* zur Herstellung starker Vergrößerungen – etwa für Plakate. Von der Vorlage wird – wie bei der normalen Autotypie* – ein Negativ mit einem feinen Raster angefertigt, davon ein 'Rasterdiapositiv' kopiert. Dieses wird auf die gewünschte Größe projiziert und so ein neues Negativ angefertigt, das man zur Metallkopie verwendet. Bei der Gigantografie werden durch die Projektion auch die Rasterpunkte vergrößert.

38 *Glasklischeedruck:* (Detail) s. Abb. 39

Glasklischeedruck (frz.: Cliché verre = Glasradierung). Grafisch-fotografisches Verfahren: Eine Glasplatte wird mit einer lichtun-

39 *Glasklischeedruck:* Camille Corot, Der kleine Hirt, nach 1853

durchlässigen Schicht überzogen (Ruß, Ölfarbe u. a.) und in diese die Zeichnung, etwa mit einer Nadel, eingeritzt. In einem anderen Verfahren geschieht die Einritzung in eine lichtempfindliche Schicht, die belichtet und entwickelt wird. Die Glasplatte kann dann wie ein Negativ für fotografische Kopien auf lichtempfindlichem Papier verwendet werden.

Camille Corot (1796–1875) fertigte in dieser Technik, die ihm Fotografen empfohlen hatten, zahlreiche 'Glasradierungen' von leichtem, zartem Strich.

Goldener Schnitt. Ein Teilungsverhältnis, das besonders in der Typografie* und bei Papierformaten oft angewendet wird: Eine Strecke ist so zu teilen, daß sich der kleinere Teil zum größeren verhält wie dieser zur gesamten Strecke. Bekannte Maßverhältnisse sind: 3:5, 5:8, 8:13.

Goldschnitt.
s. Metallschnitt

Grafik. Nach griech. graphein = schreiben, zeichnen, einritzen, die übergreifende Bezeichnung für alle Gebiete der Zeichnung in Kunst und Industrie (auch technische Zeichnung, Gebrauchsgrafik*) sowie für die drucktechnische Vervielfältigung (Druckgrafik*). In einem engeren Sinne wird vielfach unter Grafik die manuell hergestellte Druckgrafik verstanden. Häufig wird der Begriff im Gegensatz zur flächenbetonten, farbigen Malerei gesehen (›grafisch‹ zu ›malerisch‹).

Grafische Sammlung. Museen sammeln Zeichnungen und Druckgrafik in Grafischen Sammlungen ('Kupferstichkabinett'). Wegen der Lichtempfindlichkeit von Tinte, Farbe und Papier wird Grafik meist in geschlossenen Schränken oder Kästen aufbewahrt. In den Studiensälen kann sich der Besucher Grafiken zur Ansicht vorlegen lassen. Entsprechendes gilt für seltene Bücher. Die größten Sammlungen von Grafik befinden sich in Wien (Grafische Sammlung Albertina), London (British Museum, Department of Prints and Drawings), Paris (Musée Nationale du Louvre, Cabinet des Dessins; Bibliothèque Nationale, Cabinet des Estampes) und Berlin (Staatliche Museen Preußischer Kulturbesitz, Kupferstichkabinett).

Grafisches Gewerbe (Grafische Industrie). Sammelbegriff für die Druckindustrie und die papierverarbeitenden Berufe. Dazu zählen die Setzerei (Hand- und Maschinensatz), die verschiedenen Arten der Druckerei (Hoch-, Flach-, Tief-, Siebdruck), die Buchbinderei (Hand- und Industriebuchbinderei) sowie die Kartonagenbetriebe.

Grainieren (von frz. grain = Korn). Aufprägen einer reliefartigen Oberfläche (Textur) auf Papier oder Karton. Dies geschieht nach dem Druck mit besonderen Walzenpressen ('Kalandern'). Bei älteren Gemäldereproduktionen im Stein-, Offset- oder Lichtdruck wurde früher durch Grainieren eine dem Original nahekommende Oberfläche erzeugt.

Graukeil. Beim Bilddruck ein mitdruckender Rasterstreifen, der die Tonwerte* von Weiß bis Schwarz wiedergibt.

Grauskala. Mitdruckender Rasterstreifen, der die Tonwerte* meist in zehn Stufen von Weiß bis Schwarz aufweist. Vergleichbar der 'Farbskala'* beim Farbendruck dient die Grauskala als Hilfsmittel für den Druck.

Graviermaschine. Elektronisch gesteuerte Präzisionsmaschinen ver-

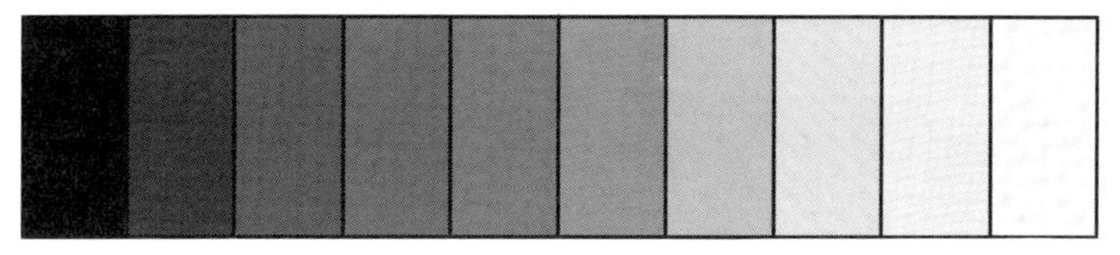

40 *Grauskala*

mögen Klischees* oder Tiefdruckzylinder – anstelle der herkömmlichen Fertigung mittels Reproduktionsfotografie* und Ätzen (Chemigrafie*) – durch Gravieren automatisch herzustellen. Bei Klischee-Graviermaschinen tasten Lichtstrahlen die Vorlage in parallelen Linien ab und führen über ein elektronisches Rechensystem den Stichel. Dieser graviert den Druckstock mit der Punktzahl des Rasters*.

Graviermaschinen für Tiefdruckzylinder führen den Stichel je nach dem Tonwert der abgetasteten Stelle verschieden tief in den Kupferzylinder. Sie lassen flachere oder tiefere Näpfchen entstehen, die in ihrer Graviertiefe – entgegen der Ätzung – genau festlegbar sind (vgl. Rakeltiefdruck*). Farbauszüge* werden bei Graviermaschinen nicht durch optisch wirkende Filter, sondern durch elektronische Farbenzerlegung hergestellt. Der Maler Georg Muche (geb. 1895)

41 *Graviermaschine:* Helio-Klischograph K 202 (Firma Hell), links: Abtastmaschine, rechts: Graviermaschine in einer 8-kanaligen Ausführung zur Tiefdruck-Formherstellung für den Magazindruck

nutzte die Graviermaschine zu künstlerischen Zwecken.

Gravur. Manuelle Herstellung einer Druckplatte aus Metall, Stein, Kunststoff etc. durch Einritzen mittels Stichel* oder Graviernadel*. Gravierte Platten werden meist im Tiefdruck* abgedruckt.

Grundfarben. Gruppe von drei Farben ('Primärfarben'), die sich nicht durch Farbmischungen erzielen lassen. Mit den drei Grundfarben lassen sich nahezu alle anderen Farben ('Sekundärfarben', z. B. Violett, Grün, Braun usw.) durch Mischung herstellen. Die Einteilung der Grundfarben in Rot, Blau, Gelb, entspricht den Gegebenheiten des menschlichen Auges, das diese Farben getrennt wahrnimmt und für Hell und Dunkel besonders empfindet. Für die Drucktechnik sind die drei Grundfarben nach DIN 16508/09 genormt. Farbton und Sättigungsstufe sind damit festgelegt (vgl. Farbmischung).

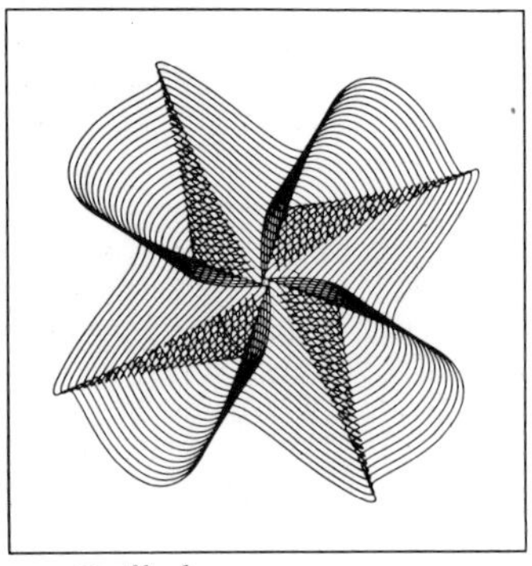

42 *Guilloche*

Guillochen (nach frz. guillocher = 'mit gewundenen Linien versehen'). Komplizierte Linienornamente und Muster, die wellenbogen- und kreisförmig angelegt und auf Banknoten*, Aktien und Schecks zur Sicherung vor Fälschung gedruckt sind. Sie werden mit Graviermaschinen (Guillochiermaschinen) angefertigt. Dabei wird der Stichel durch eine Schablone gesteuert, und der Druckstock aus Metall oder Stein graviert. Daneben gibt es fotomechanisch hergestellte Guillochen.

Gummi arabicum. Pflanzenprodukt aus der Rinde von bestimmten Akazienarten. Gummi arabicum ist wasserlöslich und ergibt eine durchsichtige klebrige Flüssigkeit. Es wurde schon im alten Ägypten als Leim, als Lack und zum Appretieren verwendet.

Gummidruck. Dieses fotografische Edeldruckverfahren* beruht auf der Eigenschaft der Chromsalze, Gummi arabicum* bei der Belichtung unlöslich zu machen. Zunächst wird das Untergrundpapier mit Gummi arabicum, Kaliumbichromat und Farbe vorpräpariert. Nach dem Trocknen erfolgt die Kopie des Negativs auf das Papier und die partielle Entwicklung in Wasser. Gummidrucke zeigen reduzierte Halbtöne, sie wirken deshalb weich und diffus.

Gummischnitt. Hochdruckverfahren mittels geschnittener Gummiplatten – ähnlich dem Linolschnitt, das u. a. von Egon Schiele (1890–1918) benutzt wurde.

Gummistempel. Die kleine Druckplatte des Gummistempels wird bei gängigen Schriftgraden durch Abprägen von Lettern und Ausgießen der Matrize mit Gummi (Kautschuk) hergestellt. Bei besonderen Schriften und bei Bildern muß eine Patrize* geschnitten werden. Die Druckplatte wird an einen Holz- oder Kunststoffgriff geklebt. Als Druckfarbe dienen Methylviolett oder Rußlösungen. Gummistempel werden seit dem 19. Jh. für Adressen, Namen und Unterschriften ('Faksimilestempel') eingesetzt.

Halbton.
s. Tonwert

Halbtonbild. Bezeichnung für Bilder, die kontinuierlich verlaufende Schwärzungen von Hell zu Dunkel aufweisen. 'Halbtöne' sind also die grau erscheinenden Tonwerte* zwischen den vollen Tönen von reinem Weiß und reinem Schwarz. Halbtonbilder sind Gemälde und Fotografien. Ihre Druckwiedergabe bereitet Schwierigkeiten.

Echte Halbtonwiedergaben liefert der Bromsilberdruck* und der Lichtdruck*. Hingegen erreichen der Rakeltiefdruck*, die Heliogravüre* und die Aquatinta*, die Schabkunst* und die Crayonmanier*, auch einige Verfahren der Lithografie* Wirkungen, die denen der echten Halbtonwiedergaben sehr nahekommen.

Unechte Halbtonbilder täuschen, die Halbtöne optisch vor. Dazu zählen die Raster*-Bilder der Autotypie*, die ähnlich den Schraffuren* manueller Drucktechniken (Kupferstich etc.) wirken (vgl. Strichzeichnung*).

Handdruck. Als Handdruck gilt der künstlerische Druck, der im manuellen Verfahren durch Reiben mit dem Falzbein, mit dem Reiber, mit Stempeln (vgl. Handvergolden*) oder auch in einer Handdruckpresse hergestellt wird.

Handkolorit (von lat. color = Farbe). Älteres Verfahren, um einfarbige Drucke mit Farben zu versehen ('Kolorierter' Holz*- und Kupferstich*). Dies geschah meist mit Wasserfarben, die mittels Pinsel entweder frei oder über Schablonen* aufgetragen wurden.

Handpresse. Die einfachste Druckmaschine des Buchdrucks*, die Handpresse, wirkt wie ein stabiler senkrecht stehender Rahmen, der aus Kopfstück, Säulen und Preßfundament besteht. Zwischen Kopfstück und Preßfundament wird der Druck durch den Preßhebel über einen 'Tiegel' auf das Papier ausgeübt. Das waagerecht liegende Preßfundament ist auf Schienen verschiebbar. Es wird seitlich herausgekurbelt, so daß die Druckform eingesetzt und eingefärbt, der Papierbogen aufgelegt werden kann. Das Einfärben geschieht von Hand mittels eines Ledertampons oder mit lederbezogenen Walzen.

Mit einer hölzernen Handpresse arbeitete Johannes Gutenberg (ca. 1400–1468). Eiserne Handpressen blieben bis ins 18. Jahrhundert die einzige Pressenkonstruktion. Heute wird die Handpresse noch bei sog. 'Privatpressen' für künstlerische

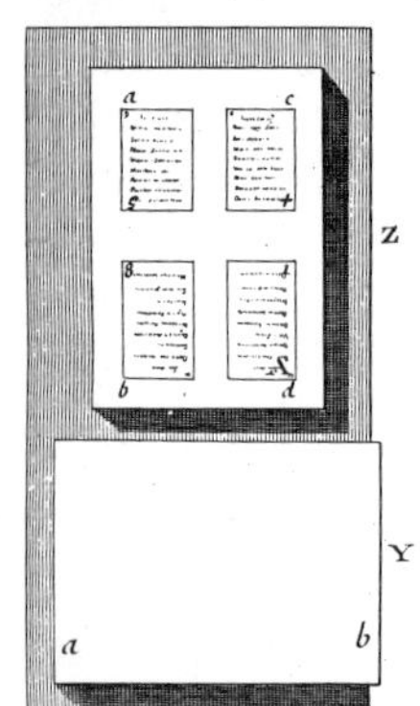

43 *Handpresse:* Anlage des Papierbogens (Fig. 1), Einfärben der Druckform (Fig. 2), Druckvorgang (Fig. 3), Gehilfe beim Einfärben des Tampons (Fig. 4); unterer Bildteil: Blick von oben auf die Handpresse (vgl. Fig. 1 und 2)

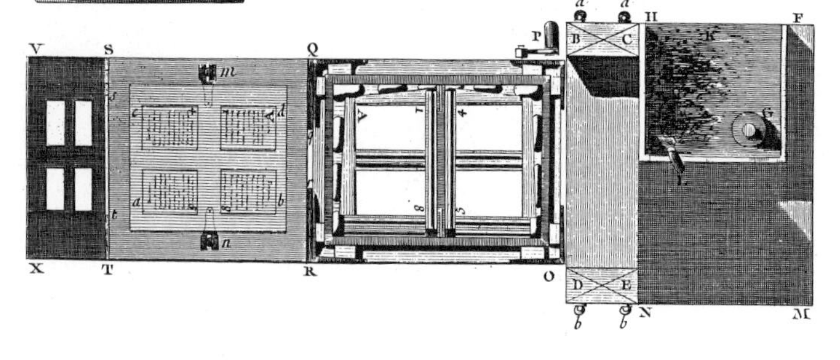

Handdrucke in kleiner Auflage verwendet.

Handsatz. Von Hand zusammengestellter Schriftsatz* aus einzelnen Lettern*. Der Schriftsetzer steht vor dem aufgestellten Setzkasten und setzt den Schriftsatz aus einzelnen Lettern, Ziffern, Linien, Zeichen usw. zusammen. Die Buchstaben werden dem Manuskript entsprechend aus den Fächern genommen und im 'Winkelhaken'* aneinandergereiht, bis eine Zeile gesetzt ist. Für die Wortzwischenräume dienen Blindstücke von niedriger Höhe, der 'Ausschluß'. Mit den unterschiedlichen Dickten* der Ausschlußstücke wird eine Zeile 'ausgeschlossen'. Die Wortzwischenräume werden dergestalt erweitert oder verringert, daß die Zeile den Winkelhaken stramm ausfüllt und mit einem Wortende oder einer Wortteilung schließt. Innerhalb einer Zeile sollen die Wortzwischenräume optisch gleich sein. Ist der Winkelhaken mit den Zeilen gefüllt, so wird 'ausgehoben'. Dabei stellt man den Satz auf ein

44 *Handsatz:* Akzidenz-Aufbau ›Ideal F‹ (Firma Barent)

45 *Handsatz:* Einsetzen der Drucktypen in den Winkelhaken

'Schiff', d. h. auf eine Abstellplatte mit metallischen Randleisten an drei Seiten.

Beim 'glatten' Satz, von einem fortlaufenden Text (Manuskript) in 'Brotschrift', ist die stündliche Leistung eines Setzers 1500–1600 Buchstaben. 'Kompresser' Satz hat keinen zusätzlichen Durchschuß (Zwischenraum zwischen den Zeilen). Beim 'Durchschießen' eines Satzes werden 'Regletten' (nicht mitdruckende Bleistreifen) zwischen die Zeilen gelegt. Der 'Flattersatz' hat im Gegensatz zum 'Blocksatz' frei auslaufende Zeilen. 'Auszeichnung' bedeutet im Satz eine optische Hervorhebung. Worte oder Zeilen werden dabei mit größerem Durchschuß frei in den Raum oder auf Mitte gestellt. Ausgleichen von Schriftzeichen mit 'Spatien' (lat. spatium = Zwischenraum) ist bei größeren Schriftgraden, besonders bei Versalien (Großbuchstaben) erforderlich. Beim 'Umbruch' wird der korrigierte glatte Satz ('Paketsatz' oder 'Werksatz') zu Kolumnen (Buchseiten, vgl. Satzspiegel) 'umbrochen'. In der Handsetzerei entstehen Druckformen, von denen im Buchdruck direkt gedruckt wird. Für das Offset- und Tiefdruckverfahren werden reproduktionsfähige Abzüge (etwa auf Barytpapier*) hergestellt. Die verschiedenen Satzarten, wie Tabellen-, Akzidenz-, Formel-, Musiknoten- und fremdsprachlicher Satz stellen hohes fachliches Können an einen Schriftsetzer.

Handvergolden. Verfahren der handwerklichen Buchbinderei, um Schriften, Linien, Ornamente u. a. mittels Blattgold* oder Farbfolie* auf Bücher (Buchrücken, Buchdekkel) zu drucken. Während die Preßvergoldung (Prägedruck*) gravierte, plane Druckplatten aus Glockenmetall oder einer hitzebeständigen Legierung verwendet, benutzt die Handvergoldung gravierte Handstempel, Fileten*, Vergolderrollen* aus dem gleichen Material. Die beim Handvergolden benutzte Schrift von 26 mm Höhe (oder auch Prägeschrift von 6,6 mm) besteht ebenfalls aus Glockenmetall (vgl. Letter*). Sie wird mit dem Schriftkasten* je Zeile gedruckt.

Das zu bedruckende Material (Leder, Pergament, Leinen u. a.) wird zunächst 'grundiert', also mit einem haftenden Mittel (Harz, Eiweiß u. a.) versehen. Dann wird Blattgold oder Folie aufgetragen. Jede Zeile wird mit erwärmtem Werkzeug separat gedruckt (vgl. Heißprägung). Mittels Körperdruck auf den Druckstempel erfolgt die Heißprägung punktförmig fortschreitend auf das zu bedruckende Material. Durch Wärme und Druck haftet das Gold oder die Folie auf dem Material. Überschüssige Folienreste werden 'ausgeputzt'. Handvergoldung wird nur noch bei besonders kostbaren Büchern oder Kästen ausgeübt, sie erfordert in hohem Maße Können und Erfahrung.

h. c. (frz. hors commerce = außerhalb des Handels) s. Künstlerdruck*.

Heidelberger. Tiegeldruckpresse* der Heidelberger Druckmaschinen Aktiengesellschaft, Heidelberg. Bei diesem Maschinentyp wird der Tiegel durch Kniehebel zum Druckfundament bewegt ('Boston-System').

Heißprägung. In Buchbindereien ausgeübter Prägedruck* unter Hitzeeinwirkung auf Buchdecken. Dabei finden Gold- oder Farbfolien* Verwendung, die auf einem Kunststoffträger (Band) trockene Farbe und ein Klebemittel enthalten. Unter der Wärmewirkung löst sich die Farbe vom Kunststoffträger und haftet auf dem Material (Buchdecke), in das sie meist vertieft eingeprägt wird. Wegen der Vielfalt der Materialien stellen Heißprägungen hohe Anforderungen an den Präger. Heißprägungen werden entweder in schweren Prägepressen* oder mit Heißprägewerken in Tiegeldruckmaschinen ausgeführt oder auch von Hand (Handvergoldung*).

Hektografie (griech. hekatón = hundert, graphein = schreiben). Bei diesem Vervielfältigungsverfahren wird ein mit Kreide bestrichenes Papier auf ein besonderes Farbblatt gelegt, das in mehreren Farben im Handel ist. Wird nun auf die obenliegende Seite mit einem Stift oder Schreibmaschine geschrieben bzw. gezeichnet, so überträgt sich die Zeichnung als negatives Bild auf die Rückseite des Papiers. Durch Anfeuchten mit Spiritus können im sog. 'Hektografen' bis zu 150 Abzüge angefertigt werden, die die Farbe des verwendeten Farbblattes aufweisen.

Heliogravüre (von griech. helios = Sonne: 'Lichtgravüre', Fotogravüre). Manuelles Tiefdruckverfahren mittels fotomechanischer Bildübertragung. Zunächst wird nach der Vorlage ein Halbtonnegativ (ohne Raster) gefertigt, davon ein Diapositiv. Dieses wird auf Pigmentpapier* kopiert. Auf diesem neuen, nun aber nicht transparenten 'Positiv' werden die vom Licht getroffenen Stellen der Gelatineschicht gehärtet. Nun wird auf eine polierte Kupferplatte (vgl. Aquatinta*) Asphaltstaub über einer Flamme aufgeschmolzen, wobei die Staubpartikel das 'Korn' ergeben, das zur Wiedergabe der Halbtöne dient. Auf die Platte wird das entwickelte Pigmentpapier 'aufgequetscht' und durch Behandlung in warmem Wasser das Trägerpapier abgezogen. Beim Ätzen mit verschieden abgestuften Eisenchlorid-Lösungen frißt sich die Säure je nach der Härtung der Schicht leichter oder tiefer in die Kupferplatte, wobei die Säure das Korn umlaufen muß, da das Kupfer an diesen Stellen unangreifbar ist. Nach mehreren Ätzvorgängen wird die Gelatineschicht abgewaschen, die Kupferplatte ist fertig für den Tiefdruck auf der Handpresse. Bei Farbheliogravüren wird entweder eine Druckplatte mit verschiedenen Farben eingefärbt oder man stellt Farbauszüge her.

Die Heliogravüre wurde um 1878 von Karl Klietsch (1841–1926) in Wien erfunden. Für die Buchillustration fand in den Jahren 1890–1910 die Heliogravüre weite Verbreitung. Als aufwendiges Handverfahren wird sie heute nur noch wenig angewendet (vgl. Rakeltiefdruck*). Georges Rouault (1871–1958) benutzte für seinen ›Miserere-Zyklus‹ überarbeitete Heliogravüren. Gerhard Richter (geb. 1932) sowie Lambert Maria Wintersberger (geb. 1941) u. a. wenden die Heliogravüre in neuerer Zeit an.

Hochdruck. Als Hochdruck werden diejenigen Druckverfahren bezeichnet, bei denen die druckenden Teile des Druckstockes* oder Schriftsatzes* erhöht liegen. Nur die 'Oberfläche' der Druckform erhält Farbe und druckt; da die nichtdruckenden Teile tiefer liegen, erhalten diese keine Farbe und keinen Druck.

Hochdruck ist das älteste Druckverfahren. Im Vorderen Orient und in Ägypten wurden Holzstempel zum Bedrucken von weichem Ton seit dem 3. Jahrtausend v. Chr. verwendet. Inschriftensteine rieb man in China mittels Tusche und Papier seit dem 4. Jahrhundert ab. Dort druckte man seit dem 8. Jh. mit Holztafeln auf Papier. In Europa verbreitete sich das Hochdruckverfahren nach Vorstufen im mittelalterlichen Zeugdruck* mit dem Holzschnitt* seit 1400 und dem Buchdruck* Gutenbergs (um 1440). Druckstöcke des Holzstichs*, des Linol-* und Metallschnitts*, Tapeten-* und Prägedrucks* werden im Hochdruck verarbeitet. Unter den Begriff 'Hochdruck' fällt auch der Flexo-

46 Holzstock und Abdruck: F. M. Jansen, Vor der Wahl, um 1925

druck* und der indirekte Hochdruck (s. Letterset*).

Holzschnitt. Manuelles Hochdruckverfahren von Holzplatten. Dazu wird auf ein in Faserrichtung geschnittenes, glatt gehobeltes Brett (Birnbaum-, Erlen-, Kirschbaumholz etc.) die Zeichnung spiegelbildlich aufgetragen. Mit Schneidemessern (Hohl- und Flacheisen, Stichel*, Geißfuß*) werden die nichtdruckenden Teile entfernt. Nach dem Einfärben mit der Walze läßt sich mit der Handpresse oder mittels Reiber oder Bürste (vgl. Bürstenabzug*) drukken.

Besonderheiten des Holzschnitts sind Kräftigkeit der Linien und Kontrastreichtum. Holzstöcke lassen ca. 1000 Abdrucke zu. Abnutzungserscheinungen äußern sich durch 'flachen' Druck und ausgebrochene Stege. Außerdem können Alterungsschäden wie Risse und Wurmlöcher auftreten. Für den Farbenholzschnitt sind wie bei den anderen Druckverfahren getrennte Druckstöcke für jede Farbe erforderlich (vgl. Clair-obscur-Schnitt*, Camaïeudruck*, Japanholzschnitt*). Es besteht aber auch

47 *Holzschnitt:* Detail aus Abb. 5

die Möglichkeit, von nur einer Druckplatte durch partielles Einfärben oder durch Nachschneiden Mehrfarbendrucke anzufertigen (Linolschnitt*).

Als älteste Reproduktionstechnik kam der Holzschnitt in Mitteleuropa um 1400 in Gebrauch. Blockbücher* folgten zuerst um 1430 in den Niederlanden. Nach der Erfindung des Buchdrucks* wurden Holzschnitte seit etwa 1460 zur Buchillustration verwendet. Nach Michael Wolgemut (1434–1519) verwandte Albrecht Dürer (1471–1528) den Holzschnitt in einer spezifischen künstlerischen Sprache (›Apokalypse‹ 1498). Er beeinflußte mit dieser Technik Hans Baldung Grien, Cranach und Altdorfer, selbst Tizian. Während in der Folgezeit der Kupferstich* den Holzschnitt verdrängte, knüpften die Romantiker des 19. Jahrhunderts (Schnorr von Carolsfeld, Rethel, C. D. Friedrich) an ihn an. Nach der Ablehnung durch die Impressionisten wurde der Holzschnitt von Gauguin, Valloton und den Expressionisten unter dem Einfluß des Japanholzschnittes* wiederentdeckt. Farbenholzschnitte fertigten u. a. Gauguin und Munch. Dieser zersägte zuweilen die Druckplatte und färbte die Einzelteile verschieden ein, ähnlich Heckel und Schmidt-Rottluff.

48 *Holzschnitt:* J. F. Millet, Die große sitzende Hirtin, um 1860

49 *Flächenholzschnitt:* Félix Valloton, La Symphonie, 1897

Bei dem im 19. Jahrhundert in Frankreich eingeführten 'Flächenholzschnitt' wird die Zeichnung meist negativ in das großflächige Brett geschnitten. Paul Gauguin (1848–1903) und Edvard Munch (1863–1944) verwandten dazu rohe Kistenbretter, um die Rauhigkeit und Maserung des Holzes mitsprechen zu lassen. Ähnlich auch George Bracque (1882–1963) und Ewald Mataré (1887–1965).

Holzstich. Sonderform des Holzschnitts*. Man verwendet quer zur Faser geschnittenes Hartholz (z. B. Buchsbaum), sog. 'Hirnholz', das als Druckstock in seiner Härte dem Stahl nahekommt, Kupfer sogar übertrifft. Statt des im Holzschnitt üblichen Messers wird mit einem Stichel gearbeitet – daher 'Holzstich' – obgleich die Druckplatte wie beim Holzschnitt eine Hochdruckform ergibt. Die Arbeit mit dem Stichel erlaubt, feinste Linien und Schraffuren zu stechen, die wie Halbtöne* erscheinen. Nach Art der Zeichnung unterscheidet man sog. Schwarzlinien- (Faksimilestiche) von Weißlinien-Holzstichen. Gedruckt wird mit Kniehebel-* oder Zylinderpresse*.

Der Kupferstecher Thomas Bewick (England) arbeitete ab 1770 in diesem Verfahren. Im 19. Jahrhundert war der Holzstich vor allem in der Reproduktion verbreitet (in Deutschland: Reinhold Hoberg, Max Weber – nach Menzel; Martin Hoenemann – nach Slevogt; Oscar Bangemann – nach Rethel, Corinth und Delacroix; in Frankreich: Auguste Lepère, J. L. Perrichon nach Rodin u. a.). In der Reproduktionsgrafik wurde vielfach das Hirnholz mit einer lichtempfindlichen Schicht versehen und nach der fotografischen Kopie der Vorlage gestochen. Dagegen benutzten Bracque, Rouault, Meistermann und Otto Rohse die Holzstichtechnik für Originalgrafik.

Holztafeldruck.
s. Einblattdruck

Hurenkind. In der Setzersprache* übliche Bezeichnung für eine am Anfang der Kolumne* oder Spalte* stehende Ausgangszeile eines Textabsatzes. Dieser Umbruchfehler verstößt gegen die Regeln der

50 *Holzstich:* Adolf von Menzel, Eine Wirtstafel, 1868

Typografie*. Er wird vermieden durch Anschließen der Ausgangszeile an die vorangehende Kolumne ('Einbringen') oder durch Hinübernehmen einer zweiten Zeile an die nächste Kolumne ('Ausbringen'). Dies geschieht durch Verkleinern oder Vergrößern der Wortzwischenräume.

Illustrationsdruck (Bilderdruck). Allgemeine Bezeichnung für den Druck von Bildern in allen industriellen Druckverfahren und im engeren Sinn für den Bilderdruck im Buchdruck*.

imp. Auf älterer Grafik Abkürzung für impressit (lat. = 'hat es gedruckt') vgl. Signatur*.

Impressum. Eindruck in Büchern (meist auf der Rückseite des Titelblatts) sowie in Broschüren, Zeitschriften und Zeitungen. Das Impressum enthält Angaben über Verlag, Druckerei, Buchbinderei, Höhe der Auflage, Ort, Jahr, Schutzrechte etc. In manchen Ländern wird auch ein Genehmigungsvermerk gegeben. Bei Zeitschriften und Zeitungen wird die Redaktion und ihre Anschrift genannt.

Imprimatur (lat. = es werde gedruckt). Im Buch* (meist auf der Impressumseite) der Genehmigungsvermerk einer staatlichen oder kirchlichen Behörde.

Auf Korrekturbögen bezeichnet 'Imprimatur' die Druckreiferklärung des Autors oder des Bestellers, so daß der Auflagendruck erfolgen kann.

inc. Abkürzung für lat. incidit = 'hat es geschnitten' (vgl. Signatur*).

Indirektes Druckverfahren. Der Abdruck der Druckform erfolgt nicht unmittelbar auf das zu bedruckende Material, sondern auf einen Gummizylinder, der ihn auf den Druckträger abgibt. Deshalb muß die Druckform seitenrichtig sein. Indirekte Druckverfahren sind der Offset*- und Blechdruck sowie Letterset* ('Indirekter Hochdruck').

Industrielle Druckverfahren. Arbeitsteilige Anfertigung von Druckerzeugnissen in allen Techniken. Sämtlichen modernen Verfahren gemeinsam ist die Benutzung der Fotografie* zur Herstellung des Druckstocks*. So fertigt der Reproduktionsfotograf nach der 'Vorlage' eine Fotografie (Negativ, Diapositiv), mit deren Hilfe der Chemigraf die Druckplatte ätzt, die der Drucker in seine Maschine spannt. Wie beim Handdruck* verlangt der Farbendruck* für jede Farbe eine gesonderte Druckplatte und gesonderten Druck. Die Druckmaschinen* werden elektrisch angetrieben und arbeiten meist vollautomatisch, besorgen also auch das An- und Auslegen des Papierbogens und erreichen hohe Auflagen in kurzer Zeit. Der Drucker richtet die Maschine ein und kontrolliert den Druckvorgang. Die Druckverfahren selbst folgen den von den Handdrucktechniken her bekannten Prinzipien des Hoch-*, Tief-* und Flachdrucks*.

51 *Initial:* P. Franck, Gotische kalligrafische Majuskel, 1601

Initial. Anfangsbuchstabe am Kapitelbeginn von Büchern, Broschüren und Zeitschriften mit größerem Schriftgrad, häufig mit Ornamenten und Bildmotiven verziert.

Inkunabel (lat.: Windel, Wiege). Bezeichnung für Frühdrucke: Bücher vor 1500, Lithografien vor 1820 usw.

inv. Abkürzung für lat. invenit = 'hat es erfunden' (vgl. Signatur*).

Irisdruck. Industrielles Verfahren, mehrere Farben in einem Druckgang zu drucken. Voraussetzung ist eine genaue Trennung der Farben im 'Farbkasten' der Druckmaschine. Dadurch kann das Bild oder eine Fläche – wie häufig bei Plakaten – in nebeneinanderliegenden Streifen von verschiedenen Farben gedruckt werden. Beim Druck mit lasierenden Farben verlaufen diese an den Rändern regenbogenartig ineinander ('Iris').

Japanholzschnitt. Der ostasiatische Farbenholzschnitt wird arbeitsteilig von Zeichner, Holzschneider und Drucker hergestellt. Auf ein in Faserrichtung geschnittenes Kirschbaumbrett wird die Zeichnung seitenverkehrt aufgeklebt, der Holzstock also durch das Papier hindurch mittels Messer und Meißel bearbeitet. Für mehrfarbige Drucke werden bis zu 10 Platten und mehr geschnitten. Die leuchtenden, aquarellartigen Druckfarben werden mit Pinsel oder Handballen aufgetragen. Der Druck erfolgt auf weichem, saugfähigem Papier ('Japanpapier'), mit Reibern oder Bürste.

Japanische Holzschnitte wurden im 19. Jh. in Europa ein begehrtes Sammelobjekt. Ihr geschichtlicher Ursprung geht allerdings nach China, wo sie schon in der Sung-Zeit (960–1279) auftraten. Während Holzschnitte im 17. Jh. in China meist zu Reproduktionszwecken benutzt wurden, entwikkelte sich diese Technik im Japan des 18. Jh. zur eigenen Kunstform.

Von den Meistern des Japanholzschnitts steht Hishikawa Moronobu (gestorben 1694) am Beginn. Seine schwarzweißen Drucke des ›ukiyo‹ ('Fließende, vergängliche Welt') konnten auch vom Besitzer koloriert werden. Farbenholzschnitte, erst in drei, später (1766) in acht Farben und Präge-

52 *Japanholzschnitt:* Toyohiro, Edle Damen im Palast bei Festvorbereitungen, um 1820

druck fertigte Suzuki Harunobu (etwa 1725–1770). Katsukawa Shunshô (1726–1792) schuf Schauspielerporträts. Bilder aus der Welt der Geishas machten Kitagawa Utamaro (1753–1806) berühmt, er arbeitete mit raffinierten Techniken, wie Glimmerdruck, Sanddruck etc., und mit fein abgestuften Tonwerten. Dem vielbeschäftigten Utagawa Kunisada (1786–1864) werden an die 20000 Entwürfe von Farbholzschnitten zugeschrieben. Utagawa Kuniyoshi (1798–1861) setzte sich in seinen Landschaften und in historischen Szenen mit der Raumauffassung der europäischen Perspektive auseinander. Begehrt von Sammlern waren auch die Kurtisanenbilder von Keisai Eisen (1790–1848) und die ›36 Ansichten des Berges Fuji‹ von Katsushika Hokusai (1760–1849).

Kalte Nadel. Manuelles Gravierverfahren zur Herstellung einer Tiefdruckplatte. Die Zeichnung wird in die Kupferplatte mit einer stählernen Nadel* (Radiernadel) eingeritzt. Beim Eindringen in die Kupferplatte drängt die Stahlnadel das Metall seitlich des Striches hoch, es bildet sich ein 'Grat', der im Druck die charakteristische unscharfe Kontur ergibt. Im Unterschied zum Kupferstich* fällt also

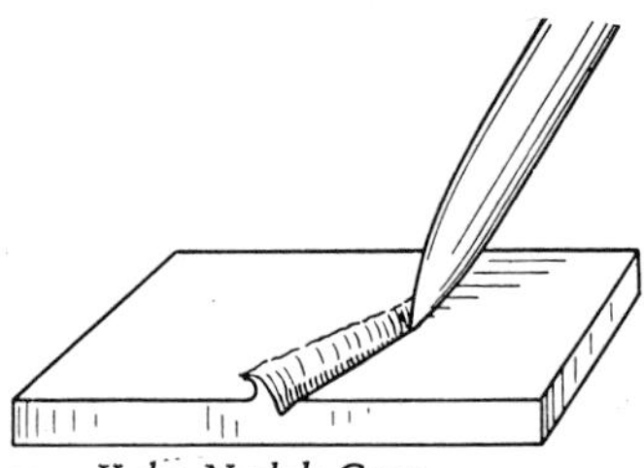

53 *Kalte Nadel:* Grat

kein Metallspan ab; im Gegensatz zur Radierung* wird nicht geätzt. Die Bezeichnung 'Kaltnadelverfahren' erklärt sich aus dem Kontrast zur früheren Radiertechnik mit erhitzter Nadel. Im Englischen und Französischen spricht man vom

54 *Kalte Nadel*

'trockenen Verfahren' (pointe sèche, dry point).

Das Kaltnadelverfahren wurde seit dem 15. Jh. ausgeübt. Es findet meist im Zusammenhang mit Radierungen Anwendung, als Korrektur nach dem Ätzen oder wegen der besonderen Wirkung der Gratschatten. Bekannte Beispiele stammen von Rembrandt (›Hundertguldenblatt‹, ›Die Drei Kreuze‹), Picasso, Kirchner, Horst Antes (geb. 1936), Rainer Küchenmeister (geb. 1926) u. a.

Kartografie. Herstellung von Land- und Seekarten, Stadtplänen u. a. Früher stellte man diese meist im Kupferstich*, später im Steindruck* (Steingravur*) her; heute mittels der Fotolithografie* ('Karto-Lithografie'). Der Kartograf arbeitet die Karte nach einer Vorlage auf Karton oder auf eine durchsichtige Kunststoffolie. Die Konturen der jeweiligen Farbflächen (jede Farbe ist separat ausgezogen) werden mit schwarzer Tusche nachgezeichnet.

Für homogene Flächen können Rasterflächen einkopiert werden. Terrainangaben werden entweder mit Feder bzw. Bleistift gezeichnet ('Strichelung') oder mit Kreide ('Kreideschummerung') auf eine gekörnte, transparente Folie aufgebracht, die dann auf Film umkopiert wird. Mittels fotografischer Rasteraufnahme können auch Terrainangaben wiedergegeben werden. Schrift wird heute meistens im Foto- oder Lichtsatzverfahren hergestellt; oder auf der Andruckpresse werden Abzüge auf Kunststoffolie angefertigt. Die einzelnen Namen werden ausgeschnitten, auf die Montagefolie geklebt und so reproduzierbar gemacht. Von der Montagefolie wird die Druckplatte (Offsetdruck*) angefertigt.

Karton. Dicke Papierart, wird wie Papier* hergestellt. 'Ungeklebte' Kartons ('Naturkartons') bestehen aus einer Stofflage. 'Geklebte' Kartons hingegen enthalten mehrere Schichten, die mittels Klebstoff verbunden sind. Bei 'gegautschten' Kartons werden dagegen mehrere Papierschichten in noch feuchtem Zustand durch Pressung zu einer Kartonbahn zusammengefügt. Die Verarbeitung von Kartons erfolgt in Buchbindereien und Kartonagenfabriken, die meist Versand- und Zierschachteln, Etuis etc. ('Kartonagen') herstellen.

Kaschieren. Das gleichmäßige Zusammenkleben von zwei etwa gleichgroßen Teilen ('Nutzen'*) von Papier, Pappe, Folie etc. wird als 'Kaschieren' (auch als 'Laminieren'*) bezeichnet – gegenüber dem 'Aufkleben', das sich auf verschieden große Teile bezieht (vgl. Aufziehen*, Kleben*).

Kattundruck. Bedrucken von Textilien (Baumwolle) im Tiefdruck. Bei diesem Ätzdruck-Verfahren werden farbige Gewebe mit einer Chemikalie bedruckt, die die Farbe des Gewebes an der bedruckten Stelle herausätzt (Zeugdruck*).

Kilometerdruck.
s. Bromsilberdruck

Klatschdruck. In der Lithografie ein Verfahren zur Übertragung der Konturen von Farbflächen auf den Lithografiestein. Der 'Farbklatsch' besteht darin, daß von einem 'Konturenstein', der die Begrenzungen (Konturen) der Farbflächen enthält (vgl. Chromlithografie*), ein Abklatsch* (Klatsch) hergestellt wird, der auf die einzelnen Farbplatten übertragen wird. Dagegen wird beim 'Puderklatsch' der feuchte Abzug der Konturenplatte mit Rötelpulver eingestäubt, bevor er auf die Farbplatte übertragen wird.

Kleben. Durch Klebeverfahren werden zwei feste Körper (Papier, Pappe, Leinen, Kunststoff usw.) mittels einer dünnen Schicht Klebstoff miteinander verbunden. Die Wirkung des Klebstoffs beruht auf den Haftkräften zwischen Klebstoff und Papier (Adhäsion) sowie den Haftkräften des Klebstoffes (Kohäsion, vgl. Kaschieren*).

Man unterscheidet pflanzliche (säurefreie Stärkekleister) und tierische Klebstoffe (säurefreie Haut- und Knochenleime) sowie die heute üblichen Kunstharz- und Dispersionskleber.

Kleinoffset (›Rotaprint‹). Offsetverfahren* bis zum Druckformat

55 a u. b *Kleinoffset:* Rotaprint Offsetta II mit automatischem Folieneinzug

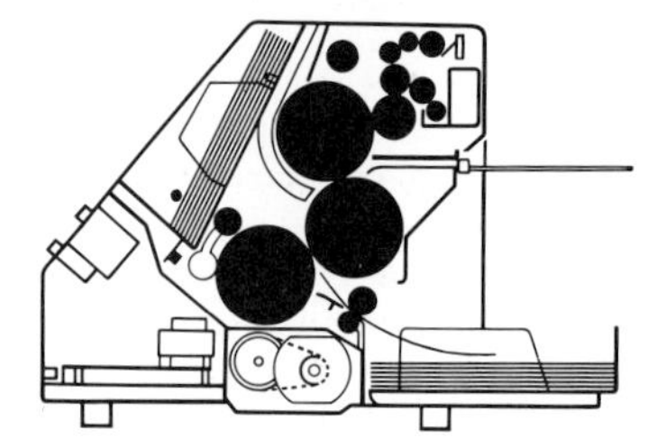

DIN A 3, überwiegend für kleinere Auflagen. Als Druckplatten werden neben Metall- vor allem Papier- und Kunststoff-Folien verwendet. Diese werden in einer Reprokamera (vgl. Reproduktionsfotografie*) direkt belichtet und anschließend entwickelt. Belichtung und Entwicklung können aber auch vollautomatisch geschehen.

Der Druck erfolgt oft in kleinen transportablen Maschinen in einer Farbe im Offset*. Das Aufspannen der Druckfolien geschieht bei einigen Maschinen automatisch und bei laufender Maschine. Wegen seiner Wendigkeit und einfachen Bedienung wird der Kleinoffsetdruck verstärkt im Bürobetrieb eingesetzt.

Künstlerische Möglichkeiten ergeben sich durch Direktbearbeitung der Druckplatten mittels spezieller Zeichengeräte, mit Bleistift, Kreide, Kugelschreiber, Schreibmaschine u. a. Einzelne Künstler (Arthur Köpcke u. a.) nutzen das Kleinoffset-Verfahren direkt zur Herstellung von Grafik (vgl. Offsetgrafik*).

Klischee (von frz. clicher = abklatschen, abformen). Klischees werden die Druckstöcke* zur Wiedergabe von Bildern im Hochdruck* genannt. Sie werden von sog. Klischeeanstalten in Metall oder Kunststoff angefertigt (vgl. Chemigrafie*). Klischees nach Halbtonvorlagen (Fotografien, Gemälden etc.) werden als 'Rasterätzungen'* oder als 'Autotypien'* bezeichnet, Klischees nach Strichvorlagen (Zeichnungen etc.) als 'Strichätzungen'* (vgl. auch Auswaschplatte*). Künstlerisch verwendet hat Wolf Vostell (geb. 1936) das Klischee als serielles Kunstobjekt.

Klischeedruck. Bezeichnung im Kunsthandel für Drucke von Künstlern nach teilweise überarbeiteten Autotypien* oder Strichätzungen* (K. P. Brehmer u. a.).

Kniehebelpresse.
s. Prägepresse

Kohledruck.
s. Pigmentdruck

Kollationieren. Überprüfen der Blätter und Bogen eines Buches auf Vollständigkeit und richtige Reihenfolge nach Seitenzahl bzw. Bogensignatur (vgl. Satzspiegel*, Signatur*).

Kolophon (griech.: Ende, Abschluß). Bei mittelalterlichen Handschriften und in frühen Drucken der Schlußtitel (Impressum*) des Buches mit Angabe des Buchinhalts (Titel), Verfasser, Ort und Datum des Erscheinens sowie mit dem Namen des Druckers. Diese Angaben werden heute meist auf dem Titelblatt am Anfang des Buches angegeben (vgl. Titelei*).

Kolorierung.
s. Handkolorit

Kolumne (lat. columna = Säule). Umbrochene Seite Schriftsatz* (s. Satzspiegel*, vgl. dagegen Spalte*).

Kolumnentitel. In Büchern, Broschüren und Zeitschriften die ober-

56 *Kreidelithografie:* Honoré Daumier, Schlüssellochgucker, um 1850 (vgl. Abb. 77)

halb der Kolumne* stehende Seitenzahl und die in gleicher Höhe stehenden Angaben, Inhalt der Seite, Stichwörter usw. ('lebender Kolumnentitel'). Ist die Seitenzahl (Kolumnenziffer) alleine oberhalb der Kolumne angeordnet, spricht man vom 'toten Kolumnentitel'.

Kombinationsdruck. Im Kunsthandel üblicher Ausdruck für künstlerische Druckgrafik in mehreren Drucktechniken (z. B. Sieb- und Prägedruck bei Roy Lichtenstein; Aquatinta- und Prägedruck bei J. Friedlaender; Radierung, Aquatinta und Kalte Nadel bei Picasso.)

Komplementärfarben (lat. complere = ergänzen). Besondere Farbenpaare, die bei additiver Mischung sich zu Weiß, bei subtraktiver Farbmischung* sich zu Schwarz ergänzen. Bei den drei Grundfarben* stehen sich im 'Farbenkreis' die Komplementärfarben (Ergänzungsfarben) gegenüber: zu Gelb: Violett, zu Rot: Grün, zu Blau: Orange.

Kopie. Nach einem Original hergestellte, genaue Nachbildung oder Vervielfältigung. In der Fotografie* eine durch direkten Kontakt mit einem Schichtträger und durch Belichtung hergestellte Nachbildung, die stets die gleiche Größe wie das Negativ oder wie das Diapositiv besitzt.

Krakeluren-Verfahren. Aquatinta*-Technik mittels Harz und Weingeist zur Erzielung feiner Rißlinien (Krakeluren).

Kreidelithografie. Bei diesem Verfahren der Lithografie* wird die

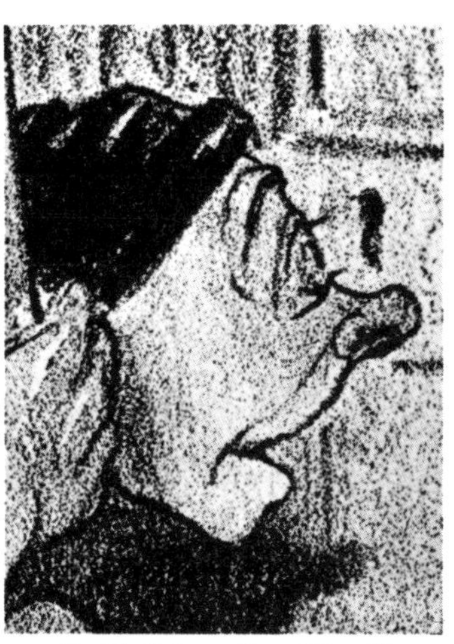

57 *Kreidelithografie:* (Detail) s. Abb. 56

58 Max Beckmann, Die Enttäuschten II, sign., 1922

Zeichnung mit fetthaltiger Lithokreide auf die Stein- oder Metallplatte bzw. auf Umdruckpapier gebracht. Durch härtere oder weichere Kreide lassen sich feingekörnte oder grobgekörnte Striche erzielen.

Kreidemanier. Manuelles Tiefdruckverfahren* zur Reproduktion von Kreidezeichnungen. Die Körnigkeit des Strichs wird durch besondere Werkzeuge erreicht, die die Linie der Zeichnung in kleine Punkte zerlegen (vgl. Punktiermanier*): Roulette*, Echoppe* und Mattoir*. Die mit diesen Werkzeugen behandelte Platte wird wie eine Radierung geätzt ('Crayonmanier').

Als Erfinder gilt Jean Charles François (1719–69), doch arbeitete auch der Engländer Arthur Pond (um 1705–1758) gleichzeitig in Crayonmanier. Die bedeutendsten Vertreter sind Gilles Demarteau (1722–76) aus Lüttich und Louis Marin Bonnet (1743–93) aus Paris.

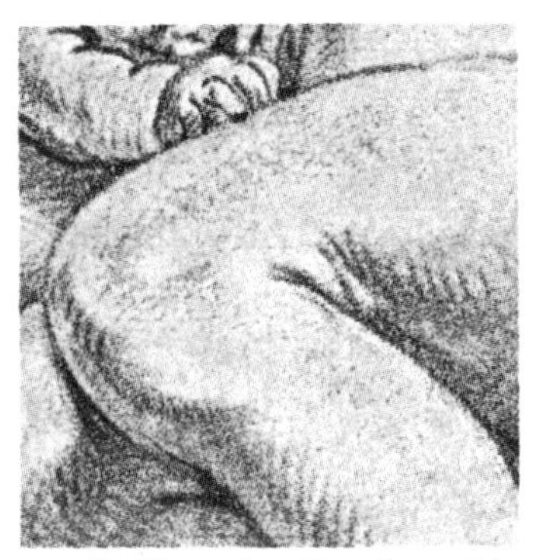

59 *Kreidemanier:* (Detail) s. Abb. 60

Kreideschummerung.
s. Kartografie*

Künstlerdruck. Abdrucke für den eigenen Gebrauch des Künstlers. Sie werden zusätzlich zur angegebenen Auflage gedruckt (10–20%) und sind ›h. c.‹* oder ›E.A.‹* bezeichnet (Abdruckzustände*).

Kunstdruck. Ungenaue Bezeichnung für hochwertige Druckerzeugnisse. Auch mehrfarbige Drucke (Reproduktionen*) nach Gemälden werden oftmals 'Kunstdrucke' genannt. Glattes, gestrichenes Papier, wie es zur Wiedergabe von Autotypien* verwendet wird, bezeichnet man als 'Kunstdruck-Papier'*.

Kunststoffklischee.
s. Stereotypie, Auswaschplatte.

Kupferstich. Manuelles Verfahren zur Herstellung von Tiefdruckplatten. Dazu wird eine gleichmäßig dicke, plangeschliffene Kupferplatte verwendet, die zunächst mit einem Firnis bestrichen und mit Ruß geschwärzt wird, damit sich die seitenverkehrt aufzutragende Zeichnung deutlich abhebt. Mit einem Grabstichel (Stichel*), einem kurzen, meißelartigen Gerät, werden nun die Linien geschnitten. Dabei wird die dreikantig zugeschliffene Spitze des Stichels von den Fingern des Stechers geführt, während seine Handfläche auf das knopfartige Heft des Stichels Druck ausübt und in Richtung vom Körper weg schneidet. Die Kupferplatte ruht auf einem mit Sand gefüllten Lederkissen und ist leicht

60 *Kreidemanier:* Louis Marin Bonnet, Venus und Amor (Reproduktionsstich nach Boucher), um 1770

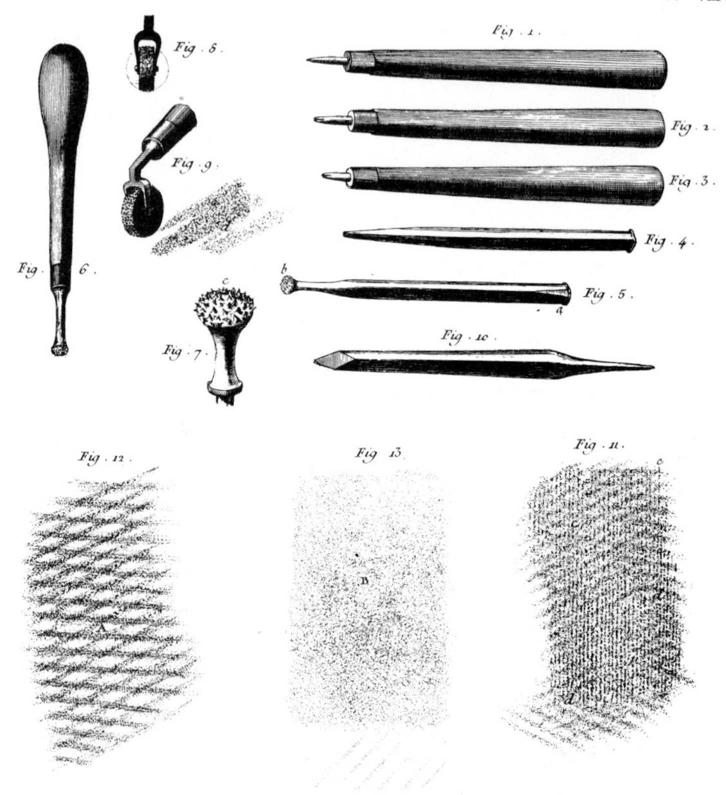

61 *Kreidemanier:* Radiernadeln (Fig. 1–3), Punze (Fig. 4), Mattoir (Fig. 5–7), Roulette (Fig. 8 und 9), Grabstichel (Fig. 10), Schraffurformen (Fig. 11–13)

zu drehen. Je nach dem Druck schwellen die scharfgeschnittenen Linien des Kupferstichs an und ab, die 'Taille', an der man den Kupferstich erkennt. Dabei hebt sich ein Metallspan vor dem Stichel ab. Grate werden mit einem Dreikantschaber entfernt. Die Linie im Kupferstich beginnt und endet spitz und ist glatt.

Der Druck erfolgt im Tiefdruck*: In die vertieften Linien wird mittels Tampons 'strenge' Farbe gerieben und vor dem Druck die

Oberfläche der Druckplatte von Farbe gesäubert. Ein angefeuchtetes, dickes Papier wird darauf gelegt und mit hohem Druck in der Presse* gedruckt, wobei sich die Kante der Druckplatte als Prägerand abzeichnet. Eine Kupferplatte verträgt nicht mehr als 1000 Abzüge.

Dieses älteste und wohl schwierigste Verfahren des Tiefdrucks erfordert außergewöhnliches Feingefühl und größtes handwerkliches Können. Die Anfänge gehen in das frühe 15. Jahrhundert zurück zum sog. Spielkartenmeister um 1440 in Südwestdeutschland. Mit Martin Schongauer (1425–91) beginnt die Reihe bedeutender Künstlerpersönlichkeiten, die über Albrecht Dürer (u. a. ›Adam und Eva‹, Meisterstiche: ›Ritter, Tod und Teufel‹, ›Hieronymus im Gehäuse‹, ›Melancholie‹) zu Heinrich Aldegrever (1502–55) führt. Während diese Entwurf und Ausführung selbst lei-

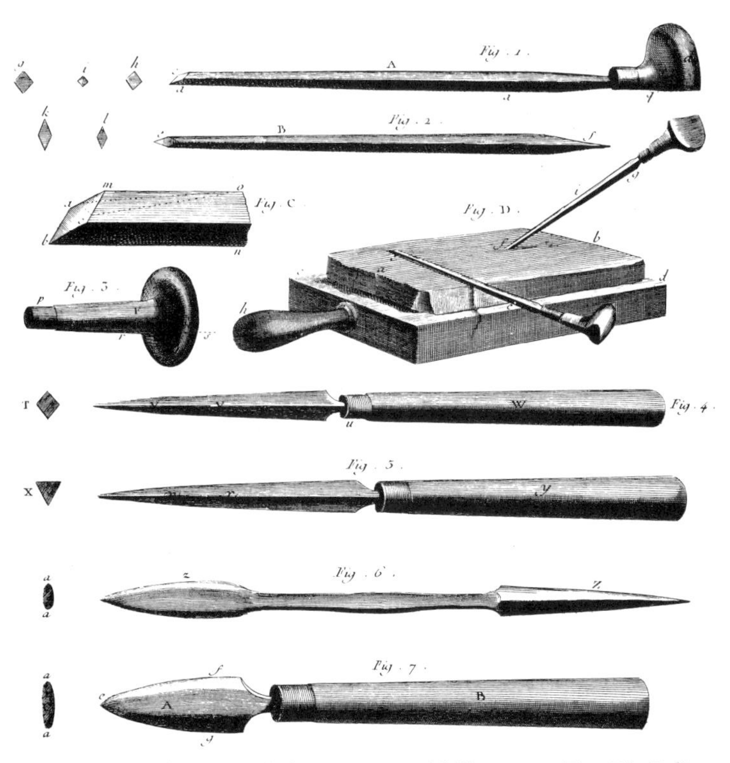

62 *Kupferstich:* Grabstichel (Fig. 1–3), Schleifvorgang (Fig. D), Polier- und Schabewerkzeuge (Fig. 4–7)

Fig. 2
Fig. 8.
A
B

Fig. 7
Fig. 6.
Fig. 5.
Fig. 4
T
G
E

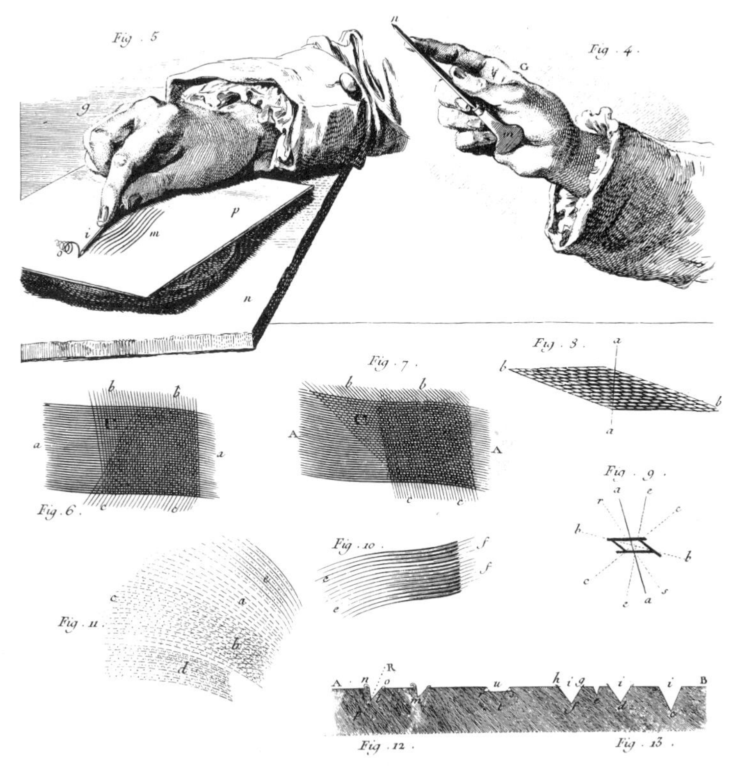

64 *Kupferstich:* Graviervorgang (Fig. 5) mit Grabstichel (Fig. 4), verschiedene Strichlagen der Schraffur (Fig. 6–13)

steten, fertigten in Italien zunächst Berufsstecher Reproduktionsgrafik*, Marc Antonio Raimondi (1475–1534) und der Kreis um Hendrik Goltzius.

Rubens beschäftigte mehrere vorzügliche Kupferstecher, die nach seinen Gemälden arbeiteten (Vorstermann, Galle u. a.). Durch die an- und abschwellenden Linien,

◁ 63 *Kupferdruckwerkstatt:* Einfärben der Kupferplatte mit Tampon über einem Kohlebecken (Fig. a), Blankwischen der Oberfläche (Fig. b), Kupferdruckpresse (Fig. 1), Druckvorgang (Fig. 2), Tisch mit fertigen Drucken (Fig. 3), Arbeitstisch des Kupferdruckers mit Geräten (Fig. 4 bis 7); (vgl. Abb. 96)

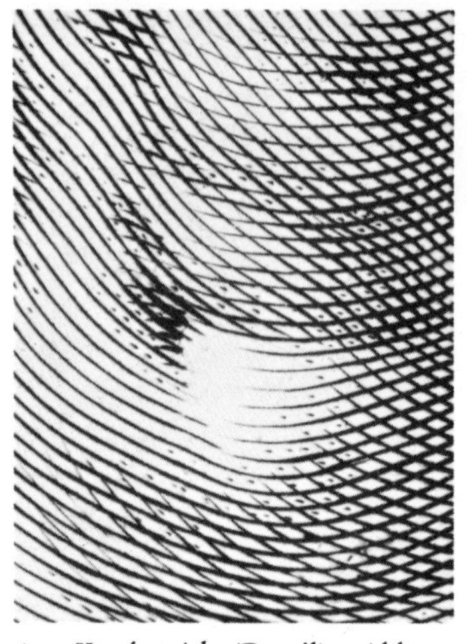

65 *Kupferstich:* (Detail) s. Abb. 10

67 *Kupferstich:* (Detail) s. Abb. 68

durch mannigfaltige Schraffurensysteme, die Halbtöne* darstellten, und durch die Brillanz der Linienführung wurde der Kupferstich mit bewundernswerter Virtuosität gehandhabt. Heute wird die schwierige und mühsame Technik kaum

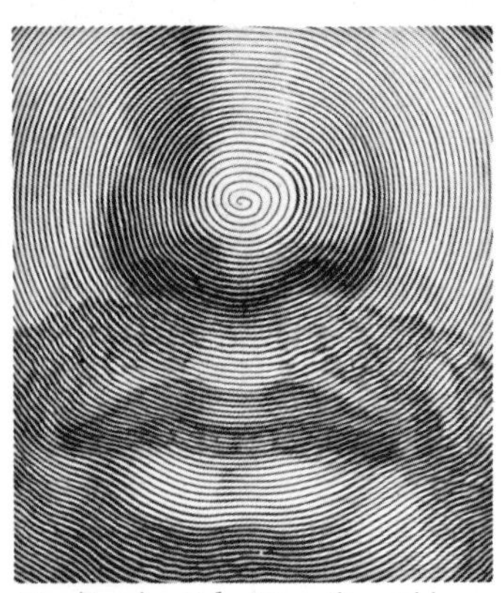

66 *Kupferstich:* (Detail) s. Abb. 12

noch beherrscht. Neuere Kupferstiche von Hans Bellmer (geb. 1902), Hubertus von Pilgrim (geb. 1931) und Otto Rohse (geb. 1925).

Kupfertiefdruck. s. Rakeltiefdruck

Laminieren. Das Aufbringen einer durchsichtigen Folie ('Zellglasierung') auf Drucksachen zur Erzielung von Glanz und Wasserfestigkeit (Werbedrucksachen, Katalogumschläge, vgl. Kaschieren*).

Landkartendruck. s. Kartografie

Lasierende Farbe. Im Gegensatz zu 'deckenden Farben' sind lasierende Farben durchscheinend. Beim Übereinanderdruck lasierender Farben entstehen durch Farbmischung* mehrere Farbtöne (z. B. Blau auf Gelb ergibt Grün).

68 *Kupferstich:* Albrecht Dürer, Adam und Eva, 1504

Laufrichtung. Bei maschinell hergestellten Papieren* liegen die einzelnen Papierfasern meist in der Richtung der durch die Maschine laufenden Papierbahn. Dies bedingt eine unterschiedliche Dehnung des Papiers unter Einfluß von Feuchtigkeit. Vereinfacht gesagt: Papier dehnt sich quer zur Laufrichtung ('Dehnrichtung'). Dies ist wichtig für die Weiterverarbeitung, besonders bei Büchern. 'Falsche' Laufrichtung, also Papier, das quer zum Buchrücken läuft, verhindert ein gleichmäßiges Aufschlagen des Buches ('Sperren') und kann bei geklebten, 'gelumbeckten' Büchern die Bindung aufbrechen. Laufrichtung läßt sich prüfen durch Biegen des Papiers (längs der Laufrichtung geringerer Widerstand), durch Anfeuchten der Kante ('Wellenbildung' quer zur Laufrichtung) oder durch Einreißen (gerade Rißlinie längs der Laufrichtung).

Laviermanier.
s. Pinsellithografie

Layout (engl.: Auslegung, Entwurf). Als Layout bezeichnet man den Entwurf für den Umbruch* (im Buchdruck*) oder die Montage (im Tief*- und Offsetdruck*). Bei einfachen Drucksachen genügt eine Skizze. Bei Prospekten oder Büchern mit Bildern wird mit den Andrucken* von Klischees und Schrift ('Fahnenabzug') ein 'Klebebuch' angefertigt, das jede Seite mit genauer Plazierung von Text und Bildern enthält. Besonders bei Werbefirmen wird dies durch als Grafiker ausgebildete 'Layouter' besorgt (vgl. Gebrauchsgrafik*).

Legende. Bezeichnung der Unterschriften und erklärenden Texte bei Abbildungen (Zeichnungen, Fotos), Plänen, Tabellen und Landkarten.

Letter (nach frz. lettre, aus lat. littera = Buchstabe). Metallstift (gegossene 'Einzeltype') mit dem seitenverkehrten Buchstabenbild zum Druck von Schrift*. Aus Lettern werden der Schriftsatz* für den Hochdruck zusammengestellt sowie reproduktionsfähige Abzüge für das Offset-* und Tiefdruckverfahren angefertigt. Lettern kann man in verschiedenen Schriftarten aus Hartblei gießen (67% Weichblei, 28% Antimon, 5% Zinn). Die Schrifthöhe ist seit 1898 in Deutschland und Österreich auf 62²/₃ Punkt* = 23,567 mm genormt. Schriften für den Prägedruck* sind wegen ihrer stärkeren Beanspruchung meist aus Glockenmetall und 6,6 mm hoch, Schriften für die Handvergoldung* 26 mm.

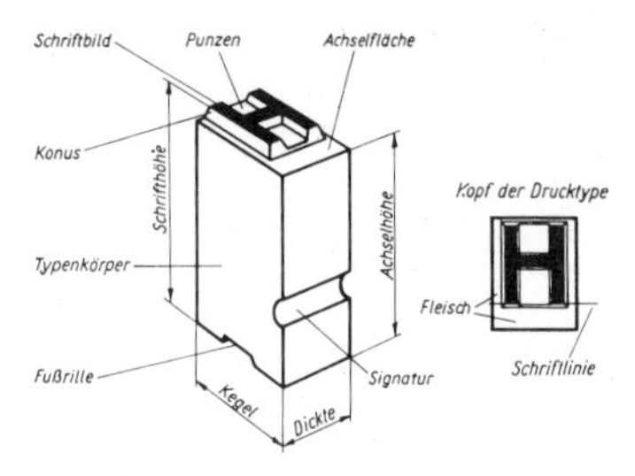

69 *Letter*

Die 'Kegelstärke' bezieht sich auf die Größe der verwendeten Letternhöhe. Sie ist im jeweiligen Alphabet gleich. Dagegen hängt die 'Dickte'* von der Buchstabenbreite ab (ein ›M‹ besitzt also eine andere Dickte als ein ›I‹). Hilfsmittel für den Setzer ist die 'Signatur', eine Einkerbung an der Letter. Sie dient zum schnelleren Setzen und zur Unterscheidung verschiedener Schriften.

Letterset. Hochdruckverfahren*, das ähnlich dem Offsetdruck* indirekt arbeitet. Der Druck erfolgt also von der seitenrichtigen Druckform (mit erhaben stehenden Druckelementen) auf einen Gummizylinder und von diesem erst auf den Druckträger (Papier). Da beim Indirekten Hochdruck (Letterset) kein Feuchtwerk benötigt wird (wie beim Offsetdruck*), spricht man auch vom 'Trockenoffset'. Die Druckmaschinen des Letterset arbeiten nach dem rotativen Prinzip und werden meist für Verpackungs- oder Wertpapierdruck eingesetzt.

Letraset. Klebeverfahren mittels vorgefertigter Buchstaben, besonders im Bereich der Gebrauchsgrafik. Mit Letraset ist es möglich, reproduktionsfähige Darstellungen zu erzeugen. Buchstaben und Ziffern sind als Original-Schriften in vielen Schriftgrößen erhältlich. Die einzelnen Buchstaben, Ziffern und Symbole befinden sich auf einer mit der Schriftseite transparenten Folie. Dieser Letraset-Bogen wird auf eine Vorlage gelegt und das gewünschte Zeichen an die entsprechende Stelle placiert. Durch Reibebewegungen löst sich das Zeichen von der transparenten Trägerfolie und bleibt auf der Vorlage haften. Mit diesem Abreibeverfahren lassen sich kleine Texte 'setzen', ohne den Handsatz oder Fotosatz in Anspruch zu nehmen.

Leuchtfarbe. Unter dem Sammelbegriff Leuchtfarben versteht man eine Reihe chemisch nicht einheitlicher, teils mineralischer, teils organischer Farbkörper, die alle die Eigenschaft haben, kurzwellige Strahlungsenergie in sichtbares, längerwelliges Licht umzuwandeln und auszustrahlen. Man unterscheidet 1. radioaktive (selbstleuchtende), 2. lumineszierende und 3. Tagesleuchtfarbstoffe. Die im grafischen Gewerbe verwendbaren Tagesleuchtfarben bestehen im wesentlichen aus feinverteilten Harzpartikeln, die vorher mit gewissen Teerfarbstoffen behandelt worden sind und dadurch ihren fluoreszierenden Charakter erhalten.

Das Färbevermögen der einzelnen Partikel ist nicht sehr groß, so daß mit reichlicher Farbgebung gedruckt werden sollte. Die größte Wirkung haben daher im Siebdruck* verdruckte Farben, weil eine größere Schichtdicke und somit eine bessere Leuchtwirkung erreicht wird.

Lichtdruck. Aufwendiges Flachdruckverfahren* zur Wiedergabe echter Halbtöne ohne Raster (vgl. Bromsilberdruck*, Edeldruckverfahren*). Gedruckt wird mit einem Gelatinerelief auf einer bis zu 8 cm dicken, planen Glasplatte. Diese wird zunächst gleichmäßig matt geätzt ('mattiert') und mit einer Gelatine-Unterschicht versehen. Darauf wird die lichtempfindliche doppelchromsaure Kaliumbichromat-Schicht aufgegossen und getrocknet. Während des Trocknungsprozesses geschieht nun folgendes: Die Gelatine gerinnt und bildet eine Haut. Da die Glasplatte nach unten die Gelatine undurchlässig abschließt, steigen die in dieser enthaltenen Wasserteilchen nach oben und zerreißen die schon verfestigte Gelatinehaut. Es entsteht eine feine 'Kraterlandschaft', die im Druck als 'Runzelkorn' bemerkbar ist und an das Staubkorn der Heliogravüre* erinnert. Im Gegensatz zum Ra-

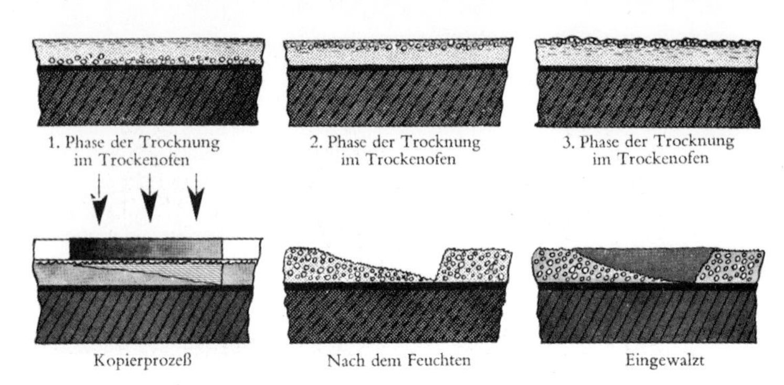

70 *Lichtdruck:* Phasen des Trockenprozesses

sterpunkt stört das Runzelkorn durch seine unregelmäßige Größe und Verteilung nicht bei der Detailbetrachtung.

Nun erst kopiert man die Halbtonvorlage (Negativ) auf, wobei die Gelatineschicht vom Licht entsprechend der Schwärzung der Vorlage gehärtet wird. Wenn die Platte dann vor dem Drucken gefeuchtet wird, so quellen die wenig oder gar nicht vom Licht getroffenen Stellen der Gelatineschicht stark auf. Diese Stellen stoßen beim Einfärben die Farbe ab, während die stark 'belichteten' Teile wasserunempfindlich geworden sind und Farbe annehmen. Zur Druckvorbereitung ist erforderlich, die Platte mit einem Gemisch von Wasser und Glyzerin zu befeuchten, um das Aufquellen des Reliefs zu begünstigen.

Lichtdruckpressen sind, den Steindruckmaschinen ähnlich, mit rollendem Druckfundament, jedoch mit zwei Farbwerken ausgestattet. Von dem einen werden mit einer Lederwalze und dunkler Farbe die Tiefen des Bildes eingefärbt, von dem anderen Farbwerk mit einer Gummiwalze und hellerer Farbe die 'Lichter'. Feuchten und Bogenanlage geschehen von Hand (Tagesleistung ca. 800 Stück). Eine Lichtdruckplatte verträgt höchstens 2000 Drucke.

Bis zum Ersten Weltkrieg war der Lichtdruck neben der Heliogravüre das für Halbtonbilder übliche Druckverfahren.

Obwohl der Lichtdruck eines der empfindlichsten Druckverfahren ist, verwendet man ihn immer wieder, weil eine naturgetreue Wiedergabe des mehrfarbigen Originals ohne Zerlegung in Rasterpunkte erreicht wird. Solche originalgetreue Wiedergabe ist in anderen Druckverfahren infolge der aufgerasterten Druckform unmöglich. Auch für Drucke, die feinste Details wiedergeben sollen, bietet sich der Lichtdruck an (vgl. Albertotypie*).

Lichter. Als 'Lichter' bezeichnet man die hellsten Tonwerte* eines positiven Bildes (bzw. die dichte-

71 *Lichtdruck:* Bernhard und Hilla Becher, Fördertürme, 1971

sten Stellen eines Negatives). Im Gegensatz dazu sind die 'Tiefen' die dunkelsten Stellen im positiven Bild.

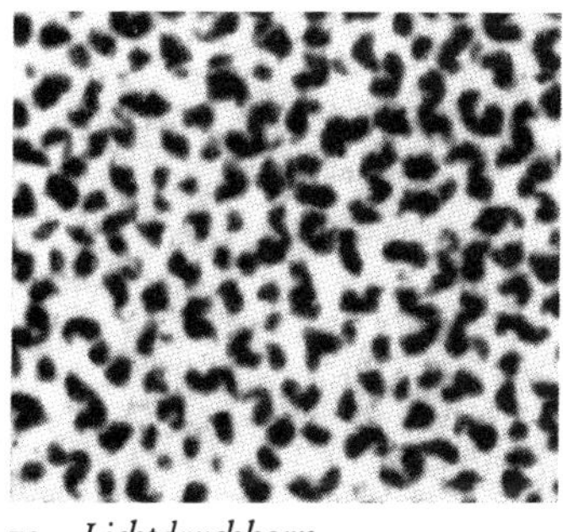

72 *Lichtdruckkorn*

Lichtpause. Fotografisches Vervielfältigungsverfahren, bei dem eine Transparentzeichnung auf lichtempfindliches Papier kopiert wird. Die Transparentzeichnung selbst wird mittels schwarzer Tusche auf durchscheinendem Zeichenpapier oder auf einem durchsichtigen Film angefertigt. Die Kopie geschieht durch Belichten bei unmittelbarem Kontakt von Zeichnung und lichtempfindlichem Papier. Je nach dem technischen Verfahren erscheint die Zeichnung negativ auf blauem Grund (Zyanotypie*) oder als 'Sepiapause' auf braunem Grund (Diazotypie*). Die 'Positivpause' entsteht nach fotografischer Umkehrung mit schwarzer Zeichnung auf weißem Grund.

Lichtsatz (CRT-Satz). Zur Herstellung von Druckvorlagen für den Hoch-*, Tief-* und Offsetdruck* werden im Lichtsatz die Schriftzeichen und Abbildungen nicht gegossen bzw. graviert, sondern mittels des von einer Kathodenstrahlröhre (CRT-Bildrohr) erzeugten Lichtes auf lichtempfindliches Fotomaterial übertragen. Der Lichtsatz bewirkt hinsichtlich der Herstellung einfacher Texte ein ähnliches Produkt wie der Fotosatz*. Der Unterschied zum mechanisch und fotografisch arbeitenden Fotosatz liegt darin, daß beim digitalen Lichtsatz die Darstellung der Zeichen durch Bildlinien (digitale Binärmuster) erfolgt, die in magnetischen Speichern (Kernspeicher, Halbleiterspeicher, Plattenspeicher) gespeichert sind und bei Bedarf von dort abgerufen und auf einer Kathodenstrahlröhre sichtbar gemacht werden. Um Schriftzeichen und andere Abbildungen zu speichern, werden diese zuvor durch elektronische Abtastung – ähnlich den ›Scannern‹* – in digitale Schrift- bzw. Bilddaten umgewandelt (Digitalisierung). Bei Schriftzeichen, Signets und Strichzeichnungen wandelt der Bildabtaster jede einzelne Bildlinie gemäß ihrer Länge in einen Code um. Bei Halbtonbildern ord-

73 *Lichtsatz:* Digiset 200 T der Firma Hell, obere Reihe (v.l.): Bedienblattschreiber, Belichtungseinheit mit Satzrechner, on-line Entwicklungsanlage, Magnetplattenlaufwerke 80 MB; untere Reihe (v.r.): Datensichtgerät DS 2069, Digiskop

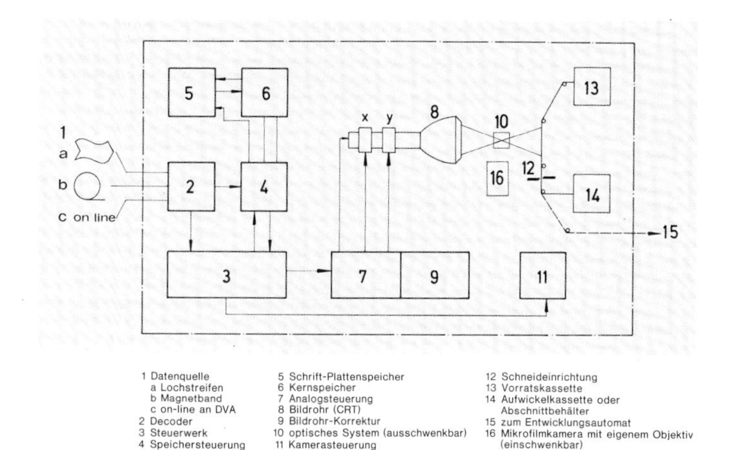

73a *Lichtsatz:* Funktionsschema Digiset 40T3 (Firma Hell)

net er jedem Grauwert einer definierten Teilfläche einen bestimmten Code zu, dem später in der Lichtsetzanlage ein Rasterpunkt einer bestimmten Größe entspricht.

Die Text- und Bildaufbereitung erfolgt in einer Datenverarbeitungsanlage, die entweder Bestandteil der Lichtsetzanlage ist (Steuerrechner) oder getrennt von ihr aufgestellt ist. Bei getrennter Aufstellung erfolgt die Übertragung der aufbereiteten Daten direkt (online) oder mittels Magnetbändern, Disketten bzw. Lochstreifen. Bilden Rechner und Aufzeichnungseinheit eine integrierte Lösung, so spricht man von einem Lichtsatzsystem. In den Magnetspeichern der Lichtsetzanlage sind bis zu 44 000 Schriftzeichen und Signets in verschiedenen Größenbereichen gespeichert. Bei Lichtsatzsystemen stehen Plattenspeicher mit zehnfacher Kapazität und mehr zur Verfügung, so daß auch alle anderen Abbildungen beliebig gespeichert werden können. Gesteuert durch die Daten der Datenquelle, die ein Decoder identifiziert, gelangen die Impulse der einzelnen Zeichen aus dem Plattenspeicher in den Kernspeicher und von hier über das zentrale Steuersystem auf das CRT-Bildrohr. Auf diesem entsteht das Satzbild in Text- oder Bildeinheiten oder auch zeilenweise. Über ein optisches System wird dieses Kathodenstrahlbild auf lichtempfindliches Material gebracht, das ein Entwicklungsautomat als fertige Vorlage für die Reproduktion ausgibt.

In diesem Verfahren können ganze Zeitungsseiten ohne Umbruch* »gesetzt« werden (vgl. Zeitungsdruck*, Offsetdruck*).

Die Leistungen von Lichtsatzsystemen bewegen sich bei glattem

Satz zwischen 200 und 1000 Buchstaben in einer Sekunde, das sind bis ca. 3,6 Mill. je Stunde.

Ligatur (lat. = ist verbunden). Auf einer Drucktype vereinigte Doppelbuchstaben z. B. ch, ck, ff, tz (vgl. Letter*). Schon Gutenberg benutzte Ligaturen, um gleichmäßige Wortzwischenräume zu erhalten und dadurch den Druckseiten den Eindruck optischer Geschlossenheit zu geben (vgl. Typografie*).

Limitierung (von lat. limes = Grenze). Begrenzung einer Auflage, insbesondere bei Handdrukken (vgl. Numerierung*). Gegenüber der natürlichen Begrenzung der Auflagenhöhe etwa durch die Abnutzung des Druckstockes stellt die Limitierung eine willkürliche Begrenzung dar.

Linolschnitt. Hochdruckverfahren mittels einer Linoleumplatte. Diese besteht aus einer Schicht Korkmehl, Harz und Linoxin (oxydierter Leinölfirnis), die auf Jutegewebe gebunden ist. Die Linolplatte wird wie die Holzplatte des Holzschnitts* bearbeitet. Jedoch ist Linoleum billiger und weicher; es läßt sich nicht nur mit Stichel und Schneidmesser, sondern auch mit der Radiernadel und mit leichten Schneidfedern bearbeiten. Da das Material in sich homogen ist (im Gegensatz zu der Maserung des Holzes), eignet sich der Linolschnitt besonders zur Wiedergabe weich schwingender Linien. Linolplatten können im Handverfahren durch Abreiben gedruckt werden, aber auch mit Buchdruckmaschi-

74 *Linolschnitt:* Henri Matisse, Badende mit Kette, 1940 (vgl. Farbtafel 6)

nen, sofern die Platte auf Schrifthöhe gebracht wird.

Für den Farbenlinolschnitt besteht die Möglichkeit verschiedener Druckplatten auch die des Einfärbens derselben Druckplatte mit mehreren Farben. Picasso wird ein weiteres Verfahren zugeschrieben, das die Anfertigung von Mehrfarbendrucken bis zu fünf Farben möglich macht: Die Platte wird nach dem Druck jeder Farbe neu geschnitten, also Farbe auf Farbe gedruckt.

Im Frankreich des 20. Jh. haben mehrere Künstler (Matisse, Picasso, Vlaminck u. a.), in Deutschland Rohlfs und Ludwig von Hofmann den Linolschnitt gegenüber dem knorrigen Holzschnitt der deutschen Expressionisten bevorzugt. Neuerdings arbeiten mit Linolschnitt u. a. Ernst Fuchs, Otmar Alt.

Linotype (engl. a line of types = eine Zeile aus Buchstaben). Bezeichnung für die Zeilen-Setzmaschine*.

Lithografie (griech. lithos = Stein, graphein = schreiben). Vorwiegend manuelles Flachdruckverfahren* mittels Stein- oder Zinkplatte. Lithografische Steine sind 6–15 cm dicke Platten aus kohlensaurem Kalkschiefer von Solnhofen oder Kelheim (Bayern). Diese Steine sind feinporig und vermögen Fett und Wasser aufzunehmen. Auf den mit Sand, Bimsstein und Wasser glattgeschliffenen und mit Alaun entsäuerten Stein wird die Zeichnung mit Fettfarbe aufgebracht. Dies geschieht mittels Feder (Federmanier), Pinsel (Laviermanier*) oder mittels Kreide (Kreidelitho.*, vgl. Federpunktmanier*, Tangiermanier*, Fotochromie*).

Dabei verbindet sich die Fetttusche mit dem kohlensauren Kalk des Steins zu fettsaurem Kalk, der fettanziehend und wasserabstoßend ist. Die zeichnungsfreien Stellen werden nun mit verdünnter Salpetersäure und Gummi arabicum* wasseraufnahmefähig und fettabstoßend gemacht. Wird nun der

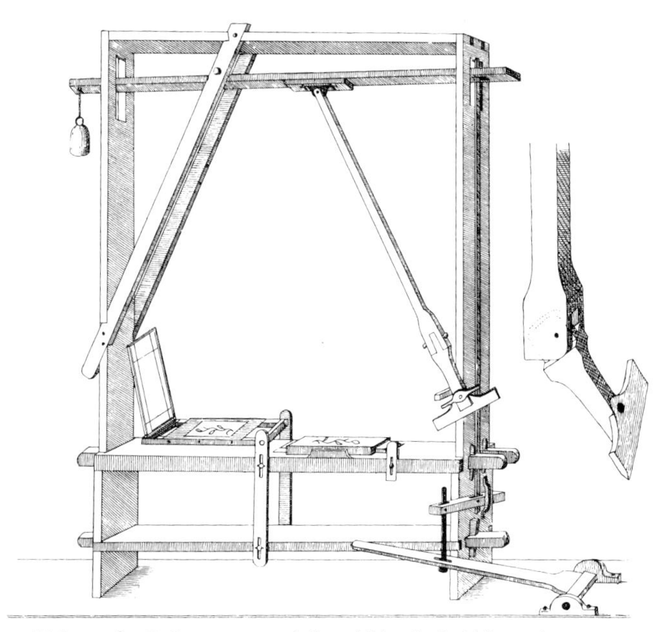

75 *Lithografie:* Reiberpresse nach Senefelder (vgl. Abb. 120)

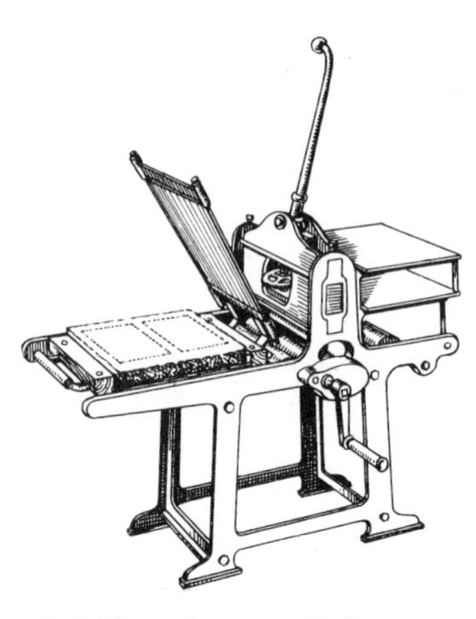

76 *Lithografie:* neuere Reiberpresse

Stein angefeuchtet und mit Druckfarbe eingefärbt, so haftet die Druckfarbe nur auf den Stellen der Zeichnung, während die freien Stellen sie abstoßen.

Um den vom Künstler gezeichneten 'Originalstein' zu schonen, erfolgt der Druck der Auflage meist von einem 'Maschinenstein'. Auf diesem wird die Zeichnung des Originalsteins (mit 'Umdruckfarbe' und 'Umdruckpapier') umgedruckt. Der Maschinenstein erfüllt also eine ähnliche Aufgabe wie das Stereo* und das Galvano* im Hochdruck, nämlich Schonung des Originals und das Drucken mit mehreren Nutzen* (vgl. Brennätzverfahren*). Gedruckt werden klei-

77 *Lithografie (Kreide):* Edouard Manet, Guerre civile (Bürgerkrieg), 1871 (vgl. Abb. 13)

78 *Lithografie:* Henri de Toulouse-Lautrec, La Loge au Mascaron Doré (Programme pour ›Le Missionaire‹), 1893 (vgl. Abb. 90 u. Farbtafel 5)

nere Auflagen in der 'Reiberpresse'. Sie besteht aus einem stabilen Eisenrahmen, in dem oben der verstellbare Reiber* (ein Holzkeil mit lederüberzogener Kante), unten ein den Stein aufnehmender Karren läuft. Beim Druck wird auf den angefeuchteten und eingefärbten Stein das Papier (Druckträger) gelegt sowie eine eingefettete Pappe (Preßspan). Unter dem aufpressenden Reiber gleitet der Karren, von

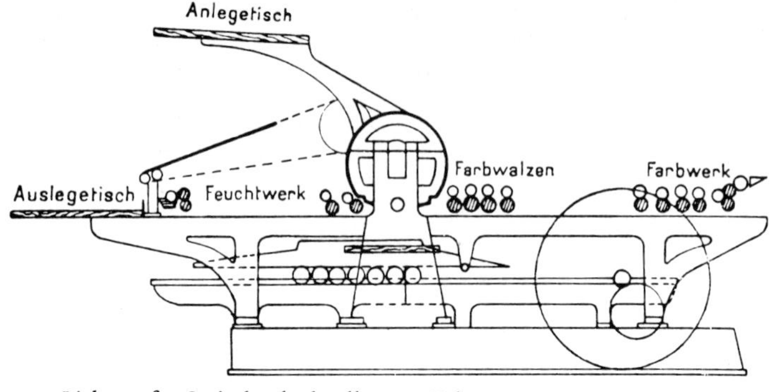

79 *Lithografie:* Steindruckschnellpresse (Schema)

einer Kurbel bewegt, mit Stein und aufliegendem Papier bzw. Preßspan durch den Rahmen hindurch. Größere Auflagen (500-600 Drucke je Stunde) erreicht die Steindruckschnellpresse, die mit einem Druckzylinder arbeitet. Anfeuchten und Einfärben geschieht automatisch.

Die Lithografie wurde 1797/98 von Aloys Senefelder in München erfunden u. a. für Musiknoten (›Chemische Druckerey‹). Schon er suchte nach Metallplatten, die die schweren Steine ersetzen konnten (vgl. Algrafie*, Zinkdruck*). Die lithografische Schnellpresse wurde 1852 erstmals von der Fa. Sig in Wien und Berlin eingesetzt. Der Offsetdruck* setzt die technischen Möglichkeiten der Lithografie fort. Auf künstlerischem Gebiet hat die Lithografie wegen der leichten Aufbringung der Zeichnung von Goya bis Picasso weite Verbreitung gefunden. Hervorzuheben sind Werke von Géricault, Delacroix, die Plakate Toulouse-Lautrecs und des Jugendstils (Alfons Maria Mucha u. a.), die Karikaturen Daumiers und neuerdings die großformatigen Serien Robert Rauschenbergs.

Logotypen (griech. logos = Wort, typos = Druck). Im Handsatz* auf einer Drucktype zusammengegossene Silben oder Wörter z. B. ent, ung, usw. (vgl. Ligatur*).

Majuskel (lat. maiusculus = etwas größer) Großbuchstaben der Schrift* ('Versalien').

Makulatur (lat. = 'Beflecktes'). Beschmutzte, zerrissene oder fehlerhaft bedruckte Bogen (Ausschuß, Fehldrucke).

Manuskript (lat. manus = Hand, scriptum = geschrieben). Im engeren Sinn der mit der Hand geschriebene Text im Gegensatz zum Typoskript*.

Marginalien (neulat. marginalis = zum Rand gehörend). Freistehende Bemerkungen am äußeren Rand ('Außensteg') der Seiten eines Buches (vgl. Steg*). Sie dienen u. a. bei wissenschaftlichen Publikationen der Gliederung des Textes, dem Hinweis auf Tafeln*, sowie der Zitierung von Anmerkungen und Quellen.

Maschinensatz. Maschinell hergestellter Schriftsatz*. Man unterscheidet Setzmaschinen für den Bleiguß (Linotype*, Monotype*) und Fotosatz* bzw. Lichtsatz*.

Mater (lat. = Mutter). Bezeichnung für die Matrizen* der Stereotypie*. In der älteren 'Trockenstereotypie' bestand die Mater aus einigen Blättern Seidenpapier und Karton, die mit dünnem Roggenkleister aufeinandergeklebt waren ('Papiermater'). In diese noch feuchte Schicht wurde die Druckform geprägt. Dann wurde 'Matrizenpulver' (Roggenmehl und Gips) aufgestreut, ein mit Wasser getränkter Karton aufgelegt und das Ganze unter Druck getrocknet. Seit den 20er Jahren werden industriell gefertigte Maternpappen verwendet, die aus einem schmierig gemahlenen, zähen Zellulosestoff bestehen und vor dem Prägen angefeuchtet werden.

80 *Mater:* Maternpresse der Firma M.A.N.

Materialdruck. Abdruck reliefartiger Materialien wie z. B. grobe Textilien, Drahtgewebe u. a. Sie werden mit Druckfarbe eingewalzt und abgedruckt; sehr harte Materialien können auch geprägt werden (vgl. Naturselbstdruck*, Prägedruck*).

Matrize (von lat. mater = Mutter: 'Mutterform'). Allgemein jede vertiefte Negativform, die zur Herstellung von Duplikaten benutzt wird. In der Schriftgießerei* versteht man darunter die Form für den Guß der Drucktypen; in der Galvanoplastik* die durch Prägen erzielte Abformung der Original-Druckform auf Bleifolien, Wachs oder Zelluloidplatten. In der Stereotypie* bezeichnet man Matrizen als Matern*. Der Reliefdruck* und der Prägedruck* benutzen zur Matrize noch eine passende Patrize*.

Mattoir. Werkzeug für die Crayonmanier*. Es besteht aus einem Holzgriff und einem metallenen keulenförmigen Kopf, dessen Ende kleine Metallspitzen enthält. Damit werden Punkte oder unterbrochene Linien durch Eindrücken in die Metallplatte erzeugt.

Mehrfarbendruck.
s. Farbendrucke.

Mettage (frz. mettre = stellen, zurichten). Bezeichnung für den Umbruch*, der vom 'Metteur' (frz. 'metteur en pages') ausgeführt wird.

Metallblattverfahren. Vervielfältigungsverfahren mittels einer Metallfolie mit Rastergrund. Durch Beschreiben mit der Schreibmaschine bildet sich ein Hochrelief, das einfärbbar und abdruckbar ist. Das Verfahren wird meist für den Adressendruck verwendet.

Metallschnitt. Älteres Verfahren zur Herstellung von Druckplatten, meist für Ornament-Vignetten*. Dazu wurde die Metallplatte entweder graviert oder punziert (vgl. Punze*). Metallschnitte waren um 1450–80 besonders am Niederrhein verbreitet (Meister ›d‹, Meister des Jesus in Bethanien; vgl. Schrotschnitt*), später (um 1500) auch in Frankreich und Italien.

In der Buchbinderei versteht man unter Metallschnitt das Aufbringen von Blattmetall (Blattgold*, Aluminium, Silber) auf den Buschnitt, und das als Verzierung und Lichtschutz der Blätter dienen soll.

Mezzotinto.
s. Schabkunst.

Minuskel (lat. minusculus = etwas kleiner). Kleinbuchstaben der Schrift* ('Gemeine').

Mischtechnik. Ungenaue Bezeichnung auch für druckgrafische Arbeiten, die in verschiedenen Techniken hergestellt werden ('Kombinationsdruck*).

Model. Meist aus Holz geschnitzte Hochdruckform für den Zeugdruck*.

Moiré (frz.: Reflex, Spiegelung). In

gedruckten Bildern ein Muster, das infolge falscher Rasterwinkelung hervorgerufen wird. Durch Überlagerung mehrerer Raster entsteht Moiré vor allem dann, wenn schon gerasterte Vorlagen verwendet werden. Störendes Moiré kann aber durch einen Strichdickenwandler gemildert werden.

Auch bei Farbauszügen* kann Moiré entstehen, wenn der Raster* nicht im Winkel von 30° versetzt wird. Moiré kann aber auch als künstlerisches Mittel eingesetzt werden (z. B. Gerhard Richter: ›Elizabeth‹).

Moirélinie. Auf Wertpapieren, Schecks, Überweisungsformularen etc. geflammtes Liniensystem für schriftliche Eintragungen, das Rasuren und sonstige Fälschungen erschwert (vgl. Guilloche*).

Molette. Im Briefmarkendruck* verwendete Prägewalze. Sie besteht aus gehärtetem Stahl und ist maschinell graviert, also eine Art Stahlstich. Das mehrfache Abrollen der Molette in den weichen Stahl des Druckzylinders bezeichnet man als 'Molettieren'.

Monotype (griech. monos = eins, typos = Druck). Bezeichnung für die Einzelbuchstaben-Setzmaschine*.

Monotypie (griech. monos = eins, typos = Druck). 'Einmaldruck', also ein 'Original', da es nicht vervielfältigt wird. Meist wird die Zeichnung auf eine Glasplatte oder auf eine glatte Metallplatte aufgetragen und sofort auf Papier gedruckt. Auch im Durchdruckverfahren können Monotypien gedruckt werden. Die Glasplatte wird dann mit Öl- oder Druckfarbe eingewalzt, ein Papier aufgelegt und auf dessen Rückseite die Zeichnung mit Griffel etc. eingedrückt: An diesen Stellen haftet die Druckfarbe voll auf dem Papier, während die Stellen, die keinen oder nur wenig Druck zeigen, weniger oder keine Farbe erhalten.

Als Erfinder der Monotypie gilt der Genuese Benedetto Castiglione (1616–70), der sie mittels bemalter Kupferplatten ausübte. Verbreitet wurde die Monotypie im 19. Jahrhundert (Pissarro, Degas, Whistler, Steinlen, Toulouse-Lautrec, Gauguin). Monotypien wurden von expressionistischen Künstlern u. a. von Rohlfs gefertigt; in neuerer Zeit von Horst Janssen, Josef Faßbender u. a.

Montage. Im Offset-, Licht- und Rakeltiefdruck das Zusammenkleben der Kopiervorlagen (Diapositive, Negative; vgl. Fotolithografie*). Elektronische Seitenmontage* erlaubt hingegen den Einsatz von Scannern*. In der Stereotypie* versteht man unter Montage das 'Aufklotzen' der Druckplatten auf Schrifthöhe.

Montagedruck. Prägedruck* mit verschiedenen Materialien (vgl. Naturselbstdruck*). Besonders von Rolf Nesch (geb. 1893), Werner Schreib (1925–69) u. a. ausgeübt.

Moulette.
s. Roulette

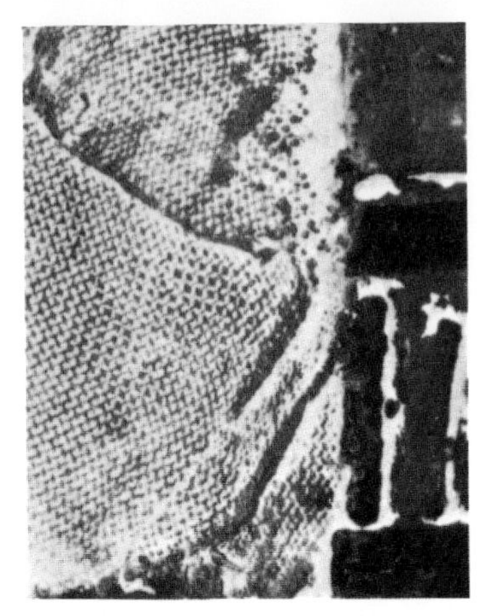

81 *Montagedruck:* (Detail)

Musiknotendruck (Notenstich). Der Druck von Musiknoten erfolgt heute meist im Offset-* oder Buchdruck*. Nach dem Notenmanuskript ('Autograf') werden zunächst Notenstichplatten hergestellt. Dazu verwendet man dünne Metallplatten aus einer Blei-Zinn-Antimon-Legierung. In diese Platte zieht der Notenstecher erst die Notenlinien mit dem sog. 'Rastral', einem Graviergerät, das die fünf Notenlinien zugleich schneidet. Dann werden mit dem Stechzirkel die Notenabstände markiert, die Noten vorgezeichnet, und mit besonderen Punzen* in die Platte eingeschlagen, ebenso die Schrift. Das Bild des fertigen Notenstichs wird durch Umdruck* auf die Druckplatte übertragen oder auf eine durchsichtige Folie gedruckt und auf die Druckplatte kopiert.

Werden aber bei einem Text im Buchdruck nur einzelne Zeilen von Noten eingefügt, so können diese von Hand im 'Notensatz' gesetzt werden. In diesem komplizierten Verfahren werden etwa 370 verschiedene Zeichen verwendet.

Nachschneiden. Korrektur von Fehlern an Druckplatten im Buchdruck (Ätzungen, Galvanos*, Stereos*) oder an Tiefdruckzylindern mittels Stichel*, Nadel* u. a. Bei manuellen Verfahren (Kupferstich*, Radierung*, Holzschnitt* u. a.) wird durch Nachschneiden der Abnutzung der Platte entgegengearbeitet (vgl. Abdruckszustände*).

Nadel. Werkzeug für die Radierung*, ein Stahlstift, dessen Spitze je nach Art der Arbeit entsprechend zugeschliffen ist (vgl. Nachschneiden*, Steingravur*).

Naß-in-Naß-Druck. Druck mehrerer Farben nacheinander ohne Zwischentrocknung, meist mit modernen Mehrfarben-Druckmaschinen. Da die Farben sich naß verbinden, sind besondere Druckfarben nötig.

Naturselbstdruck. Druck, auch Prägedruck*, mit Naturgegenständen (Pflanzenblätter, Holz- und Mineralschliffe etc.). Dabei wird die Druckform meist durch Abformung des Naturgegenstandes mittels Galvanoplastik* oder Stereotypie* hergestellt.

Negativ. In der Fotografie* Bezeichnung für das durch Lichteinwirkung und Entwicklung erzeugte, seitenverkehrte Bild mit vertauschten Tonwerten*, von dem das 'Positiv' (Kopie) angefertigt wird. In der Druckgrafik auch Bezeichnung für weiße Zeichnungen oder Schrift auf schwarzem Grund ('Negativer Abdruck').

Niellodruck (ital. von lat. nigellus = schwärzlich). Gravierte Metallplatten, deren Vertiefungen man mit schwarzer Farbe (Niello) zur Verdeutlichung der Zeichnung ausfüllte, wurden von Goldschmieden seit der Antike angefertigt. Später wurden diese Platten zuweilen abgedruckt, wobei man die Vertiefungen mit Druckfarbe einfärbte.

Nach Giorgio Vasari (1511–74) soll der Florentiner Goldschmied Maso Finiguerra um 1460 eine Nielloplatte abgedruckt und damit – wie Vasari irrtümlich annahm – den Kupferstich erfunden haben.

Notenstich.
s. Musiknotendruck

Numerierung. In den Handdruckverfahren wird die Auflage* oft vom Künstler numeriert (vgl. Limitierung*). Dabei gibt die erste Zahl die Nummer des Blattes, die zweite die Auflagenhöhe an (›3/20‹ wäre also Blatt 3 aus der Auflage von 20 Stück). Die Numerierung dient der Kontrolle der Auflagenhöhe. Besonders bei Kupferdrucken (Radierung* u. a.), deren Druckplatten leicht abnutzen, wird eine möglichst kleine Nummer für den Sammler begehrter sein, da sie meist auch eine bessere Druckqualität verbürgt.

Nutzen. Im grafischen Gewerbe Bezeichnung für ein Stück Papier, Pappe, Gewebe u. a. von beliebiger Größe, das aus einem größeren Stück herausgeschnitten wurde. In der Druckerei versteht man unter Nutzen die Anzahl der Einzelexemplare, die sich aus einem Druckbogen schneiden lassen.

Ölfarbendruck. Farbig. Steindruck* zur Imitation von Ölmalerei. Dabei wird nachträglich mit einer gravierten Platte das Relief des pastosen Pinselstrichs oder auch die Textur der Leinwand aufgeprägt. G. Baxter erfand diese Technik in der Mitte des 19. Jahrhunderts (vgl. Grainieren*, Replik*).

Œuvre-Katalog.
s. Werkverzeichnis

Offsetdruck (engl. to set off = absetzen). Indirektes maschinelles Flachdruckverfahren* nach einem rotativen System (vgl. Rotationsdruck*), das mit einer Übertragungswalze arbeitet (vgl. Kleinoffset*). Die Offsetplatte*, die das seitenrichtige Bild enthält, wird auf einen 'Plattenzylinder' (Abb. 83, A) gespannt und passiert während des Druckvorgangs das 'Feucht-' (Abb. 83, 1) und 'Farbwerk' (Abb. 83, 2). Durch das Feuchten werden die nichtdruckenden Stellen farbabstoßend. Die von den druckenden, wasserabstoßenden Stellen aufgenommene Farbe wird aber nicht direkt auf den Papierbogen gedruckt, sondern auf einen Gummizylinder (Abb. 83, B) 'abgesetzt'. Erst dieser überträgt das nun seitenverkehrte Druckbild mit gerin-

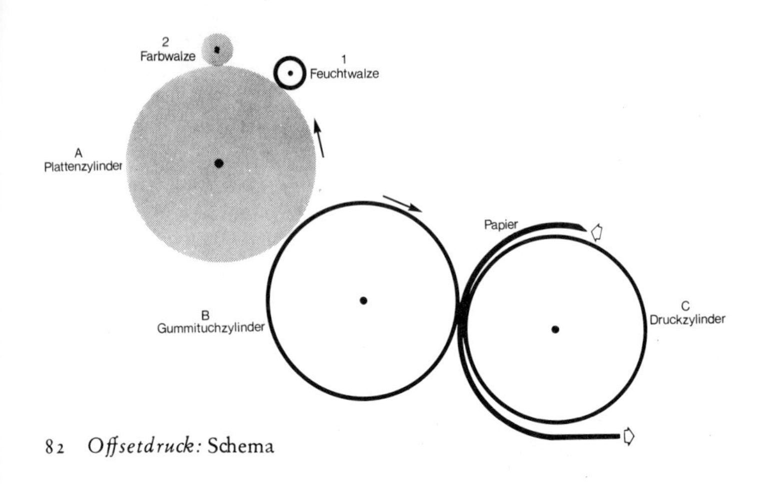

82 *Offsetdruck:* Schema

gem Druck auf das Papier, das über den Druckzylinder (Abb. 83, C) läuft. Offsetmaschinen werden danach unterschieden, ob sie einzelne Papierbogen (Bogenoffset) oder Papierbahnen bedrucken (Rollenoffset*). Für den Mehrfarbendruck werden Zwei-, Vier- oder Sechsfarben-Offsetmaschinen verwendet. Diese bestehen aus mehreren 'Druckwerken' gleicher Bauweise, die wie in einem Baukastensystem hintereinander geschaltet sind. Je nach System werden in jedem Druckwerk eine, meist aber mehrere Farben gedruckt. Ein solches Zweifarben-

83 a u. b *Offsetdruck:* Einfarben-Bogenoffsetmaschine Roland Favorit (vgl. Abb. 82)

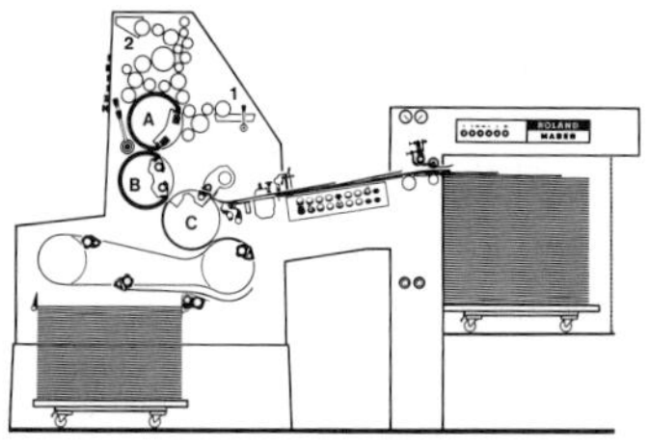

84 a u. b *Offsetdruck:* Vierfarben-Bogenoffsetmaschine Roland 800 mit elektronischer Farbregelanlage

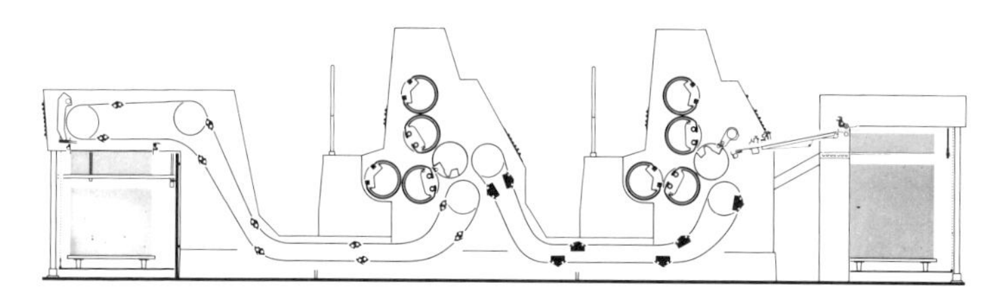

Druckwerk besitzt zwei Platten- und Gummizylinder, jedoch nur einen gemeinsamen Druckzylinder (Fünf-Zylinder-System). Bei einem Bogendurchgang werden die Farben naß in naß* gedruckt.

Schön-* und Widerdruck* können bei Bogenoffsetmaschinen, die aus mehreren Druckwerken bestehen, durch zwischengeschaltete Bogenwende-Einrichtungen erreicht werden. Spezielle Schön- und Widerdruckmaschinen (Perfektor) bedrukken mit zwei Farben ‘Gummi gegen Gummi’ also ohne Druckzylinder beidseitig den Papierbogen.

Neben Bogenoffset- (Leistung bis 10 000 Drucke und Formate bis 120 x 160 cm je Stunde) werden auch Rollenoffset-*, also Rotationsmaschinen, verwendet, die zunehmend für den Zeitungsdruck* eingesetzt werden (Leistung bis zu 35 000 Zylinderumdrehungen). (Vgl. Foto-

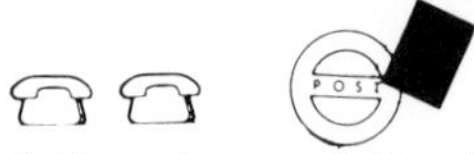

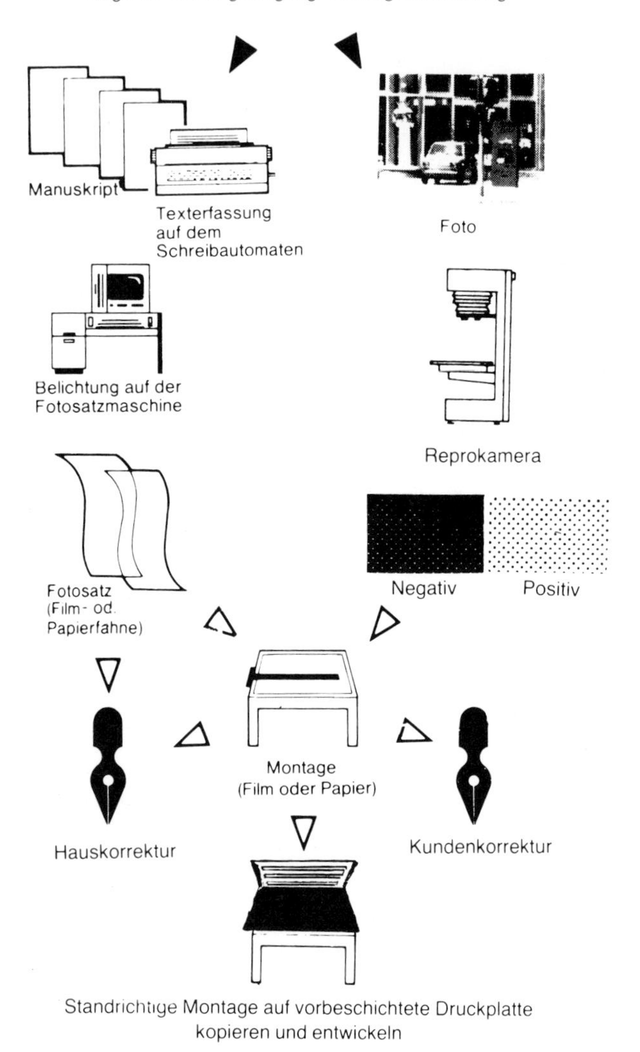

85 *Offsetdruck:* Schema des Fertigungsablaufs

lithografie*, Fotosatz*, Lichtsatz*, Reproduktionsfotografie*, Barytabzug*, Scotch Print*).

1904 erfand der Zinkdrucker W. Rubel den Druck mit Übertragungswalze, 1907 druckte der Deutsch-Amerikaner in dieser Technik. In Deutschland wurden seit 1911 Offsetmaschinen gebaut, jedoch erst nach dem Zweiten Weltkrieg stärker verbreitet. In den Industriestaaten überflügelt der Offsetdruck inzwischen die anderen Techniken. Wegen seines vergleichsweise geringeren Aufwandes ist der Offsetdruck meist kostengünstiger als Buch- und Tiefdruck. Das Rotationsprinzip und die einfachere Druckplatte erlauben kürzere Rüstzeiten und leichtere Maschinen (vgl. Kleinoffset*). Durch den indirekten Druck können auch auf schwierigen Bedruckstoffen befriedigende Ergebnisse erzielt werden. Elektronische Kontroll- und Regelsysteme erlauben bei den hochentwickelten Offsetautomaten höchste Farb- und Passergenauigkeit (vgl. Passer*, Farbendruck*).

Offsetgrafik. Künstlerische Druckgrafik unter Verwendung des Offsetdrucks*. Dabei kann der Künstler die Vorlage anfertigen, die fotomechanisch reproduziert wird (Peter Nagel, Christo u. a.), vgl. Originalgrafik*. Bei 'Offsetlithografien' bezeichnet der Künstler (Peter Sorge, Dieter Asmus u. a.) unmittelbar den Diafilm ('Litho'), vgl. Fotolithografie*. 'Offsetgravüren' werden solche Drucke genannt, bei denen der Künstler die metallene Offsetplatte direkt, in Gravier- oder Radiertechnik, bearbeitet (Horst Antes).

Offsetlithografie s. Offsetgrafik

Offsetplatte. Biegsame Druckplatte für den Offsetdruck. Früher wurden meist Zinkplatten verwendet ('Zinklithografie'*), während heute Bi- oder Trimetallplatten benutzt werden, mit denen im Gegensatz zu Zinkplatten hohe Auflagen (1 Million und mehr) gedruckt werden können. Bimetallplatten* bestehen etwa aus Kupferblech mit Chromauflage; Trimetallplatten enthalten dagegen ein Trägerblech (Eisen-, Schwarzblech), auf das eine Kupfer- und eine Chromschicht galvanisch aufgetragen sind. Durch Ätzen der obenliegenden Chromschicht wird die darunterliegende Kupferschicht freigelegt. Beim Druck nimmt Kupfer Farbe, Chrom Wasser an. Im Kleinoffset* werden beschichtete Papier- und Kunststofffolien verwendet. Die Bildübertragung auf die Offsetplatte geschieht mittels der Offsetlithografie*, teilweise auch automatisch.

Originalgrafik. Im strengen Sinn nur eine solche grafische Arbeit, die vom Künstler selbst entworfen und ausgeführt wurde. Dazu gehören Entwurf und Anfertigung des Druckstocks, die Überwachung des Drucks (meist Handabzug) und die Signierung (und Numerierung*; vgl. Signatur*, Andruck*). Der Begriff Originalgrafik ist aber wegen der fotografischen Reproduktionsverfahren, die vielfach auch schon Teil des Entwurfes sind, umstrit-

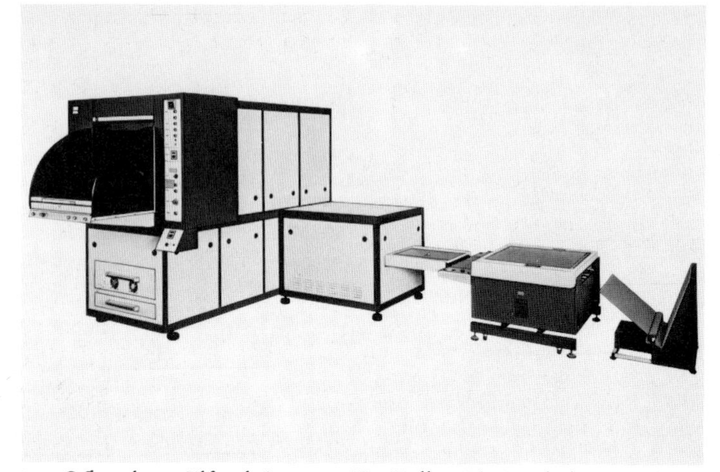

86 *Offsetplatte:* Elfasol-Automat (Fa. Kalle). Die Druckplatte wird nach der fertig montierten Vorlage direkt belichtet und entwickelt (Durchlaufzeit: 4 Min.).

ten (vgl. dagegen Reproduktionsgrafik*).

Ornamentstich. Grafisches Blatt (meist Holzschnitt oder Kupferstich) mit Ornament-Darstellungen. Ornamentstiche traten seit dem 15. Jahrhundert auf und dienten u. a. der Verbreitung dekorativer Entwürfe. Als Vorlageblätter beeinflußten sie wesentlich das Kunstgewerbe.

Frühe Ornamentstiche bestehen vom Meister der Spielkarten (1430 bis 50), von Martin Schongauer (1450–91), Israhel van Meckenem (gest. 1503) und den 'Kleinmeistern', u. a. Heinrich Aldegrever (1502–55). Von Enea Vico sind 'Grottesken', von Peter Flettner (gest. 1556) 'Mauresken', von J. Androuet Ducerceau (1510–84) und Cornelis Floris (1514–75) 'Rollwerk' (Florisstil), von Wendel Dietterlin (1550–99) und Georg Caspar Erasmus 'Beschlag-' und 'Knorpelwerk' bekannt. Das barocke Ornament vertraten u. a. Stefano della Bella und G. B. Piranesi sowie Paul Decker und Salomon Kleiner; den französischen Klassizismus u. a. Percier und Fontaine (1812).

Paginieren (von lat. pagina = Seite). Fortlaufendes Numerieren von Seiten oder Blättern in Büchern und anderen Druckwerken. 'Foliieren' dagegen bezeichnet die gleiche Numerierung zweier gegenüberliegender Seiten, z. B. in Geschäftsbüchern.

Panografie. Dreidimensional wirkende Bilder auf geriefelter Folie. Die Vorlage wird in einem be-

87 *Ornamentstich:* Harmen Jansz. Muller (1540–1617) nach Jacob Floris, Kartusche mit Maske (Kupferstich), 1564

sonderen Aufnahmeverfahren fotografiert. Dabei werden unter Verwendung von Spezialrastern von der Vorlage zwei Aufnahmen aus unterschiedlichen Blickwinkeln angefertigt. Die Raster zerlegen das Bild in zahlreiche senkrechte Streifen. Die Verarbeitung dieses Rasterbildes für den Druck vollzieht sich im Offset-* oder Tiefdruck* entsprechend den dort üblichen Methoden. Unmittelbar nach dem Farbendruck wird in einer Spezialmaschine eine geriefelte Plastikfolie in der Weise aufgebracht, daß deren aufgeprägtes Streifenrelief paßgerecht zum Druckraster steht. Dadurch werden manche Bildstellen von dem einen, manche von dem anderen Auge des Betrachters wahrgenommen und als plastisch empfunden.

Das Verfahren ('Xografie') wurde von der amerikanischen Zeitschrift ›Look‹ zusammen mit der Eastman Kodak Corp. entwickelt und findet bisher meist für Werbung und Ansichtskarten Verwendung.

Papier. Dieser in der Grafik und im Druckgewerbe überwiegend benutzte Werkstoff besteht aus einer Verfilzung meist pflanzlicher Fasern. Diese werden durch Zermahlen von Holz, Stroh etc. im 'Mahlholländer' bzw. durch chemische Aufbereitung gewonnen und mit Füllstoffen (Kaolin, Leim, Farben, Gips u. a.) und Wasser vermengt. Dieser Papierbrei kann nun auf feinen Sieben 'handgeschöpft' (Handbütten) oder in der Papiermaschine verarbeitet werden. Dort

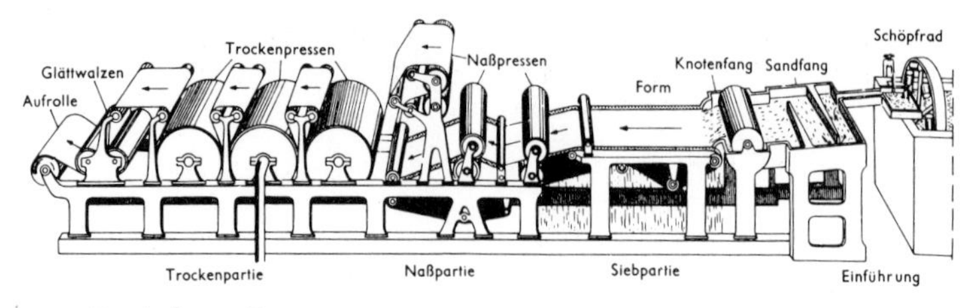

88 *Papierherstellung* (Schema)

wird auf schüttelnden Bandsieben der Papierbrei entwässert, der verbleibende 'Papierfilz' in endloser Bahn abgehoben (vgl. Laufrichtung*), gepreßt und über beheizten Walzen getrocknet, geglättet ('satiniert'), geschnitten und verpackt. Die abgepackte Menge zu 500, 250 oder 100 Blatt heißt 'Ries'.

Nach Art der Rohstoffe oder der Herstellung werden zahlreiche Papiersorten unterschieden. Allen gemeinsam ist eine rauhere 'Sieb-' und eine glattere 'Filzseite'. Handgeschöpfte Papiere ('Bütten') bestehen meist aus 'Hadern' (Textilabfälle, Lumpen). Sie sind in der Durchsicht erkennbar an den Abdrucken des Siebes, an einem Wasserzeichen* und am verdünnten Rand ('Büttenrand').

Maschinenpapiere gibt es in zahlreichen Sorten. Auch hier sind die Hadernpapiere die besseren, die billigeren dagegen die leicht vergilbenden holzhaltigen Papiere für den Zeitungsdruck*. 'Holzfreie Papiere' bestehen aus Zellulose, oft mit Hadernzusatz. Papiere mit glatter Oberfläche eignen sich besonders für den Druck feiner Details (vgl. Raster*). Deshalb wird für Autotypien* gern 'Kunstdruckpapier' verwendet, das mit einer porzellanartigen Oberfläche (Kreide, Barytweiß u. a.) bestrichen ist und den Druck klarer erscheinen läßt. Der Offsetdruck* bevorzugt vollgeleimte Papiere, also solche, die eine Beimischung von Leim enthalten ('tintenfeste Papiere'). Der Tiefdruck* verwendet dagegen ungeleimte, saugfähige Papiere. Im Hochdruck* kann nahezu jedes Papier bedruckt werden.

Als Erfinder des Papiers gilt der Chinese Tsai-Lun (ca. 105 n. Chr.). Im 8. Jh. kam die Papierherstellung über Arabien nach Europa. Ulmann Stromer betrieb 1390 in Nürnberg die erste Papiermühle in Deutschland. Maschinen zur Herstellung von Papier kamen seit etwa 1800 zum Einsatz.

Papierformat. Abmessung eines Papier- oder Kartonbogens nach Breite und Länge. Die modernen Papierformate werden nach DIN (›Deutsche Industrie-Norm‹) berechnet. Grundprinzip der DIN-Papierformate ist das Seitenverhältnis $1:\sqrt{2}$, ausgehend von einem Quadratmeter Flächeninhalt. Die Reihe ›A‹ enthält die gebräuchlichen Ausgangsformate (A 0 = 841 mm x 1189 mm = 1 qm Flächeninhalt), aus denen sich durch fortgesetztes Halbieren die weiteren A-Formate ergeben (z. B. der Einheitsbriefbogen DIN A 4 = 21 x 29,7 cm und die Postkarte DIN A 6 = 10,5 x 14,8 cm). Die 'B'-, 'C'- und 'D'-Formate gelten für Broschürenumschläge, Briefhüllen, Versandtaschen usw. Auch sie werden durch fortgesetztes Halbieren des Ausgangsformats erreicht (z. B. DIN B 0 = 100,0 x 141,4 cm; DIN C 0 = 91,7 x 129,7 cm; DIN D 0 = 77,1 x 109,0 cm). Für die A-Formate werden Briefhüllen der entsprechenden C-Formate benutzt, z. B. für einen ungefalzten Briefbogen DIN A 4 die Briefhülle DIN C 4, für die Postkarte DIN A 6 die Briefhülle DIN C 6.

DIN-Formate der A-Reihe und ihre Bezeichnungen:

A 0	Vierfachbogen	84,1 x 118,9 cm
A 1	Doppelbogen	59,4 x 84,1 cm
A 2	Bogen	42,0 x 59,4 cm
A 3	Halbbogen	29,7 x 42,0 cm
A 4	Viertelbogen	21,0 x 29,7 cm
A 5	Achtelbogen	14,8 x 21,0 cm
A 6	Halbblatt	10,5 x 14,8 cm
A 7	Viertelblatt	7,4 x 10,5 cm
A 8	Achtelblatt	5,2 x 7,4 cm

Ältere Papierformate gingen von der Teilung (Falzung) eines Papierbogens aus. Da dessen Größe zwischen 33 x 42 cm und 47 x 78 cm schwankte, wurden Groß- und Kleinformate unterschieden. Einmaliges Falzen des Papierbogens: 'Folio' (2 Blätter = 4 Seiten), zweimaliges Falzen: 'Quart' (4 Blätter = 8 Seiten), dreimaliges Falzen: 'Oktav' (8 Blätter = 16 Seiten). Festgelegt waren u. a. das 'Kanzleiformat' (für Schriftstücke): 21 x 33 cm, sowie die Zeitungsformate: Berliner Format (31,5 x 47 cm), Rheinisches (37,5 x 53 cm), Norddeutsches (40 x 57 cm) und Welt-Format (50 x 70,5 cm).

Papierlithografie. Mißverständliche Bezeichnung für den Umdruck*.

Pappe. Werkstoff der Buchbinderei*. Pappe wird durch Übereinanderwickeln verschiedener Papier*-Schichten auf einer Siebtrommel hergestellt, wobei die Schichten aufeinanderkleben. Die biegsame 'Graupappe' (Buchbinderpappe) wird aus Altpapier mit Zellulosezusatz gefertigt, 'Braunpappe' ('Lederpappe') aus Zellulose mit Hadernzusatz, ähnlich der 'Preßspan', der durch 'Kalandrieren' (Pressen unter Stahlwalzen mit hohem Druck) geglättet ist. 'Holz-' und 'Strohpappen' brechen leicht, liegen jedoch plan (vgl. Aufziehen*, Passepartout*).

Passer. Beim Mehrfarbendruck der genaue Stand aller Farben auf dem Druckbogen. Hilfsmittel dazu sind u. a. 'Paßkreuze', die auf den Rand des Blattes mitgedruckt werden und in allen Farben genau übereinanderstehen müssen. In der Montage hat man als zusätzliche Hilfe 'Paßlöcher', die in die zu verarbeitenden Filme und Folien gestanzt werden (vgl. Anlage*).

Passepartout. Umrahmung grafischer Blätter aus Karton oder Pappe*. Das Passepartout wird gestanzt oder mit dem Messer (Façettschnitt) ausgeschnitten. Bei der Rahmung verhindert es die Berührung der Zeichnung mit dem Glas.

Patrize (von lat. pater = Vater, 'Vaterform'). Ein erhabener Stempel für den Reliefdruck* als Gegenstück zur Matrize*. Patrizen werden meist durch Abprägen der Matrize in einer Masse aus Schlammkreide, Gips und Gummi arabicum* hergestellt.

Perforieren. Einstanzen von Loch- oder Schlitzlinien in Papier, um Teile des Blattes abreißen zu können.

Pigment (lat. pigmentum = Farbe; vgl. pinxit*). Farbstoff (s. Anreiben*, Farbmischung*).

Pigmentdruck. Edeldruckverfahren*, bei dem die Kopie nach dem Negativ auf ein mit Kohle u. a. versetztes Chromgelatinepapier erfolgt. Dabei verlieren die belichteten Teile ihre Wasserlöslichkeit. Das belichtete Papier (Pigmentpapier*) wird kalt eingeweicht und auf ein Übertragungspapier gepreßt. Mit warmem Wasser wird dann die nicht belichtete (wasserlösliche) Chromgelatine ausgewaschen und das frühere Trägerpapier entfernt. Das auf dem Übertragungspapier zurückbleibende Gelatinerelief ist seitenverkehrt, kann aber durch nochmalige Übertragung umgekehrt werden.

Pigmentpapier. Festes Papier, das einseitig mit einer gefärbten Gelatineschicht bestrichen ist und durch eine Kaliumbichromat-Lösung lichtempfindlich gemacht ist. Nach Belichtung (Kopie) und Entwicklung wird die Schicht des Pigmentpapiers auf einen neuen Träger gequetscht und die Papierschicht abgezogen (s. Umdruck*, vgl. Rakeltiefdruck*, autotypischer Tiefdruck*, Siebdruckschablone*).

Pigmentschablone.
s. Siebdruckschablone

Pinsellithografie. Verfahren der Lithografie*, bei dem die Zeichnung mit Pinsel und Tusche auf Stein, Metallplatte oder Umdruckpapier gebracht wird (vgl. Kleinoffset*). Halbtöne lassen sich zuweilen durch Verdünnung der Lithotusche oder durch Vermengungen der Lithotusche mit Benzin, Azeton, Chloroform etc. erreichen.

89 *Pinsellithografie:* (Detail) s. Abb. 90

90 *Pinsellithografie:* Pablo Picasso, Buste Modern Style (Jugendstilbüste), sign., 1949 (vgl. Abb. 78)

pinxit (lat. = 'hat es gemalt', vgl. Signatur*). Bezeichnung des Malers der Vorlage beim Reproduktionsdruck*.

Plattenton. Mitdrucken der Plattenoberfläche bei Tiefdruckverfahren (Radierung*, Kupferstich*). Plattenton wurde besonders Ende des

19. Jahrhunderts gegenüber dem kalten Weiß des Papiers geschätzt. Er entsteht, wenn die Plattenoberfläche nach dem Einfärben nicht völlig blankgeputzt wird oder mit einem heißen Tampon überrieben wird (Retroussage*). Der Plattenton kann bei jedem Abdruck anders ausfallen.

Pochoir (frz. = Papp-Schablone). Verfahren zum schnellen Kolorieren von Grafiken mittels Schablone* (vgl. Handkolorit*). Die Zeichnung ('Konturen') wird meist vorgedruckt. Das Verfahren wurde besonders in Frankreich bei Grafiken von Picasso, Miró, Max Ernst, aber auch bei Dali und Klee angewendet.

Polierstahl. Werkzeug für Tiefdruckverfahren*. Mit dem glatten, löffelförmigen Ende können gestochene (Kupferstich*) oder geätzte Stellen (Radierung* etc.), die korrigiert werden sollen, wieder zugedrückt ('poliert') werden. Auch bei der Schabkunst* findet der Polierstahl Anwendung.

Prägedruck (Prägung). Reliefartiger Druck auf Papier, Karton, Pappe, Leinen, Leder, Kunststoff etc. (vgl. Handvergoldung*, Reliefprägung*, Weißprägedruck*). Prägeschriften besitzen meist eine Höhe von 6,6 mm. Druckplatten ('Klischees') bzw. Drucktypen sind in Glockenmetall (Messing) oder Stahl graviert und werden beim Druck in das Material eingedrückt. Dabei wird in der Buchbinderei* die Heißprägung* angewendet.

Da der Prägedruck von allen Druckverfahren die stärkste Druckspannung erfordert (vgl. Buch-

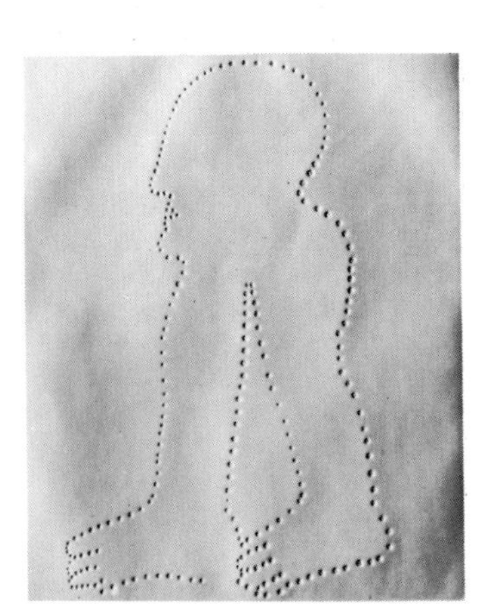

91 *Prägedruck:* H. Antes, Glückwunschkarte, 1970

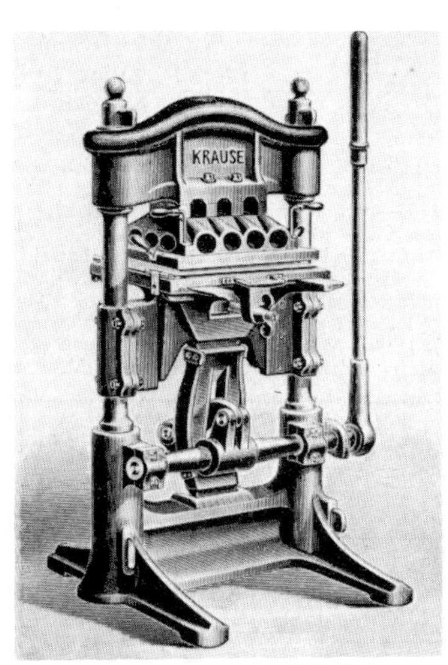

92 *Prägepresse:* Kniehebelpresse für Gold-, Blind- und Farbendruck, Modell BY (Fa. Krause)

druck*), werden zum Druck von Flächen besonders schwer konstruierte Prägepressen oder auch solide gebaute Tiegeldruckmaschinen* und Schnellpressen* benutzt. Prägedruck wird seit einiger Zeit auch von Künstlern angewendet: Diter Rot, Heinz Mack (Metallfolie), Roy Lichtenstein, Etienne Hajdu.

Prägepresse. Für den Prägedruck* benötigt man Pressen mit besonders starker Druckspannung. Kniehebelpressen werden mit bis zu 3000 t Druckkraft konstruiert. Mittels Hebeldruck wird der zwischen Säulen, Kopf- und Fußstück befindliche Tiegel durch Strecken von winkelig zueinanderstehenden Gelenken nach oben bewegt (vgl. Handpresse*).

Probedruck. Der erste Abdruck von der Druckplatte bei Handdrucken zur Kontrolle von Bild- und Farbgebung (Andruck*). Probedrucke entstehen also vor dem Druck der Auflage. Sie gelangen zuweilen mit der Bezeichnung ›Épreuve d'Essai‹ in den Handel (vgl. Abdruckszustände*).

Punkt.
s. Typografischer Punkt

Punktiermanier. Im manuellen Tiefdruck* die Zerlegung der Linien einer Zeichnung in einzelne Punkte. Bei dieser Abwandlung der französischen Crayonmanier* wird die ganze Fläche in Punkte zerlegt. Die Zeichnung ergibt sich aus der Anordnung der Punkte, sowie ihrer unterschiedlichen Stärke und Dichte. Die 'englische Punktiermanier' be-

93 *Punktiermanier:* (Detail) s. Abb. 94

nutzt spezielle Spitzhämmerchen zum Einschlagen der Punkte in die Kupferplatte ('Stipple Work'). An diese Technik knüpfte der in England lebende Francesco Bartolozzi (1728–1815) an, seine Arbeiten waren um 1800 sehr beliebt.

Punze. Meißelartiges Werkzeug, in dessen Druckfläche die Zeichnung graviert ist. Der Druck erfolgt durch Einschlagen mit einem Hammer (vgl. Musiknotendruck*).

Radiernadel.
s. Nadel

Radierung (lat. radere = schaben). Manuelles Tiefdruckverfahren mittels geätzter Druckplatte. Eine Kupferplatte (oder Zink) wird zunächst mit 'Ätzgrund'*, einer säure-

94 *Punktiermanier:* Francesco Bartolozzi, Die Seele eines Kindes wird von einem Engel dem Allmächtigen zugeführt, um 1780

beständigen Schicht (Asphalt, Harz, Wachs), versehen und diese durch Anrußen geschwärzt. Dann wird die Zeichnung mit einer spitzen Nadel* (Radiernadel) seitenverkehrt in den weichen Grund gegraben. Dies geschah früher mit einer erwärmten, 'heißen', Nadel

95 a u. b *Radierung:* Druckplatte (Messing) vor dem Einfärben und Abdruck. F. M. Jansen (1885–1958), Kahle Bäume, um 1930

96 *Radierung:* Überziehen der Platte mit Ätzgrund über einem Kohlebecken (Fig. 1), Schwärzen des Ätzgrundes mit Fackel (Fig. 1 Bis.), Ätzen der Platte durch Übergießen mit Säure (Fig. 2), Radiervorgang

(vgl. Kalte Nadel*). Die Platte wird anschließend auf Rückseite und Rändern mit Asphaltlack* abgedeckt und im Säurebad geätzt (vgl. Ätzung*). Die Säure (Eisenchlorid oder Salpetersäure) greift die von der Radiernadel freigelegten Stellen an und vertieft sie. Durch partielles Abdecken mit Asphaltlack kann der Ätzprozeß gesteuert werden: Die hellen Stellen ('Lichter') werden nach kurzem Ätzen abgedeckt, damit die Säure die dunklen Bildstellen (Tiefen) um so tiefer ätzt. Nach Entfernen des Ätzgrundes kann die Platte mit einem Tampon eingefärbt werden, wobei die Farbe in die vertieften Linien eingerieben, die Oberfläche aber blankgeputzt wird (vgl. Plattenton*).

Der Druck erfolgt mit einer Handpresse, die aus zwei gegeneinanderpressenden Stahlwalzen besteht, zwischen denen der Preßtisch mit Druckplatte und Druck-

mit der Nadel (Fig. 3), Ätzen in der Wanne (Fig. 4), Auffangen der Säure nach dem Ätzvorgang (Fig. 5), Nachschneiden der Platte mit dem Stichel (Fig. 6) und Punzieren (Fig. 7); (vgl. Abb. 62)

träger hindurchläuft. Beim Druck preßt sich die Druckplatte tief in das vorher angefeuchtete Papier (Plattenrand). Die Druckplatte nutzt rasch ab, so daß die Qualität der Drucke sich zunehmend vermindert (vgl. Numerierung*). Der Vorteil der Radierung liegt in der Leichtigkeit der Plattenherstellung: Die Nadel zeichnet wie auf Papier (vgl. dagegen den Kupferstich*). Entgegen der Aquatinta* sind bei der Radierung nur lineare Darstellungen möglich. Die Linien beginnen und enden stumpf und erscheinen etwas rauh.

Anfang des 16. Jh. kam die Radierung auf. Dürer und Burgkmair fertigten Eisenradierungen*. Jedoch begann der Aufschwung der Radierung erst mit der barocken Lichtmalerei (Caravaggio). Nach ihrer Verbreitung durch Adam Elsheimer (1578–1610) und Jacques Callot (1592–1635) erreichte sie bei Rembrandt (›Hundertguldenblatt‹,

97 *Radierung:* Giovanni Battista Piranesi, Blatt aus den ›Carceri d'Invenzione‹ (1745), 1760/61 (vgl. Abb. 11, 14, 19)

›Die drei Kreuze‹, ›Faust‹ u. a.) ihren Höhepunkt. Giovanni Battista Piranesi (1720–78) und G. B. Tiepolo (1696–1770) sind für das 18. Jh., Goya (›Desastres de la Guerra‹, ›Tauromaquia‹), Millet (›Landschaften bei Barbizon‹) und Klinger für das 19. Jh. zu nennen.

98 *Radierung:* (Detail) s. Abb. 97

Im 20. Jh. besonders Chagall (Bibel-Illustrationen), Picasso (›Suite Vollard‹ u. a.), Max Ernst (›Maximiliana‹), Dali und Hockney (›A Rake's Progress‹) sowie Horst Janssen.

Rakel. Druckgerät für den Siebdruck* zum Verteilen der Farbe auf dem Sieb. Die Rakel besteht aus einem Brett (etwa in der Breite des Siebdruckrahmens), in das eine Gummi- oder Kunststoffkante eingelassen ist, die über das Sieb gleitet. Im maschinellen Tiefdruck (Rakeltiefdruck*) besteht die Rakel aus einem dünnen Stahllineal, das vom Druckzylinder die überflüssige Farbe abstreift.

Rakeltiefdruck. Industrielles Nachfolgeverfahren der Heliogravüre* ('Kupfertiefdruck', 'Rastertiefdruck'), das aber rotativ mit einem Tiefdruckzylinder (Druckform) arbeitet. Bei der meist üblichen Pigmentpapier-Übertragung wird zunächst nach der Vorlage* ein Halbtonnegativ gefertigt, davon ein Diapositiv (Reproduktionsfotografie*). Auf Pigmentpapier* wird dann ein Kreuzraster kopiert und darauf das Diapositiv. Durch Kopieren des Rasters* zerlegt man das Halbtonbild in gleichgroße quadratische Pünktchen. Nun wird das Pigmentpapier mit dem zerlegten Halbtonbild auf einen Kupferzylinder aufgequetscht und dieser geätzt. Dabei dringt die Säure unterschiedlich tief in die viereckigen Rasteröffnungen ein, sie bildet sog. 'Näpfchen', während der Kreuzraster selbst als 'Stege' erhalten bleibt (vgl. Autotypischer Tiefdruck*). Anstelle des Ätzens werden auch aufwendige Graviermaschinen* eingesetzt, die besonders exakt die Näpfchentiefe zu steuern vermögen, vgl. Scanner*, Seitenmontage*.

In der Tiefdruckmaschine läuft der Druckzylinder in einer Wanne mit dünnflüssiger Farbe. Dabei nehmen die Näpfchen je nach ihrer Tiefe mehr oder weniger Farbe auf. Die überschüssige Farbe, die auf der Oberfläche des Druckzylinders haftet, wird von einem dünnen Stahllineal, der 'Rakel', abgestrichen. Dabei gleitet die Rakel über die Rasterstege, die im Druck aber nicht sichtbar sind, weil die Farbe durch die Saugfähigkeit des Papiers die Näpfchen über-

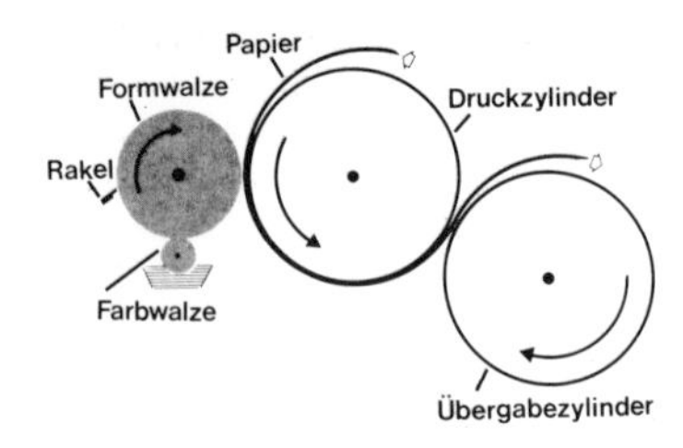

99 *Rakeltiefdruck:* Schema

deckt. Der eigentliche Druck erfolgt durch den 'Presseur', ein mit Gummi beschichteter, elastischer Zylinder, der den Druckbogen gegen den Druckzylinder preßt. Die schwarze Druckfarbe wird gern zu einem satten Braun, Grün oder Blau getönt. Auch Farbendrucke zeigen besondere Plastizität und Sattheit der Farben.

Rotationsmaschinen im Tiefdruck leisten bis 45 000 Zylinderumdrehungen pro Stunde. Tiefdruckzylinder erreichen, sofern sie nach

100 *Rakeltiefdruck:* Tiefdruck-Rotationsmaschine TR 5/190. Druckwerk mit Formzylinder, Rakeleinrichtung und elektronischer Registersteuerung

der Bildübertragung verchromt wurden, Auflagen bis 2 Millionen. Im Rakeltiefdruck werden Halbtonvorlagen auch auf einfacheren Papieren bestmöglich wiedergegeben; er lohnt sich aber nur bei hohen Auflagen (Illustrierte, Werbeprospekte). Dagegen werden feine Schriften durch die Rasterstege zerrissen. Unter der Lupe erkennt man Rakeltiefdrucke am Kreuzraster in den helleren Bildstellen und an den gezackten Schriftkanten.

Die Anfänge des Rakeltiefdrucks liegen am Beginn dieses Jahrhunderts, aber erst nach dem Ersten Weltkrieg setzte seine weitere Verbreitung ein ('Kupfertiefdruck'). Heute wird der Rakeltiefdruck vor allem für Magazine, Werbekataloge, Dekore und Verpackungen eingesetzt. Allein in der Bundesrepublik werden jährlich mehr als eine Milliarde Zeitschriftenexemplare im Tiefdruck hergestellt. Eine Tiefdruck-Rotationsmaschine neuester Bauart druckt z. B. beidseitig und in vier Farben 56seitige Produkte mit 12 Meter/Sekunde Bahngeschwindigkeit, wobei die Papierbahn über 2 Meter breit ist.

Raster. Glasplatten oder Folien mit Punkten oder Linien in regelmäßigen Abständen ('Kreuzraster', 'Linienraster') bzw. mit regelmäßigen ('Backsteinraster') oder unregelmäßigen Flächen ('Kornraster') zur Zerlegung der Tonwerte* von Halbtonvorlagen für den industriellen Druck. Für Autotypien* oder Offsetlithos* werden meist Kreuzraster verwendet, die aus zwei Glasplatten bestehen, in die gleichmäßig und dicht beieinander feine gerade Linien eingraviert sind. Beide Glasplatten sind in einem Winkel von 90° zueinander versetzt, so daß die Linien ein rechtwinkliges Gitter ergeben. Die Dichte des Gitters, also der Abstand der Linien, richtet sich nach der Glätte des zu bedruckenden Papiers. Für groben Zeitungsdruck werden 25–30 Linien je Zentimeter, für glattes Kunstdruckpapier 60–80 Linien benutzt. Ein 60er Raster ergäbe also je Quadratzentimeter 60 x 60 = 3600 Punkte.

Der Reproduktionsfotograf* setzt den Raster in einem bestimmten Abstand zum Aufnahmematerial (Negativfilm) in die Kamera ein. Bei der Aufnahme zerlegt das Rastergitter die Halbtöne der Vorlage in Pünktchen: Die helleren Stellen der Vorlage werfen so viel Licht durch die 'Fenster' des Rasters auf den Film, daß sie das Gittermuster überstrahlen und von diesem nur Reste abgebildet werden. Die dunkleren Stellen der Vorlage dagegen werfen nur wenig Licht durch die 'Fenster': Es bilden sich kleine Punkte auf dem Filmnegativ. Der prozentuale Anteil der geschwärzten Fläche zur gesamten wird als 'Rastertonwert' bezeichnet. Statt der Glasscheiben finden auch Filmraster Verwendung. Filmraster liegen bei der Aufnahme unmittelbar auf der fotografischen Schicht ('Kontaktraster').

Für den Tiefdruck* werden andere Raster verwendet. Sie bestehen aus einer planparallelen Glasscheibe, in die kleine Quadrate gleicher Größe graviert oder geätzt und schwarz eingefärbt sind. Im Gegensatz zum Autotypieraster ist also das 'Gitter' durchsichtig, während die 'Fenster' undurchsichtig sind. Auch sind diese im Verhältnis 3:1 größer als die Linien. Der Tiefdruckraster wird vor der Bildkopie auf das Pigmentpapier* kopiert. Dabei härtet das einfallende Licht die fotografische Schicht nach Art des Rastergitters. Wird nun das Halbtondia kopiert, so sind nur die (vom Raster abgedeckten) 'Fenster' lichtempfindlich (nach Maßgabe der Halbtöne der Vorlage) und entsprechend tief ätzbar.

Rasterätzung.
s. Autotypie

Raubdruck. Nachdruck ohne Zustimmung des Künstlers (Autor) oder des Verlegers. In neuerer Zeit häufig als Reproduktionsdruck oder auch als Protest gegen Kunsthandel und Verlagswesen.

Register. In Büchern ein meist alphabetisch geordnetes Verzeichnis mit Hinweis auf die entsprechende Seitenzahl (Namen-, Sach-, Ortsregister).

Register bezeichnet bei manchen Büchern (Telefon-, Wörterbücher u. a.) auch eine treppenförmige Markierung am Buchschnitt etwa nach dem Alphabet.

In der Druckerei versteht man unter Register ('Druckregister'), daß die Schriftzeilen der Vorderseite mit denen der Rückseite auf gleicher Schriftlinie stehen.

Reglette (frz. règle = Regel, Lineal). Beim Umbruch* verwendete Metallstreifen (Blindmaterial) zum Durchschießen* der Zeilen (vgl. Handsatz).

Reiber. In der Lithografie* messerartiges Holzbrett, um dessen Kante ein Lederstreifen gespannt ist. Der Reiber, dessen Länge der Breite des Lithografiesteins entspricht, drückt in der 'Reiberpresse' den Druckbogen auf den Stein.

Reiberdruck. Handdruckverfahren mittels eines Reiberwerkzeugs ohne Presse. Auf die eingefärbte Hochdruckform wird der Druckträger (Papierbogen) aufgelegt und von der Rückseite mit einem Reiberwerkzeug (Falzbein, Löffel u. a.) stellenweise fortschreitend angerieben. Der Druck erfolgt nur auf eine Seite (vgl. anopistografischer Druck*). Das Verfahren wurde schon vor der Erfindung des Buchdrucks angewendet.

Reichsdrucke. Faksimiledrucke* der Reichsdruckerei (jetzt Bundesanstalt) in Berlin. Diese wurde 1889 im Zusammenhang mit dem Kupferstichkabinett (vgl. Grafische Sammlung*) gegründet mit dem Ziel, Holzschnitte und Kupferstiche in Originalgröße zu reproduzieren.

Reliefdruck (Reliefprägung). Erhabener Prägedruck* mittels Matrize* und Patrize* im Gegensatz zum einfachen Prägedruck*. Der Druck des Materials erfolgt also mit zwei Druckformen gegeneinander: Das Druckmaterial (Papier, Karton etc.) wird von den erhabenen Stellen der Patrize in die vertieften Stellen der Matrize gedrückt. Man unterscheidet 'Blinddruck'* (ohne Farbe) etwa auf Briefbogen und Geschäftskarten, 'Trockenstempel' auf Wertpapieren und 'Weißprägedruck'*.

Remarque-Abdruck (nach frz.: Anmerkung, Bemerkung). Die ersten Abdrucke einer Radierung* (auch der Lithografie*), die am Rand Ätzproben oder Ätzzeichen, auch kleine Randzeichnungen enthalten. Diese werden beim Auflagendruck entfernt. Remarque-Abdrucke werden vom Künstler signiert und sind bei Sammlern sehr begehrt (vgl. Abdruckszustände*).

Remittenden (lat. remittere = zurückgeben). Unverkaufte Exemplare von Büchern, Zeitschriften etc., die an den Verleger zurückgegeben werden. Als Remittenden werden sowohl die meist unter Preis abgegebenen Restauflagen als auch fehlerhafte und angestoßene Exemplare bezeichnet.

Replik (nach frz.: Replique = 'Wiederholung', 'Zweitfassung'). Ungenaue Bezeichnung im Kunsthandel für eine dem Original täuschend ähnliche drucktechnische Kopie. Nach ihrem Erfinder (Günther Dietz, geb. 1919) auch 'Dietz-Replik' genannt, wird diese mittels Farbauszügen* und in einem besonderen Verfahren hergestellt. Gemälde, Aquarelle usw. lassen sich mittels den vom Künstler verwendeten Materialien reproduzieren. Picasso, Max Ernst, Miró und Hundertwasser ließen seit 1964 solche Repliken in limitierter Auflage herstellen.

In einem anderen Verfahren wird die Raster*-Fotografie eines Gemäldes u. a. mit sehr dicker, lackartiger Farbe auf Leinwand gedruckt und das Relief des pastosen Pinselstrichs aufgeprägt (vgl. Öldruck*). Solche Drucke werden vielfach wie Gemälde auf einen Keilrahmen gespannt.

Reprint (engl. = wieder abdrukken). Fotomechanische (Offsetdruck*) oder elektrostatische (Xerografie*) Vervielfältigung eines Druckwerks, meist vergriffener Bücher und Zeitschriften.

Reproduktion. Wiedergabe einer Vorlage bzw. eines Originals durch manuelle Technik (Reproduktionsgrafik*, Holzstich*) oder mittels der Fotografie (Reproduktionsfotografie*, Faksimiledruck*).

Reproduktionsfotografie. Verfahren der Fotografie* zur Herstellung von Negativen und Diapositiven

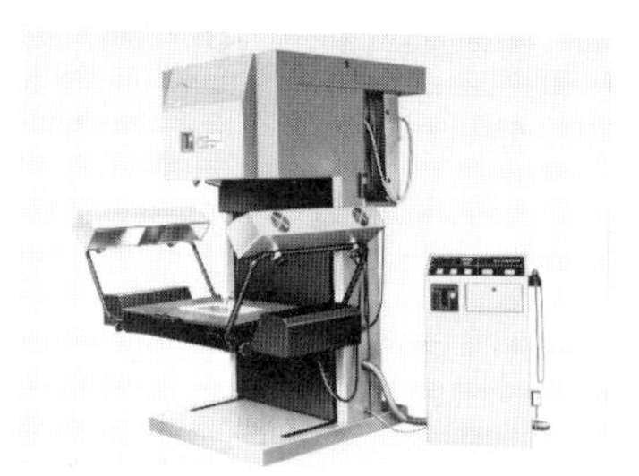

101 *Reproduktionsfotografie:* Klimsch Autovertikal T Super M 4 Zweiraum-Reproduktionsautomat mit Digitalelektronik

nach Vorlagen* mittels einer großformatigen Reproduktionskamera. Reproduktionsfotografie ist Voraussetzung für die industriellen Druckverfahren. Mit Raster* werden von Halbtonvorlagen* Rasternegative für den Hochdruck (vgl. Autotypie*) und Rasterdiapositive für den Flachdruck (Fotolithografie*) gefertigt oder Halbtonnegative bzw. Halbtondiapositive für den Rakeltiefdruck*. Für den Farbendruck fertigt die Reproduktionsfotografie mittels Filter Farbauszüge* an.

Reproduktionsgrafik. Im Gegensatz zur Originalgrafik* die Kopie eines Originals (Gemälde, Zeichnung, grafischer Entwurf). Die Übertragung geschieht heute mittels der Reproduktionsfotografie*. Die Druckplatte wird also nicht vom Künstler angefertigt. Reproduktionsgrafik wurde früher von spezialisierten Stechern ausgeführt und deren Namen mit dem Zusatz ›sculpsit‹* versehen. Bekannte Reproduktionsstecher waren u. a. Marcantonio Raimondi (um 1480 bis 1530) nach Dürer; Hendrik Goltzius (1558–1617) nach Spranger u. a.; Lucas Vorsterman (1581 bis 1675) und Cornelius Galle (1615–78) nach Rubens; Valentine Green (1739–1813) nach Reynolds sowie Richard Earlom (1742–1822) und J. McArdell. Louis Marin Bonnet (1743–93) stach nach Boucher, Jean François Janinet (1752 bis 1814) nach Fragonard. Im 19. Jahrhundert sind Nikolaus Barthelmes (1829–89) – er stach nach Defregger u. a. –; Georg Jacob Felsing (1802–83) nach del Sarto, Correggio, Leonardo; Joh. August Eduard Mandel (1810–82) nach Tizian etc. zu nennen.

Reprografie. Zusammenfassende Bezeichnung für kopierende fotografische Vervielfältigungen von Vorlagen (Fotokopie*, Lichtpause* u. a.).

Reservage.
s. Aussprengverfahren

Retroussage (nach frz.: retrousser = wieder hochheben). Erzeugung von Plattenton* durch Einwirkung von Hitze (Wedeln mit einem heißen Lappen) auf die eingefärbte und abgewischte Druckplatte.

Retusche. Korrektur an Vorlagen ('Positivretusche') bzw. Negativen ('Negativretusche') mittels Abdeckfarbe, Mattlack, Bleistift etc. Retuschiert werden vor allem solche Vorlagen, an deren Wiedergabe hohe Anforderungen gestellt werden (Werbefotos). Der Retuscheur kann durch Bemalen oder Schablonieren Einzelheiten im Bild hervorheben oder weglassen. Elektronische Retusche ergibt sich bei Scannern* und bei elektronischer Seitenmontage*.

Rollenoffset. Rotatives Flachdruckverfahren, bei dem im Gegensatz zum Bogenoffset (s. Offset*) auf eine durchgehende Papierbahn gedruckt wird. Diese durchläuft nacheinander das Einzugwerk und die einzelnen Druckwerke. In einem Trockenofen werden die bei gestrichenen Papieren noch feuchten Druckfarben angetrocknet. Nach

102 *Rollenoffset:* M.A.N.-Roland Rollenoffsetmaschine ROTOMAN für Mehrfarbendruck auf gestrichenen Papieren. Die Papierbahn durchläuft horizontal vier Gummi- gegen Gummi-Druckwerke, Heißlufttrockner, Kühlwerk und Falzwerk

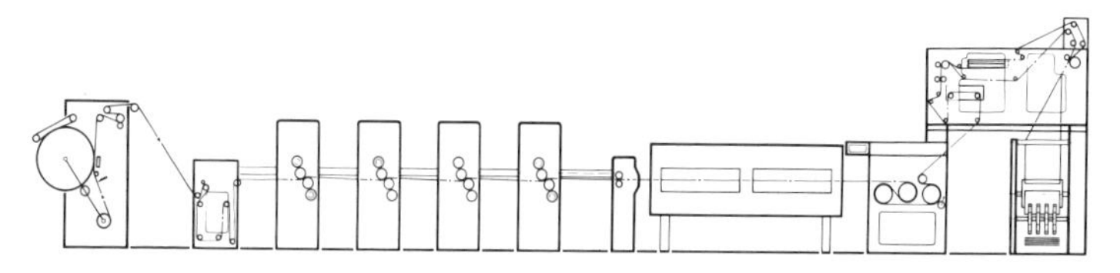

Passieren der Kühlwalzen erfolgen Schneiden, Falzen, evtl. Heftung und Auslage.

Für den Einfarbendruck* – etwa für Taschenbücher – genügt bei gleichzeitigem Schön-* und Widerdruck* ein Druckwerk. Bei Hintereinanderschaltung von z. B. vier Druckwerken können beidseitige Vierfarbendrucke erreicht werden. Elektronische Steuersysteme sorgen für konstante Bahnspannung, Registerhalten, Paßgenauigkeit u. a. (vgl. Farbendruck*). Rollenoffsetmaschinen werden für hohe Auflagen eingesetzt, u. a. für Werbedrucksachen und Zeitungsdruck*.

Rotaprint.
s. Kleinoffset

Rotationsdruck (rotativer Druck, von lat. rota = Rad). Industrielles Druckverfahren, das auf dem Prinzip der Rotation beruht. Die Druckform ist zylindrisch und druckt gegen einen ebenfalls zylindrischen Gegendruckkörper. Die Kraft wird bei Rotationsmaschinen vom Hauptmotor auf die 'Längswelle' übertragen, von dort über 'Vertikalwellen' auf die Druckwerke und den Falzapparat. Rotationsmaschinen werden für Hoch-, Flach- und Tiefdruck eingesetzt. 'Bogen-Rotationsmaschinen' bedrucken einzelne Papierbogen, während bei 'Rollen-Rotationsmaschinen' das Papier als endlose Bahn ('Strang') verarbeitet wird. Bei modernen Rotationsmaschinen durchläuft der Papierstrang mehrere Druckwerke, wobei jedes von ihnen aus dem 'Form'- oder 'Plattenzylinder', dem dazugehörenden Farbwerk und dem Druckzylinder besteht. Für den Zeitungsdruck im

Hochdruck liefert die Stereotypie* halbrundgegossene Druckplatten ('Stereoplatten'), die auf dem Plattenzylinder eingespannt werden.

Beim Einfarbendruck wird mit dem ersten Druckwerk der 'Schöndruck', d. h. die 'erste' Papierseite, dann mit dem zweiten, unmittelbar dahinterliegenden Druckwerk der 'Widerdruck', d. h. die andere, 'zweite' Seite, gedruckt. Beim Mehrfarbendruck durchläuft die

103 *Rotationsdruck:* Einhängen einer Stereoplatte auf einem Plattenzylinder mit Innenverschluß (Modell Albert-Hochdruck-Rotation Albert F)

104 *Rotationsdruck:* Hochdruckrotationsmaschine für Zeitungsdruck mit Papierrollenlagerung im Kellergeschoß (Fa. M.A.N.)

Papierbahn für jede Farbe ein gesondertes Druckwerk, wodurch die Maschinen gigantische Ausmaße erreichen. Am Schluß des Druckvorganges werden die Papierbahnen geschnitten und dem Falzapparat zugeführt (vgl. Falzen*). Der Falzapparat verarbeitet die ankommenden Papierbahnen, schneidet, heftet oder klebt und legt die fertigen Exemplare mit dem 'Schaufelrad' aus.

Die erste Rotationsmaschine wurde 1863 in New York von Bullock gebaut. Auf der Wiener Weltausstellung 1873 konnte man die erste deutsche Rotationsmaschine sehen. Eine moderne Rotationsmaschine schafft bis zu 40000 Zylinderumdrehungen in der Stunde (vgl. Zeitungsdruck*).

Roulette. Werkzeug für den manuellen Tiefdruck, besonders für die Punktier*- und die Crayonmanier*. In der Haltegabel eines Handgriffs läuft ein Rädchen, das auf seiner Lauffläche Spitzen und Einkerbungen besitzt, die sich in die Metallplatte eingraben.

Sandpapier-Verfahren. Aquatinta*-Technik; auf die mit Ätzgrund versehene Kupferplatte wird ein Bogen Sandpapier gepreßt. Die Sandkörnchen durchbohren den Ätzgrund und legen das Metall punktweise frei.

Satz.
s. Schriftsatz

Satzbild. Gestaltung eines Druckerzeugnisses mittels der Schrift (vgl. Typografie*, Satzspiegel*).

Satzspiegel. Die vom Druck (Text, Abbildung) eingenommene Fläche einer Buchseite o. a. ('Kolumne'), ausschließlich der Seitenzahl ('Kolumnenziffer'), der 'Norm' (Kennzeichnung auf dem unteren Rand der ersten Seite eines Druckbogens) und der 'Marginalien' (Randbemerkungen). Für den Umbruch* in der 'Mettage' oder in der Montage* ist der Satzspiegel die Grundlage; er steht in einem ästhetisch ansprechenden Verhältnis zur Buchseite (vgl. Typografie*). Dazu gehört auch die blockweise Anordnung des Textes mit gleichen Zeilenlängen. Zeilen unterschiedlicher Länge (sie schließen meist links ab) werden als 'Flattersatz' bezeichnet (vgl. Layout*).

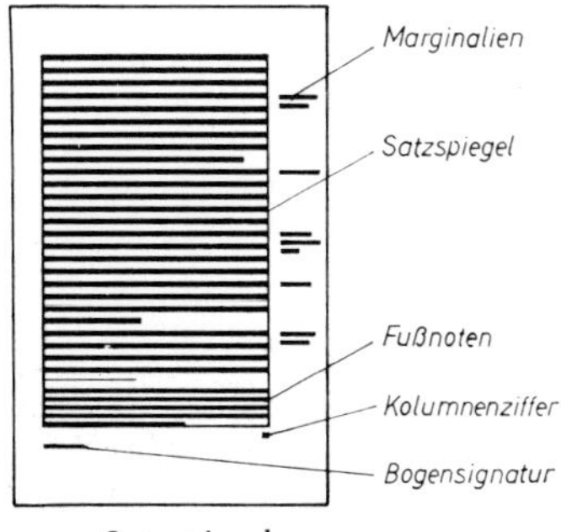

105 *Satzspiegel*

Scanner (engl. to scan = abtasten). Anlagen zur elektronischen Farbauszug*-Herstellung für alle Druckverfahren. Im Gegensatz zur fotomechanischen Reproduktion*, bei der die gesamte Bildfläche gleichzeitig belichtet wird, erfolgt mit dem Scanner eine bildpunktweise Abtastung und Reproduktion.

Die auf der Abtastwalze montierte Vorlage* wird durch flackerfreies Licht (Halogen) beleuchtet und punkt- und linienmäßig mit der Drehung der Walze abgetastet. Die Abtastoptik zerlegt den jeweiligen Lichtstrahl in vier Teilstrahlen. Diese passieren Farbfilter für den Cyan-, Magenta- und Gelbauszug, ein weiterer Teilstrahl dient als Umfeldsignal zur Detailkontraststeigerung. Die Teilstrahlen werden in analoge elektrische Signale umgesetzt und im Farbrechner verarbeitet. Regler erlauben elektronische Retusche*, wobei das zu erwartende Resultat auf einem Farbmonitor visualisiert wird: Selektive Farbkorrektur durch Maskierung – etwa bei Hauttönen, Tonwert*-Korrekturen für Lichter*- und Tiefenzeichnung, Farbrücknahme zur Vermeidung von Farbübersättigung im neutralen Schwarz, Detailkontrast – etwa bei Modefotos im Gegensatz von Hauttönen und Stofftexturen usw.

Die so korrigierten Daten werden gespeichert und an eine Schreiboptik weitergegeben. Durch sie wird der auf der Schreibwalze festgesaugte Film als Farbauszug mit Laserstrahl belichtet. Für Rasterbilder werden entsprechende, auf Disketten gespeicherte Programme zwischengeschaltet.

Farbscanner werden für Aufzeichnungsformate bis zu 128 x 112 cm gebaut. Die Aufzeichnungsgeschwindigkeit beträgt nur 10 Sec./cm für Halbton- und 20 Sec./cm

1 Abtastlampe
2 Farb-Optik-System
3 Abtastwalze
4 Schreibkopf
5 Schreibwalze
6 Farbrechner für Farbkorrekturen
7 Gehäuse für Farbrechner, Maßstabsrechner und Maschinenfunktion
8 Tastaturen für Maschinenfunktionen und Maßstabseingabe

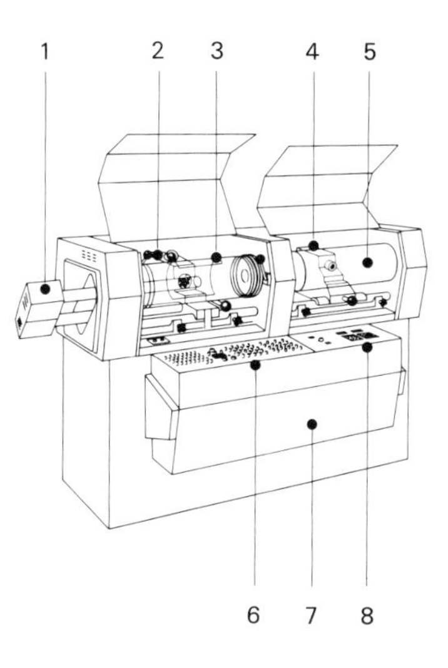

106 *Scanner:* Chromagraph 299 L der Firma Hell, Kompakt-Farbscanner für die Herstellung von korrigierten Farb-Lithos mit Laser-Belichtungseinheit
a Schema b Ansicht

für gerasterten Film. Ein Farbauszug im Format DIN A 4 ist folglich in 3,5 Min. (Halbton) bzw. 7 Min. (Raster) belichtet. In Europa werden bereits 60% aller Farbauszüge elektronisch hergestellt. Für die elektronische Seitenmontage* werden entsprechende Zusatzgeräte angeschlossen.

Schabetechnik. Lithografisches Verfahren* (Flachdruck*) zur Erzielung von Halbtönen (vgl. Schabkunst*). Dazu wird der gekörnte Stein zunächst mit Lithotusche eingefärbt. Dann werden diejenigen Stellen des Grundes weggeschabt, die im Druck hell bleiben sollen; solche, die Halbtöne ergeben sollen, werden aufgerauht. Die Schabetechnik kann aber auch zur Schonung des Steins auf Umdruckpapier* erfolgen, wobei die Zeichnung seitenrichtig aufgebracht wird.

Schabkunst (Mezzotinto). Manuelles Tiefdruckverfahren zur Erzielung weicher, abgestufter Halbtonflächen (vgl. Aquatinta*, Heliogravüre*). Dazu wird die Kupferplatte zunächst mit dem Wiegestahl* auf ihrer gesamten Oberfläche gleichmäßig aufgerauht. Die Darstellung wird danach mit einem Schaber oder Polierstab je nach den gewünschten Tonwerten herausgearbeitet. Da die Druckfarbe nur an den gerauhten Stellen haftet, erreicht stärkeres Schaben hellere Töne. Das Mezzotintoverfahren wurde 1642 von Ludwig von Siegen erfunden und besonders im 17. und 18. Jh. in England gepflegt ('Englische Manier'; vgl.

107 *Schabkunst:* (Detail) s. Abb. 108

Schabetechnik*), neuerdings von Peter Nagel (geb. 1941) und Alfred Hrdlicka (geb. 1928).

Schablone. Platte aus Blech, Kunststoff etc., aus der eine bestimmte Form (Buchstabe u. a.) ausgeschnitten wurde. Durch Nachzeichnen der ausgeschnittenen Form oder durch Überwalzen mit Farbe läßt sich die Form vervielfältigen (vgl. Handkolorit*). Als Schablone bezeichnet man auch die Druckform im Siebdruck*, bei der an den druckenden Stellen Teile des Gewebes freiliegen, so daß die Druckfarbe durch die Maschen gedrückt werden kann.

Schablonendruck. Vervielfältigungsverfahren, bei dem eine Schablone aus Seidenpapier verwendet wird, das mit einer farbundurch-

108 *Schabkunst:* Valentine Green, Emily Mary, Countess of Salisbury (nach Reynolds), um 1780

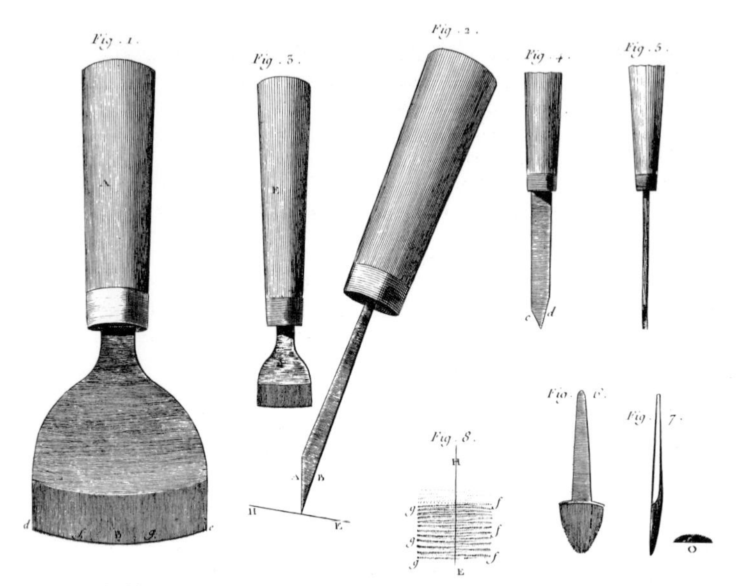

109 *Schabkunst:* Wiegemesser, Polierstahl, Orientierungsmesser, Abdruck

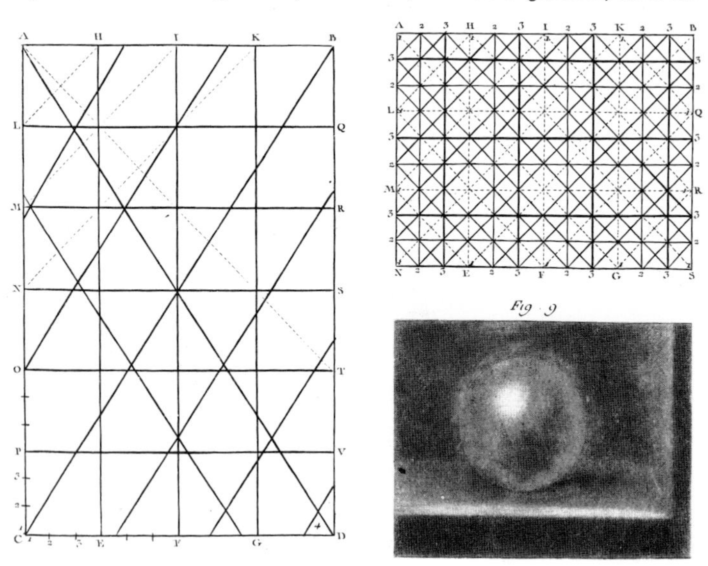

lässigen Schicht versehen ist (früher Wachs). In diese Schablone oder Matrize werden mit der Schreibmaschine durch Beschreiben ohne Farbband die Drucktypen eingestanzt. Die Matrize kann aber auch mit Radiernadel oder Kugelschreiber bezeichnet werden. Beim Druck wird Farbe durch die Schablone auf das Papier gepreßt.

Schattierung. Im Buchdruck das Einpressen der Druckform in den Druckträger, so daß sich auf der Rückseite ein Relief bildet. In den zeichnerischen Techniken die Angabe von Halbtönen und Schatten mit Hilfe von Schraffuren*.

Schiff. Beim Bleisatz verwendete Metallplatte, die dreiseitig von ca. 12 mm hohen Stahlleisten umgeben ist. Auf dem Schiff werden die Zeilen des Schriftsatzes* zu einer 'Spalte'* von ca. 40 cm Länge gesammelt. Die Spalte wird mit Bindfaden umwickelt ('ausgebunden') und von ihr ein Fahnenabzug* gemacht (vgl. Handsatz*, Setzmaschine*).

Schließrahmen. Im Hochdruck* verwendeter eiserner Rahmen, in den die Druckform mittels sog. 'Schließzeuge' eingespannt ('geschlossen') wird.

Schmitz. Fehler im Buchdruck; er macht sich als verschwommene, unscharfe Kontur bemerkbar.

Schnelldrucker. Gerät zur Wiedergabe von Schrift bei Computern (vgl. Computergrafik*). Das Schriftbild wird nach Art des Schreibsatzes* gedruckt; anstelle des Schnelldruckers (engl. 'Plotter') kann auch ein Mikrofilmgerät angeschlossen werden.

Schnellhase. Scherzhafte Bezeichnung für einen schnell arbeitenden Setzer (vgl. Handsatz*).

Schnellpresse. Druckmaschine für den Hochdruck. Die Schnellpresse –

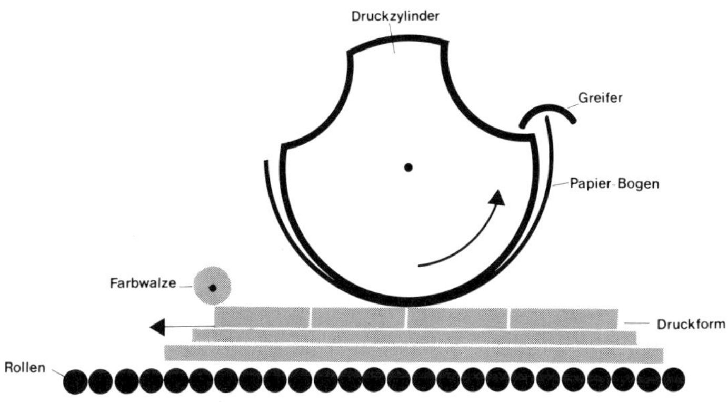

110 *Schnellpresse:* Schema

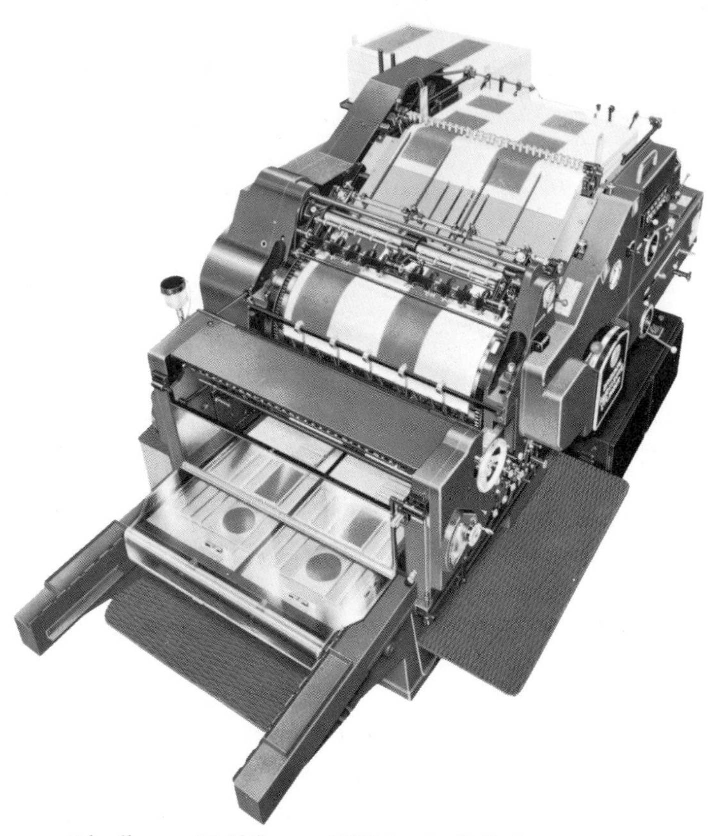

111 *Schnellpresse:* Heidelberger OHZ 64 x 89 (Zylinderpresse)

1812 von Friedrich Koenig erfunden – arbeitet mit ebener, flacher Druckform und einem drehbaren Druckzylinder. Der Druck erfolgt also nicht (wie bei Hand- und Tiegeldruckpressen) auf die ganze Fläche der Druckform gleichzeitig, sondern stufenweise fortschreitend in Drehrichtung des Druckzylinders. Der Druckbogen wird auf dem Auflagetisch ausgerichtet, die Greifer am Druckzylinder erfassen den Druckbogen und führen ihn zum Druckvorgang. In der Zwischenzeit haben die Auftragswalzen des Farbwerks die Druckform eingefärbt, und der mitgeführte Druckbogen auf dem Druckzylinder rollt über die Druckform. Der bedruckte Bogen wird anschließend 'ausgelegt' bzw. 'abgestapelt'. Das Druckfundament ('Karren') läuft in Abhängigkeit zum Druckzylinder hin und her. Die Schnellpresse ist mit einigen Varianten der heute meist verbreitete Maschinentyp im Buchdruck.

Schnittschablone.
s. Siebdruckschablone

112 *Schnellpresse:* Firma Koenig & Bauer ›Condor‹

Schöndruck. Bedrucken der ersten Seite des Druckträgers im Gegensatz zum Widerdruck* (Gegendruck).

Schraffur (Schraffierung). Zeichnerische Technik, um Schattierungen durch Vortäuschen von Halbtönen darzustellen. Dazu werden zahlreiche, meist gerade Linien parallel nebeneinandergezeichnet oder graviert (Horizontal-, Vertikal-, Diagonalschraffur). Seit dem späten 15. Jahrhundert finden sich Über-

113 Schraffur

kreuzungen von Parallelschraffuren ('Kreuzschraffur'). Besonders im Kupferstich* wurden vielfältige Schraffierungssysteme angewendet u. a. durch mehrfaches Überkreuzen, auch durch geschwungene Linien, Häkchen und Punkte.

Schreibmaschinensatz. Mit der Schreibmaschine erzeugter Schriftsatz auf Papier oder Folie unter Verwendung von Einmal-Kohle-Band. Durch den starren Transportschritt der Schreibmaschine besitzen alle Buchstaben die gleichen Schriftweiten (Dickten*), unabhängig ob der Buchstabe schmal (i) oder breit (m) ist. Nur bei wenigen Schreibmaschinen lassen sich die 'Schreibköpfe' auswechseln, um andere Schriftsätze (zwei Größen) darzustellen. Schriftsätze, die mit Schreibmaschinen hergestellt wurden, haben ein unruhiges (unausgeglichenes) Schriftbild. Auch ist ein ausgeschlossener Zeilenfall ('Blocksatz') nicht möglich (vgl. Schriftsatz*).

Schreibsatz. Verfeinerte Möglichkeit, einen Schriftsatz auf Schreibmaschinen zu erzeugen. Die Schriftweiten sind nicht starr, sondern sind in fünf Einheiten (Setzmaschine: 18 Einheiten) aufgeteilt. Ein ›I‹ z. B. nimmt weniger Platz in Anspruch als ein ›M‹. Das Schriftbild wird dadurch ausgeglichener. Durch Auswechseln der Schreibköpfe ist es möglich, mehrere Schriftarten und Schriftgrößen darzustellen. Bei Direkteingabe leistet der Schreibsatz bis zu 12000 Zeichen in der Stunde, bei Magnetbandeingabe bis zu 30000.

Um einen Randausgleich ('Blocksatz') zu erzeugen, muß jede Zeile ein zweites Mal geschrieben werden. Der Differenzwert aus der ersten Zeile zur gewünschten Zeilenbreite wird beim erneuten Schreiben jeweils automatisch bei den Wortzwischenräumen berücksichtigt. Der Schreibsatz hat seine Bedeutung bei der Herstellung von Dissertationen, von Geschäftsberichten großer Firmen, und bei den Behörden. Die erstellten Schriftsätze werden im Kleinoffsetdruck* vervielfältigt.

Schrift. 1. Im allgemeinen versteht man unter Schrift solche Zeichen, die eine sprachliche Mitteilung vom Akustischen in das Visuelle umsetzen und diese Mitteilung dadurch unmittelbar lesbar und meist dauernd verfügbar machen.

Als 'Ideenschrift' wird die Darstellung eines Sachverhalts ohne Bindung an eine bestimmte sprachliche Form bezeichnet. Dazu zählen Felszeichnungen (Piktoglyphen) und Bilderschriften (Piktografien). Sog. 'Satzschriften' ordnen jedem Zeichen einen bestimmten Satz zu, 'Wortschriften' jedem Zeichen ein Wort. Über die Darstellung einsilbiger Wörter gelangte man zur 'Silbenschrift'. 'Lautschriften' isolieren das Zeichen von der Sache, so daß die gleichen Zeichen zur Darstellung verschiedener Sachverhalte benutzt werden können.

Die Besonderheit des Schreibmaterials beeinflußte die Entwicklung auch der Schrift, z. B. die Pinselschrift in China und die sumerisch-akkadische Keilschrift auf Tontafeln. Dagegen blieb die altägyptische Schrift und die der Mayas eine Bilderschrift. Aus den Hieroglyphen entwickelte sich die meroïtische 'Buchstabenschrift', die ausschließlich Konsonanten darstellte. Aus ihr gingen die aramäische Schrift (Vorläuferin u. a. der arabischen Schriften), die kanaanitische (Vorläuferin der hebräischen) und die phönikische Schrift hervor. Letztere bildete die Grundlage der griechischen Schrift, die über die Schriftzeichen der Etrusker und der italischen Schriften zur lateinischen Schrift führte. Seit dem Mittelalter prägt – bedingt durch die Kirchen – die lateinische Schrift Westeuropa, die kyrillische Osteuropa.

Die lateinische Schrift der römischen Kaiserzeit unterschied eine Inschriftenform ('Scriptura monumentalis') aus Großbuchstaben ('Capitalis quadrata') und eine Schreibschrift ('Römische Kursive'). Bei Buchhandschriften wurde die 'Capitalis rustica' verwendet, seit dem 3.–4. Jh. die gerundetere 'Unziale'. Die karolingische Schriftreform um 780 führte eine Kleinbuchstabenschrift ('karolingische Minuskel') ein, die nach ihrer Wiederaufnahme zur Zeit der Renaissance bis heute zum Bestand lateinischer Schriften zählt. Während des Mittelalters hatten sich 'gebrochene Schriften' aus der römischen Kursive entwickelt ('gotische Kursive', 'Fraktur'). Auf die mittelalterlichen Kursivschriften gehen ebenso die 'deutsche Schreibschrift' ('Kurrent', 'Sütterlin') wie auch die 'lateinische Schreibschrift' zurück. 1941

Fraktur

Bodoni

Garamond

Bembo

Egyptienne

Helvetica

wurde die (lateinische) 'Deutsche Normalschrift' eingeführt.

Im Buchdruck* setzten sich einerseits die 'gebrochenen' Schriften 'Fraktur' und 'Schwabacher', andererseits die Renaissance-Schriften 'Antiqua' und 'humanistische Kursive' durch. 'Bastard'-Schriften heißen Mischformen zwischen 'runden' und 'gebrochenen' Schriften.

Von Schriftkünstlern der verschiedenen Epochen wurden seitdem Schriften gestaltet. Initialen schufen u. a. Hans Holbein d. J. und Urs Graf, neue 'Schriftfamilien' u. a. Claude Garamond (1480 bis 1561) mit seiner 'Grec du Roi', Hieronimus Andreae (gest. 1556) schnitt nach Johann Neudörffer (1497–1563) die wohl auf Kaiser Maximilian zurückgehende 'Fraktur', 1692 entstand, im Auftrag Ludwigs XIV. die 'Romain du Roi', Giambattista Bodoni (1740 bis 1813) erfand die klassizistisch-strenge 'Bodoni'. William Morris (1834–1896) in England und Rudolf Koch (1876–1934) in Deutschland gaben in ihrer Zeit der Schriftkunst neue Impulse.

2. Gesamtheit der Lettern* (Drucktypen) von gleichem Schriftbild und gleicher Größe (vgl. Schriftgrad*). Der 'Schriftschnitt' unterscheidet die Schrift gleichen Schriftbildes nach 'mager', 'halbfett', 'fett' u. a.

3. Kleinere Veröffentlichung in Form einer Broschüre oder eines Buches*.

Schriftgrad. Druckschriften werden nach der Größe ihres Kegels bezeichnet (s. Letter*). Die Schriftgrade sind genormt, mit Namen

INCIPIT LEGENDA YPERMIS

GRECE WHYLOM WEREN brethren two,
Of whiche that oon was called Danao,
That many a sone hath of his body wonne,
As swiche false lovers ofte conne.
Among his sones alle ther was oon
That aldermost he lovede of everichoon.
And whan this child was born, this Danao
Shoop him a name, and called him Lino.
That other brother called was Egiste,
That was of love as fals as ever him liste,
And many a doghter gat he in his lyve;
Of which he gat upon his righte wyve
A doghter dere, and dide her for to calle
Ypermistra, yongest of hem alle;
The whiche child, of her nativitee,

114 *Schrift:* William Morris, Incipit zu Chaucer, ›Golden Legend‹ (vgl. Typografie)

versehen und werden in typografischen Punkten* (p) gemessen:

1 p = Achtelpetit = 0,376 mm
2 p = Viertelpetit = 0,752 mm
3 p = Brillant = 1,128 mm
4 p = Diamant = 1,504 mm
5 p = Perl = 1,880 mm
6 p = Nonpareille = 2,256 mm
7 p = Colonel = 2,632 mm
8 p = Petit = 3,008 mm
9 p = Borgis = 3,384 mm
10 p = Korpus (Garmond) = 3,761 mm
12 p = Cicero = 4,513 mm
14 p = Mittel = 5,265 mm
16 p = Tertia = 6,017 mm
18 p = 1½ Cicero = 6,769 mm
20 p = Text = 7,521 mm

24 p = Doppelcicero = 9,025 mm
28 p = Doppelmittel = 10,530 mm
32 p = Doppeltertia
(Kleine Kanon)
= 12,034 mm
36 p = Kanon (3 Cicero)
= 13,538 mm
42 p = Grobe Kanon = 15,795 mm
48 p = Kleine Missal (4 Cicero)
= 18,051 mm
54 p = Missal = 20,307 mm
60 p = Grobe Missal (5 Cicero)
= 22,564 mm
72 p = Kleine Sabon (6 Cicero)
= 27,077 mm
84 p = Grobe Sabon (7 Cicero)
= 31,589 mm
96 p = 8 Cicero = 36,102 mm

Beispiele von Schriftgrößen

6p = Nonpareille
8p = Petit
10p = Korpus (Garamond)
12p = Cicero
16p = Tertia

Die Bezeichnungen für Schriften über 20 p werden nicht einheitlich gebraucht. Große Schriften ('Plakatschriften') werden meist aus Holz oder Kunststoff gefertigt. Bei der Blei-Setzmaschine* besteht die Möglichkeit, eine kleinere Schrift auf einen größeren Kegel zu gießen (z. B. eine 9 p Borgis auf einen 12-p-Kegel). Im Fotosatz* kann mit einer Matrizengröße auf mehrere Schriftgrade vergrößert werden. Auch der Lichtsatz* kann Schriftgrade variieren. Die Namen der Schriftgrade sind historischen Ursprungs, z. B. 'Cicero'* nach der Lettergröße einer Cicero-Ausgabe, 'Text' nach dem üblichen Schriftgrad der Bibeltexte.

Schriftkasten. Stempelförmiges Gerät für die Handvergoldung* mit einer Einspannvorrichtung, in der jeweils eine Zeile Schrift (Lettern*) befestigt wird.

Schriftsatz. Für den Druck von Texten wird aus einzelnen Zeilen der Schriftsatz zusammengestellt. Die Zeilen werden im Handsatz* aus einzelnen Lettern* (Buchstaben) 'gesetzt', im Maschinensatz aus einzelnen Matrizen. Im Fotosatz* oder im Lichtsatz* ist es auch möglich, einen zusammenhängenden 'kompletten' Schriftsatz zu erzeugen. Vom Schriftsatz, der aus Handsatz- oder aus Maschinensatzzeilen gefertigt wird, kann im Buchdruck sofort gedruckt werden. Die Herstellung eines Schriftsatzes aus Lettern und Zeilen geschieht im 'Umbruch'*. Fotosetzmaschinen liefern einen Schriftsatz auf Fotopapier oder Film; seine Weiterverarbeitung wird als Montage* bezeichnet.

Um diesen Schriftsatz drucken zu können, ist es erforderlich, die Montage auf die entsprechende Druckplatte zu kopieren. Alle Größenangaben beim Schriftsatz beruhen auf der Maßeinheit 'Cicero'*.

Man unterscheidet bei der Zeilenbildung den 'geschlossenen Zeilenfall' (Blocksatz) vom Zeilenfall unterschiedlicher Länge ('Flattersatz').

Duplikate von Hand- oder Maschinensatz werden durch Prägen und anschließendes Ausgießen der Mater mit Blei in der Stereotypie* angefertigt. Duplikate von Fotosatz-Montagen können durch fotografische Kopie hergestellt werden.

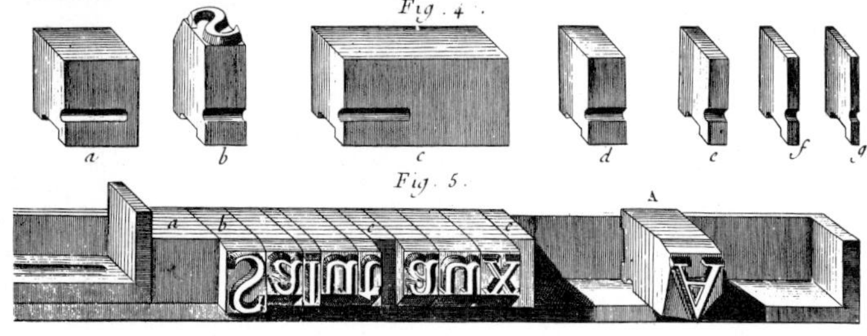

115 *Schriftsatz:* Handsatz mit Winkelhaken (Fig. 1), Ausheben des Winkelhakens in das Satzschiff (Fig. 2), Ausrichten der Lettern und der Druckform (frühe Methode, Fig. 3), Letter und Ausschlußstücke verschiedener Dickten (Fig. 4), Ausschließen der Zeile im Winkelhaken (Fig. 5), ausgeschlossener Schriftsatz (Fig. 6)

116 *Schriftsatz:* Druckform-Vorbereitungsabteilung mit Andruckpresse und Schließrahmen (Vordergrund)

Schrotschnitt. Hochdruck-Variante des Kupferstichs (Metallschnitt*). Der Schrotschnitt wurde häufig angewendet, um flächige Darstellungen (Hintergründe u. a.) aufzuhellen. Dazu wurden punktförmige, ornamentierte u. a. Punzen* in eine Metallplatte (Kupfer u. a.) geschlagen, wodurch verschiedene Muster erzeugt werden konnten. Die Zeichnung steht dann in weißen Punkten auf Schwarz. 'Schrotblätter', die Drucke des Schrotschnitts, waren Ende des 15. Jahrhunderts und im 16. Jahrhundert besonders in der Buchillustration verbreitet. Sie finden sich als Sonderform des Metallschnitts* vor allem im Kölnischen Bereich um 1450–80 (Meister mit dem Kölner Wappen, Meister der Kirchenväterbordüre).

117 *Schrotschnitt:* Werkstatt des Meisters mit dem Kölner Wappen, Die hl. Katharina, um 1480

Schummerung. In der Kartografie*

Angabe von Terrainunterschieden durch Kreidestriche.

Schusterjunge. In der Setzersprache* die letzte Zeile einer Kolumne* (Seite), wenn diese Zeile mit einem Einzug beginnt und die erste Zeile eines neuen Absatzes ist. Dieser Umbruchfehler findet sein Gegenstück im 'Hurenkind'*.

Schutzumschlag. Papier- oder Plastikfolien-Umschlag um ein gebundenes Buch. Der meist grafisch gestaltete Schutzumschlag (vgl. Gebrauchsgrafik*) schützt den verlagsneuen Einband, hat aber in erster Linie Werbefunktion. Auf dem breiten 'Einschlag' ('Klappe'), der um die Vorderkanten des Buchdeckels gelegt ist, befindet sich der 'Klappentext' mit einer werbemäßigen Inhaltsangabe sowie Ankündigungen des Verlags.

Schwarze Kunst. Bezeichnung für den Buchdruck seit der Zeit Gutenbergs mit dem Doppelsinn des Arbeitens mit Druckerschwärze und der als geheimnisvoll erachteten Kunst des Druckens (vgl. Weiße Kunst*).

Schweizerdegen. Ältere Bezeichnung für einen Gesellen, der setzen und drucken konnte. Ihm war das Tragen eines langen, nach Schweizerischer Art zweischneidigen Degens erlaubt.

Scotch Print (engl. = Schottischer Druck). Kostensparendes Übertragungsverfahren (Umdruck) auf kreidebeschichtete Polyesterfolie zur Herstellung von reproduktionsfähigen Vorlagen für den Offset-* und Tiefdruck* (vgl. Barytabzug*). Von Lettern* oder Klischees* (Buchdruck*) wird ein Abdruck auf diesem speziellen, die Farbe gut annehmenden Druckträger angefertigt.

sculpsit (sc., sculps., lat. = 'hat gestochen'). Bezeichnung für den Stecher bei Reproduktionsgrafik*.

Seidenschablonendruck. Siebdruckverfahren* der Textilbranche unter Verwendung einer Seidengaze als Sieb (Schablone*).

Seitenmontage. Neben der manuellen Montage* von Litho-Filmen wird zunehmend die elektronische Seitenmontage eingesetzt. Dazu werden Scanner* mit Rechner, Plattenspeicher, Datensichtstation, Digitizer u. a. versehen.

Zunächst wird jede einzelne Vorlage mit entsprechender Farbkorrektur und Maßstabseingabe 'gescannt', die korrigierten Analogsignale werden digitalisiert und in einem Pufferspeicher festgehalten (Datenerfassung). Die eigentliche Seitenmontage (Datenverarbeitung) geschieht nun mit Hilfe eines Digitizers, einem pultartigen Farbmonitor. Auf diesem kann mittels eines beweglichen Fadenkreuzes (oder eines Digitizerstifts) das Layout als Strichzeichnung aufgebracht werden. Die auf der Seite zu montierenden Teilbilder werden nun einzeln vom Pufferspeicher abgerufen, auf einem Datensichtgerät kontrolliert, vom Digitizerstift in die gewünschte Position geschoben und wie mit einem Retuschepinsel be-

118a *Elektronische Seitenmontage:* Chromacon-System der Firma Hell, v.l.n.r.: Rechnerschrank, Plattenlaufwerke für System- und Bilddaten, Floppy-Eingabe und Datensichtstation, Farbmonitor mit Bildspeichereinheit und Funktionstastatur, Digitizertableau

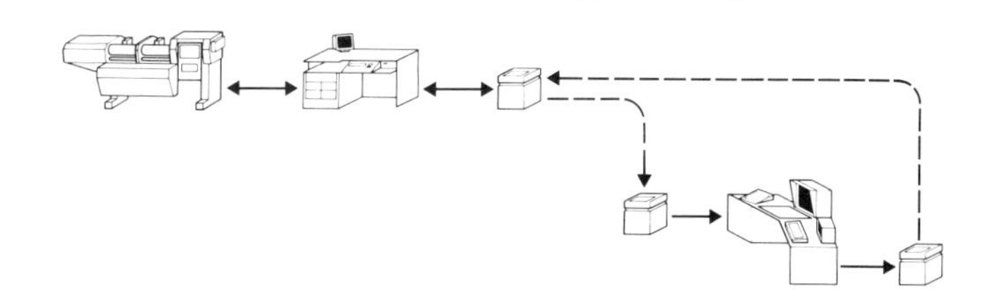

118b Schema: v.l.: Scanner, Prozeßrechner mit Datensichtgerät, Plattenlaufwerke mit Magnetplattenstapel, Combiskop-Arbeitsplatz für Seitenmontage

handelt. Die Bilder können beschnitten, umrandet, freigestellt, überblendet und anders eingefärbt werden, zusätzlich kann man auch Texte und Schlagzeilen einblenden. Alle Möglichkeiten elektronischer Manipulation sind möglich, ohne daß irgendwelche Zwischenmaterialien nötig wären, denn die Montage ist 'immateriell'.

Erst wenn die Seitenmontage ein befriedigendes Ergebnis zeigt, erfolgt ihre Verschmelzung mit den Scannerdaten – als nun korrigierter Datenbestand auf einem weiteren Magnetplattenstapel. Von ihm geht dann die Datenausgabe über den Steuerrechner zur Aufzeichnung der Endseiten-Farbauszüge. Diese werden z. B. für den Offsetdruck* im Schreibteil des Scanners belichtet. Für den Rakeltiefdruck* kann die Datenausgabe an die Graviermaschine* angeschlossen werden.

Serigrafie. Abdruck des Siebdrucks*

Setzersprache. In der Setzerei haben sich im Laufe der Zeit mehrere z. T. scherzhaft gebrauchte Bezeichnungen für Schriftsatz*-Fehler herausgebildet, z. B. bezeichnet 'Fisch' eine im falschen Fach des Setzkastens liegende Letter*, 'Zwiebelfische' dagegen durcheinanderliegende Drucktypen* verschiedener Schriftgrade* und Schriften*. 'Hochzeit' meint ein versehentlich doppelt gesetztes Wort, 'Leiche' ein fehlendes. Als 'Jungfrau' gilt eine Spalte* ohne Fehler, als 'Witwe' die letzte Zeile eines Absatzes, wenn diese Zeile nur aus einem kurzen Wort besteht (vgl. Hurenkind*, Schusterjunge*).

Setzkasten. Flache Schublade für die Lettern*, Ausschlußstücke etc. des Handsatzes*. Setzkästen haben Normgrößen (66 x 61 cm und 96 x 61 cm) und enthalten verschieden große Fächer entsprechend der Menge der einzelnen Lettern. Deren Anzahl hängt von der Häufigkeit des Vorkommens in der jeweiligen Sprache ab. Lettern mit größerer Kegelgröße (ab etwa 16 p) werden in Steckkästen alphabetisch eingeordnet (vgl. Handsatz*).

Setzmaschine. Anstelle des Handsatzes*, bei dem vorhandene Lettern (für den Buchdruck*) von Hand gesetzt und nach dem Druck wieder abgelegt werden, arbeitet man im Maschinensatz (Zeilensetzmaschine) mit sog. 'Matrizen'*, die mittels einer Tastatur aus einem Magazin ausgelöst werden. Diese Matrizen besitzen ein eingefrästes Bild des jeweiligen Buchstabens. Die Matrizen werden in der Setzmaschine zu einer Matrizenzeile aufgereiht; Wortzwischenräume werden durch Spatienkeile gebildet. Diese Keile bewirken das 'Ausschließen' der Zeile auf das gewünschte Format (Zeilenbreite). Durch Betätigen eines Hebels wird die Matrizenzeile vor eine Gußform gebracht. In diese Form wird flüssiges Blei gepumpt. Die Schriftbilder der Matrizenzeile werden auf diese Weise ebenfalls ausgegossen. Nach dem Erstarren des flüssigen Bleis wird die Zeile aus ihrer Form herausgestoßen und auf einer Blechplatte ('Schiff'*) gesam-

119 *Maschinensetzerei*

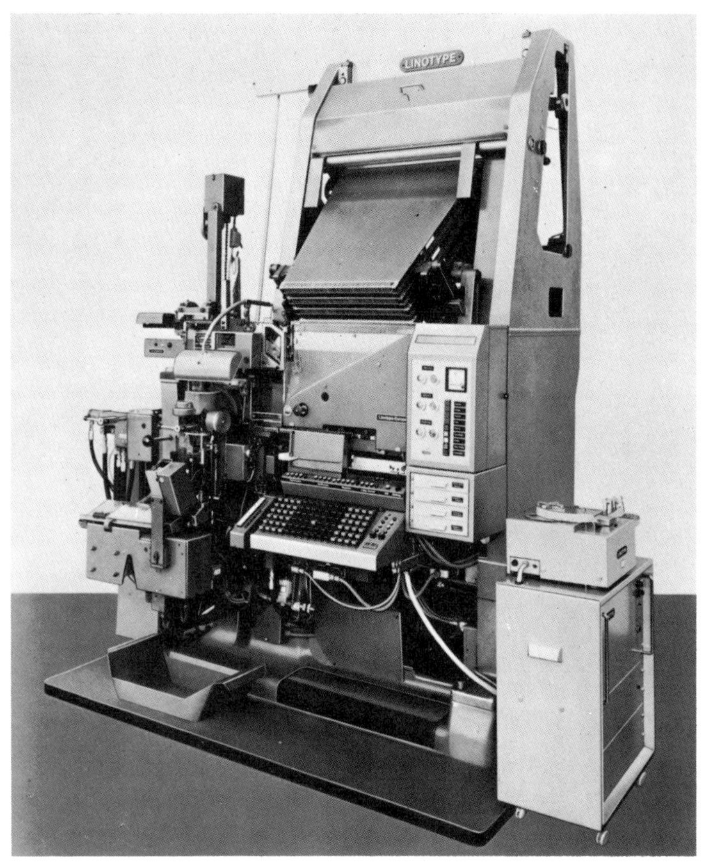

120 *Setzmaschine:* Modell Linotype-Europa (Fa. Mergenthaler Linotype)

melt. Die Matrizen werden automatisch auf die entsprechenden Kanäle in einem Magazin verteilt und stehen dann für die Bildung einer neuen Zeile wieder bereit.

Das Besondere an der Zeilensetzmaschine, die der Deutsch-Amerikaner Ottmar Mergenthaler im Jahre 1886 erfand, ist der Kreislauf der Matrizen. Diese Art der Satzherstellung hat sich bis heute bewährt. Die Funktionen, die der Bediener einer Setzmaschine ausübt (ca. 5600 Zeichen pro Stunde), sind auch über Automaten möglich. Durch Lochstreifen lassen sich die Setzmaschinen über größere Entfernungen steuern

(TTS-Satz, Tele-Type-Setter). Auf diese Weise können Leistungen bis 30 000 Buchstaben je Stunde erzielt werden. Neben der Zeilensetzmaschine ('Linotype') gibt es auch die Einzelbuchstaben-Gießmaschine ('Monotype'), die durch Lochstreifen gesteuert wird. Ihr Erfinder ist der Amerikaner Lanston (1897). Setzmaschinen für Tief- und Flachdruck, s. Fotosatz*, Lichtsatz*.

Siderografie (griech. sideros = Eisen, graphein = schreiben). s. Stahlstich

Sieb. Druckform des Siebdrucks*, bestehend aus einer netzartigen Gaze (Drahtgewebe, Seide, Perlon, Organdy), die um einen Holz- oder Metallrahmen gespannt ist. Die Druckqualität wird von der Feinmaschigkeit des Siebes beeinflußt (vgl. Siebdruckschablone*).

Siebdruck. Durchdruckverfahren* mittels eines feinmaschigen Netzes (Sieb*) und einer Siebdruckschablone*, besonders für großformatige Blätter (Plakate u. a.). Das einfache Druckprinzip des Siebdrucks besteht darin, daß dickflüssige Farbe auf das Sieb geschüttet und mit der Rakel* verteilt wird. Dazu sind verschiedene Apparate und Maschinen konstruiert worden. Der einfachste ist der 'Drucktisch', bei dem das Sieb mit Scharnieren an der Tischplatte befestigt ist. Die sog. 'Ein-Mann-Rakel' läuft seitlich im Rahmen auf Schienen und wird über eine Führungskonstruktion mit einem Handhebel bewegt. Sie wird be-

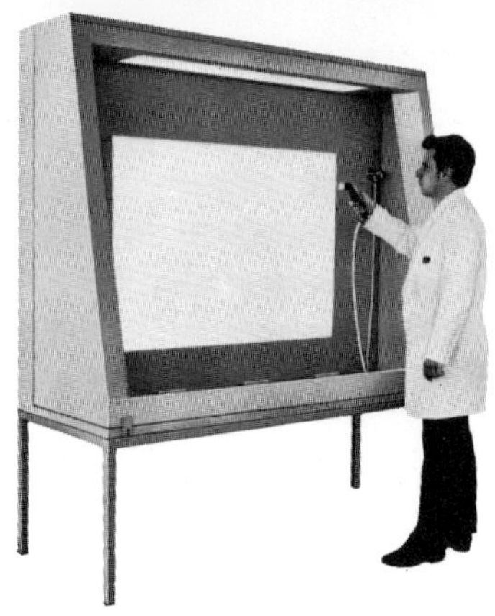

121 *Siebdruck:* Auswaschen des Siebes (Firma Sixt KG, Modell SAT)

sonders für großformatige Siebdrucke benutzt. Halbautomatische Drucktische bewegen den Siebrahmen durch elektrischen Antrieb, saugen das Papier mit Vakuum auf die Tischplatte und besorgen die Rakelbewegung. Ein- und Auslegen des Papiers erfolgen von Hand. Vollautomatische Siebdruck-Maschinen werden bei höheren Auflagen eingesetzt. Sie leisten – wie die Druckmaschinen – die An- und Auslage des Papiers automatisch, auch den Druck. Man unterscheidet 'Flachbett'-Maschinen mit horizontal liegendem Sieb, wobei entweder die Rakel oder das Sieb bewegt wird, von 'Zylinder'-Siebdruck-Maschinen, bei denen das Sieb um einen Zylinder gespannt ist und von innen heraus Farbe erhält. Mit solchen Automaten werden bis zu 3000 Drucke je Stunde erreicht. Wegen des sehr dicken Farbauftrags werden die Bogen in

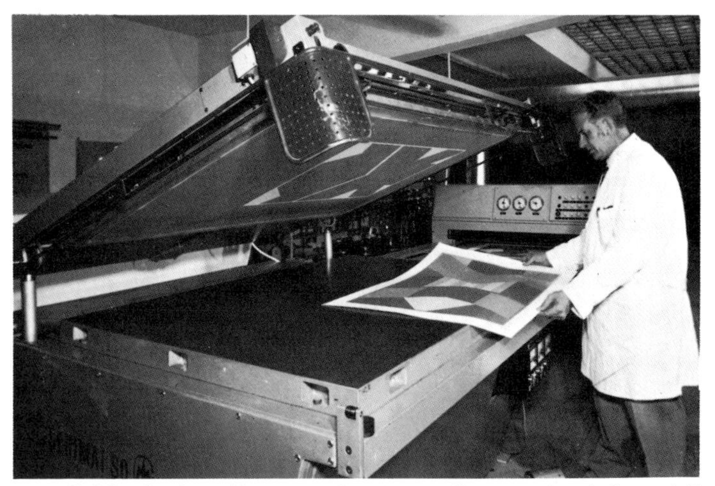

122 *Siebdruck* mit Halbautomat der Firma Albert-Frankenthal (Modell Albert-Messerschmitt Serimat SO)

eigens dafür konstruierten Stellagen zum Trocknen ausgelegt oder sie durchlaufen einen mehrere Meter langen Trockenschrank auf einem Förderband.

Das Siebdruckverfahren wurde zuerst in Ostasien mittels ‘Sieben’ mit auf Menschenhaar geklebten Schablonen für den Textildruck verwendet. Als grafische Technik wurde der Seiden-Schablonendruck während der 20er Jahre in den USA wiederentdeckt (›National Serigraph Society‹); in Europa verbreitete er sich in den 50er Jahren (u. a. zum Druck von Plakaten, aber auch zum Bedrucken von Flaschen, Trinkgläsern usw.). Besonders die Künstler der Optical Art (Vasarely, Mavignier) und die des Pop (Roy Lichtenstein, Jim Dine, Tom Wesselmann u. a.) schätzten den Siebdruck wegen der brillant wirkenden Farben (vgl. auch Replik*).

123 *Siebdruck:* Mel Ramos, Tobacco Rose, 1965 (vgl. Abb. 17 und Farbtafel 7)

Siebdruckschablone. Im Siebdruck* die Abdeckung des Siebes. Im einfachsten Fall wird eine 'Schnittschablone' aus Papier mit Messer oder Schere hergestellt und unter das Sieb – also unmittelbar auf das zu bedruckende Papier – gelegt. Bei Farbdrucken ist für jede Farbe eine gesonderte Schablone erforderlich (vgl. Anlage*).

Die 'Anbügelschablone' besteht aus einem Schellackfilm und wird mit einem Bügeleisen auf das Sieb geklebt. Die 'Anlöseschablone' aus (flüssig geliefertem) Azetatfilm entsteht durch Antupfen mit Nitrolösung an das Sieb. Schnittschablonen haben den Vorteil exakter Wiedergabe von scharfen Konturen.

Sollen für 'malerische' Bildwirkungen unscharfe und weiche Konturen erreicht werden, so wird das Sieb selbst zur Schablone präpariert, indem einzelne Maschen geschlossen werden. Bei der 'Abdeckschablone' wird das Perlon- oder Seidensieb mit Zelleim bestrichen. Dabei kann der Siebdrucker entweder das Bild mit dem Pinsel und einer Kleisterflüssigkeit aufmalen (Negativtechnik) oder das Motiv mit Lithokreide bzw. Stearin auftragen und dann das Ganze mit dem Leim bestreichen. Nach dem Trocknen wird die Zeichnung entfernt (durch Waschbenzin bzw. Ausbügeln), das Sieb ist an diesen Stellen farbdurchlässig. Bei der sog. 'Auswaschschablone' wird das Sieb zunächst gleichmäßig mit einer Leim- oder Lackschicht bestrichen. Mit einem Lösungsmittel werden dann die druckenden Stellen herausgewaschen. Die Formen erscheinen im Druck weich und unscharf (vgl. Reservage*).

Für große Auflagen werden im maschinellen Siebdruck die Schablonen fotomechanisch hergestellt. Weicher Konturendruck wird mittels der 'direkten' Fotoschablone erzielt. Bei ihr wird das Sieb mit einer lichtempfindlichen Schicht geschlossen und getrocknet. Darauf wird die Vorlage oder ein danach angefertigtes Diapositiv fotografisch kopiert. Dabei härten alle die Stellen der lichtempfindlichen Schicht, die Licht erhalten, während die unbelichteten Teile beim nachfolgenden Entwickeln ausgewaschen werden, also beim Druck die Farbe durchlassen. Die 'direkte Fotoschablone' sitzt – wie die Abdeckschablone – 'im' Gewebe; ihre Konturenschärfe hängt also von der Feinheit des Siebes ab.

Die 'indirekte Fotoschablone' ('Pigmentschablone') hingegen sitzt – wie die Schnittschablone – 'am' Gewebe und erreicht deshalb beste Konturenschärfe. Man benutzt sie vorwiegend für kleine Druckformate. Bei ihr wird mit Pigmentpapier* eine belichtete Gelatineschicht auf das Sieb übertragen.

Für den Druck von Halbtönen* verwendet man den 'Stufen'- und 'Rasterdruck'. Der 'Stufendruck' ist ein Tontrennungsverfahren, d. h., verschiedene Töne zwischen Schwarz und Weiß (oder den hellsten und dunkelsten Tönen einer Farbe) werden in einzelnen Stufen isoliert. Es wird also nicht eine einzelne Schablone angefertigt, sondern mehrere, die man dann wie beim Farbdruck nachfolgend übereinanderdrucken kann. Dieses 'Ausziehen' der Halbtöne geschieht fotografisch, meist in einem direkten Kopierverfahren, indem die Siebe jeweils unterschiedlich lange belichtet werden: Bei langer Belichtung werden die dunklen, bei kurzer die hellen Töne erfaßt.

Eine weitere Möglichkeit zum Drucken von Halbton-Vorlagen ist der 'Rasterdruck'. Bei der fotografischen Aufnahme wird hierbei die Vorlage in kleine Pünktchen zerlegt (Raster*), bevor sie auf das Sieb oder das Pigmentpapier kopiert wird. Die Schwierigkeit dieses Verfahrens liegt im Maschengitter des Siebes, das sehr feine Rasterpunkte nicht mehr auflöst. Deshalb sind nur vergleichsweise grobe Raster brauchbar, wie sie für den Zeitungsdruck verwendet werden. Der Tonumfang vom hellsten bis zum dunkelsten Ton ist beim Rastersiebdruck geringer als bei der Autotypie*.

Siegeldruck. Druck mit Handstempeln – meist aus Messing graviert – auf Papier oder Siegellack bzw. Wachs. Siegel enthalten Wappen, Zeichen oder Namen des Besitzers und wurden früher auf Briefen, Urkunden etc. oft auch anstelle der eigenhändigen Unterschrift benutzt.

Steinerne Siegel sind im Alten Orient, in Ägypten, in der minoischen Kultur und in der Antike geläufig. Im Mittelalter wurden Metallsiegel oft großen Formats mit bildlichen Darstellungen verwendet. Abgelöst wurde der Siegeldruck auf Wachs vom Reliefdruck auf Papier ('Siegelmarke') und schließlich vom Stempeldruck*. Ähnlich dem Siegeldruck drückte u. a. Werner Schreib (1925–69) in eine weiche Kunststoffschicht Zahnräder, Schrauben etc. ab.

Signatur (lat. = es ist bezeichnet). 1. Zeichen des Künstlers bzw. des Entwerfers auf einem grafischen Blatt ('Künstlersignatur'). Die Signatur kann den vollen Namen, eine Abkürzung, das Monogramm oder ein Zeichen enthalten. Handsignierung von Grafik wird besonders in der Gegenwart von Sammlern geschätzt. Auch numerierte Blätter (Numerierung*), sogar Plakate, werden signiert, um ihren Verkaufswert zu erhöhen. Künstlersignaturen wurden bei älterer Grafik mitgedruckt (der Künstler signierte die Druckplatte). Seit etwa 1880 werden einzelne Abdrucke vom Künstler handsigniert.

2. Markierungszeichen an der Letter*.

3. Markierung eines Druckbogens am linken unteren Rand ('Fußsteg') für die buchbinderische Verarbeitung ('Bogensignatur') auf Seite 1 ('Prime') und Seite 3 ('Sekunde'). Letztere steht zur Unterscheidung von der Prime mit Sternchen (vgl. Satzspiegel*, Flattermarke*).

Signet. Firmen- oder Markenzeichen etwa des Verlegers oder Druckers. Es wird bei neuerer Druckgrafik vielfach in den Papierrand geprägt.

Spalte. Beim Schriftsatz* die auf dem Schiff* gesammelten Zeilen sowie deren Abdruck (Fahnenabzug*) vor dem Umbruch*. Bei Büchern, Broschüren und Zeitschriften bezeichnet 'Spalte' die Teile der vertikal gegliederten Kolumne* (vgl. Satzspiegel*). So werden Lexika meist in zwei, Zeitungen in vier bis sieben Spalten gedruckt. Auch bei Tabellen heißen die senkrecht aufeinander bezogenen Zeichen 'Spalten'.

Spatium (lat. = Zwischenraum). Dünnes Ausschlußstück beim Handsatz*. (s. Ausschließen*) von nur 1 ('Haarspatium') oder 1½ typografischen Punkten*. Spatien werden zum Ausschließen, (Vergrößerung der Wortzwischenräume), zum optischen Ausgleichen von Versalien und zum 'Spationieren' eines Wortes verwendet. Dabei werden die einzelnen Lettern durch Spatien getrennt, so daß im Text dieses Wort hervorgehoben ist (vgl. Sperren*).

Sperren. Im Handsatz* das Einfügen von Ausschlußstücken (vgl. Ausschließen*) zwischen die Lettern* eines Wortes zur Hervorhebung. Entgegen dem 'Spationieren' (s. Spatium*) mit 1–1½ p Ausschlußstücken besitzen 'gesperrte' Texte größere Zwischenräume innerhalb der Wörter. Auch der Maschinensatz* ermöglicht das Sperren von Schrift.

Spieß. Im Buchdruck* mitdruckendes hochgestiegenes Blindmaterial* zwischen den Buchstaben einer Zeile. Spieße entstehen als Fehler bei schlechtem Ausschließen*, durch beschädigtes Blindmaterial, durch Erschütterungen der Druckmaschine u. a.

Spitzkolumne. Ursprünglich die typografische Gestaltung eines Kapitelausgangs, wobei die letzten Zeilen zunehmend verkürzt und auf Mittelachse gestellt wurden. Auch die nicht ganz mit Text gefüllte Ausgangsseite eines Kapitels ('Ausgangskolumne') wird vielfach als Spitzkolumne bezeichnet.

Sprengkorn.
s. Spritzmanier

Sprengschnitt. Verfahren der Buchbinderei* zur Einfärbung des Buchschnitts durch Spritzmanier*.

Spritzmanier (Sprenkelmanier, Spritzkorn). Verfahren, das bei Strichätzungen* und in der Lithografie* zur Erzielung halbtonartiger Wirkungen ähnlich denen der Aquatinta* angewendet wird (vgl. Federpunktmanier*, Tangiermanier*). Dazu wird eine in flüssige (Litho-)Farbe getauchte, grobe Bürste über ein Sieb gerieben. Die kleinen Farbspritzer setzen sich als Punkte verschiedener Größe auf die Unterlage. Die Farbe kann auch direkt mit der Spritzpistole* aufgesprüht werden.

Spritzpistole. Technisches Hilfsmittel für die Retusche* und für Arbeiten in Spritzmanier*. Die in die Spritzpistole eingefüllte Farbe wird mittels Luftstrahl durch eine Düse gespritzt.

Stahlstich. Manuelles Tiefdruckverfahren in der Nachfolge des Kupferstichs* zum Druck hoher Auflagen. Durch Ausglühen wird eine polierte, ca. 13 mm dicke Stahlplatte enthärtet, so daß sie fast so leicht wie Kupfer bearbeitet werden kann. Die Zeichnung wird mit dem Stichel* graviert, oder auch – wie in der Radierung* – geätzt. Mit der Liniengraviermaschine, die man auch für Guillochen* verwendet, können gleichmäßig getönte Flächen graviert werden. Nach dem Härten ist die Stahlplatte druckfertig. Der Druck erfolgt auf kräftig gebauten Stahlstichpressen.

Um 1818 verwendete der Amerikaner Perkins Stahlplatten zum Druck von Wertpapieren (vgl. Banknotendruck*). Seitdem wurde der Stahlstich – bis zur Erfindung der Autotypie* – vorzugsweise für Buchillustrationen und für Veduten* in hohen Auflagen angewendet. Heute ist er nur noch für Namenszüge auf Besuchskarten oder Briefköpfen im Gebrauch.

Stanzen. Mit einem Messerstempel ('Stanze') wird durch Hammerschlag oder in einer Presse ('Stanztiegel', Prägepresse* u. a.) aus dem Werkstoff (Papier, Karton, Pappe etc.) eine Form herausgeschnitten. Gestanzt werden u. a. Fensterbriefhüllen, Faltschachteln, Werbemittel.

Steg. Mehrdeutiger Begriff in der grafischen Industrie: Beim Schriftsatz* Blindmaterial* zum Ausfüllen größerer nichtdruckender Teile ('Hohlsteg'), in der Druckformvorbereitung* Metallplatten, die zwischen die Kolumnen der Druckform gelegt werden ('Format-', 'Schließsteg') sowie Metall- oder Kunststoffplatten zum Aufklotzen* der Druckplatten ('Unterlagsteg').

Bei Büchern, Broschüren und Zeitschriften bezeichnet 'Steg' die unbedruckten Flächen um die Kolumne*. Man unterscheidet den 'Bundsteg' zwischen zwei Kolumnen an der Stelle der Falzung und Bindung, den 'Kopfsteg' zwischen den Kopf an Kopf in der Druckform stehenden Kolumnen (bei der einzelnen Kolumne oben), den 'Fußsteg' unten, den 'Außensteg' gegenüber dem Bundsteg (vgl. Satzspiegel*).

Steindruck.
s. Lithografie

Steingravur. Tiefdruck- und Flachdruckverfahren mittels Lithografiestein. Der Stein wird zunächst mit fettabstoßendem Kleesalz poliert, dann wird die Zeichnung mit Radiernadel oder Gravierdiamant eingegraben. Nach dem Auswaschen mit Leinöl und dem Anfeuchten der Oberfläche färbt man den Stein mit einem Tampon ein. Dabei stößt die angefeuchtete Oberfläche die Farbe ab, während die gravierten Stellen sie aufnehmen.

Der Auflagendruck erfolgt nach Umdruck* auf den 'Maschinenstein'* im Flachdruck. Ende des 19. und Anfang des 20. Jahrhunderts wurde die Steingravur vorwiegend zum Druck von Firmenetiketten, von Visitenkarten und Briefbogen angewendet, seltener im künstlerischen Bereich (neuerdings von Gerhard Altenbourg und Albert Edgar Yersin).

124 *Steindruck:* Sternpresse aus der ersten Hälfte des 19. Jh. (vgl. Abb. 79)

125 Das Wappen der Lithografen und Steindrucker

126 *Steingravur:* Firmenzeichen

Steinradierung. Ähnlich der Steingravur* ein Tiefdruckverfahren mittels eines Lithografiesteins. Nach Art der Radierung wird der Stein aber zunächst mit Ätzgrund* (Asphalt) versehen, auf den dann die Zeichnung gepaust wird. Mit der Radiernadel wird die Zeichnung eingeritzt, dann mit verdünnter Essigsäure der Stein geätzt. Nach Entfernen des Ätzgrundes erfolgt die Weiterbehandlung des Steins wie bei der Steingravur*.

Stempeldruck. Hochdruck* mit Handstempeln, deren Druckfläche aus Gummi oder Metall gefertigt ist. Die Einfärbung geschieht heute meist durch Aufdrücken auf ein mit Methylviolett oder mit Ruß-Lösungen getränktes Stempelkissen.

Die Geschichte des Stempeldrucks reicht bis in den Vorderen Orient und Ägypten (Holzstempel zum Bedrucken von Ton). Über antike geschnittene Siegelsteine geht die Entwicklung zu den mittelalterlichen Messingstempeln, mit denen in Wachs und Blei gesiegelt wurde (vgl. Siegeldruck). Prägestempeln des 18. Jahrhunderts (vgl. Prägedruck*) folgten im späten 19. Jahrhundert die heute üblichen Gummistempel.

Stereotypie (griech. stereos = hart, haltbar; typos = Abdruck). Herstellung von Duplikatdruckstöcken für den Hochdruck* auf mechanischem Weg (vgl. dagegen Galvanoplastik*). Von der Druckplatte (Schriftsatz*, Autotypien* etc.) wird zunächst ein Abdruck in eine Maternpappe geprägt. Dieses negative Relief, die Mater*, wird dann im Gießinstrument mit ‘Stereometall’ – einem Weichblei, das entgegen dem ‘Letternmetall’ (vgl. Letter*) mehr Antimon enthält – ausgegossen. Dieses neue Positiv (‘Stereo’) ist die Platte, von der der Druck erfolgt. Anstelle von Blei (‘Bleistereo’) können auch Kunststoffe benutzt werden (‘Plaststereo’, ‘Gummistereo’).

Die Stereotypie ermöglicht die Herstellung von gebogenen Druckplatten für den Rotationsdruck* (‘Rundstereos’), indem die Mater im Gießinstrument gebogen und ausgegossen wird. Auch ‘Tonplatten’ (Tondruck*) lassen sich einfach herstellen, wenn grobe Buchbinderleinen, geprägte Kartons etc. anstelle der Mater im Gießinstrument mit Blei ausgegossen werden. Sehr feine Linien können in der Stereotypie leicht verlorengehen; man benutzt statt dessen die Galvanoplastik*.

1729 stellte der Goldschmied William Ged in Edinburgh Stereos mittels Gipsmatern her. Der Franzose Genoux verwendete 1829 Papiermatern, deren Erfindung auch dem Schriftgießer Firmin Didot (1764–1836) zugeschrieben wird.

Stich. Manuell angefertigte Druckform für den Tiefdruck* und deren Abdruck*.

Stichel. Gravierwerkzeug, bestehend aus einem kurzen Holzheft und einem Stahlstift, dessen Spitze meist rautenförmig zugeschliffen ist. Der Stecher drückt mit der Handfläche gegen das breite Holz-

heft und führt mit Daumen, Zeige- und Mittelfinger den Stahl.

Strichätzung. Geätzte Druckplatte nach einer 'Strichvorlage' (vgl. Strichzeichnung*). Von dieser wird mit der Reproduktionskamera* ein Negativ in der Größe des gewünschten Klischees angefertigt. Das Negativ ('Strichnegativ') wird auf eine Zinkplatte kopiert, die mit einer lichtempfindlichen Schicht aus Chromeiweiß (Albumin, Ammoniumbichromat) versehen ist. Dieses härtet an den belichteten Stellen. Bei der Entwicklung in Wasser werden alle nicht belichteten (ungehärteten) Stellen entfernt. Nach dem Entwickeln wird die Zinkplatte mit Salpetersäure geätzt, wobei die Säure alle nicht belichteten Stellen angreift. Durch Einfärben werden die belichteten Teile zusätzlich vor der Säure geschützt. Sie ergeben dann die druckenden Teile des Klischees, während die unbelichteten durch die Säure tiefergelegt werden. Wenn die Zeichnung größere nichtdruckende Stellen enthält, können diese aus dem Klischee mit einer Fräse entfernt werden.

Das Verfahren wurde seit Anfang des 19. Jahrhunderts zur Wiedergabe linearer Zeichnungen und Karikaturen (u. a. für Wilhelm Buschs Bildergeschichten) benutzt; neuerdings von Peter Nagel (geb. 1941), Horst Janssen (geb. 1929) u. a. Wird dagegen direkt auf die Zinkplatte gezeichnet, so handelt es sich technisch gesehen um eine Zinkätzung* (z. B. sog. 'Originalstrichätzungen').

◁ 127 *Stereotypie:* Anlage zur Herstellung von Stereoplatten für die Hochdruckrotation (Firma M.A.N.)

◁ 128 Herstellung einer Stereoplatte (Firma M.A.N.)

Strichelung. In der Kartografie* Terrainangaben durch parallele Striche.

Strichzeichnung. Bild, das aus rein weißen und rein schwarzen Teilen besteht, also keine Tonwerte* aufweist. Dazu zählen neben aus Strichen aufgebauten Zeichnungen die meisten grafischen Drucktechniken: Holzschnitt*, Kupferstich*, Radierung*. Durch Schraffuren* werden Halbtöne* wiedergegeben.

Subtraktive Farbmischung.
s. Farbmischung

Tafel. Gedrucktes Bild oder Tabelle, die dem Text eines Buches, einer Broschüre oder Zeitschrift beigefügt ist. Tafeln können im Textteil des Buches verteilt, am Bandende als Tafelteil oder auch als selbständiger Tafelband erscheinen. Größere Tafeln sind auf Textformat gefalzt. Unter Tafeln versteht man auch großformatige Bilder, Pläne, Tabellen zum schulischen Gebrauch.

Tangiermanier. Verfahren der Lithografie* zur Erreichung von Halbtönen. Entgegen der manuellen Federpunktmanier* werden bei der Tangiermanier mit Punkt- oder Strichmustern geprägte Gelatinefolien, sog. 'Tangierfelle' benutzt.

129 *Tangiermanier*

Diese Reliefs werden mit Farbe eingewalzt und durch Überrollen mit einer Gummiwalze auf den Stein übertragen, wobei auf diesem die nicht zu bedruckenden Stellen vorher abgedeckt wurden. Mittels verschiedener Tangierfelle und durch unterschiedlichen Druck können Schattierungen etc. erzeugt werden.

Tapadruck. Von den Bewohnern Polynesiens ausgeübtes Druckverfahren. Aus dem Bast des Maulbeerbaumes wurden durch Übereinanderlegen der Fasern und durch Klopfen ein für Decken und Kleidung bestimmter Werkstoff gefertigt, 'Tapa' genannt. Als Druckstock (Hochdruck) dienten große Pflanzenblätter (Pandanus), auf die Blattrippen aufgenäht wurden. Nach dem Einfärben wurden die Baststoffe aufgelegt und abgerieben.

Tapetendruck. Als Handdruck werden Tapeten im Hochdruckverfahren bedruckt. Dabei besteht der Druckstock aus einem quadratischen dicken Brett (ca. 5 cm dick), auf dem die druckenden Stellen mit ca. 10 mm hohen Blechstegen (Blechstreifen) angebracht sind. Beim Druck werden die Papierrollen mit der Bürste grundiert. Nach dem Einfärben der Druckform bedruckt man die Papierrollen mit einer Hebelpresse. Danach wird die Rolle nach den Richtzeichen ('Picots') weitergeschoben und der nächste Druck ausgeführt.

Bedruckte Tapeten wurden in Europa erstmals im 18. Jahrhundert ausgeführt, während sie in China schon lange vorher bekannt waren. Heute werden Tapeten meist im Rotationsdruck* mit bis zu 16 Farben hergestellt. Dabei besteht die Druckform ('Dessinwalze') aus einem Holzzylinder, auf den die Zeichnung durch Filz-, Blechstreifen, Nägel u. a. gebildet wird. Bessere Sorten werden im Flexo-* und Rakeltiefdruck* angefertigt. Bei einigen Tapeten ist eine Nachbehandlung nötig: Ein leichtes Relief ('Gaufrage') erzielt

130 *Tapetenhanddruck*

131 *Tapetendruck:* Druckplatte

man mittels sog. Gaufragewalzen, eine Prägung wird mit einer besonderen Prägewalze ausgeführt. Abwaschbare Tapeten erhalten einen Kunststoffbezug (vgl. Laminieren*).

Teigdruck. Manuelles Hochdruckverfahren: auf den Druckträger (Papier) wird eine klebrige Teigschicht aufgebracht, darin die Zeichnung eingedrückt und mit Samtstaub eingestäubt (vgl. auch Flockprint*, Bronzedruck*).

Textgrafik. Grafische Blätter mit freien Kompositionen von Buchstaben, ein Sondergebiet der Typografie*. Vorbereitet durch die Collagen der Kubisten, schufen die Dadaisten die 'Textgrafik', indem sie Buchstabenbild und Textinhalt aufeinander bezogen. Auch Futuristen (F. T. Marinetti, F. Depero) und Konstruktivisten (Theo van Doesburg, El Lissitzky) fertigten Textgrafiken. Aus den letzten Jahren sind Textgrafiken von Ferdinand Kriwet, Eugen Gomringer,

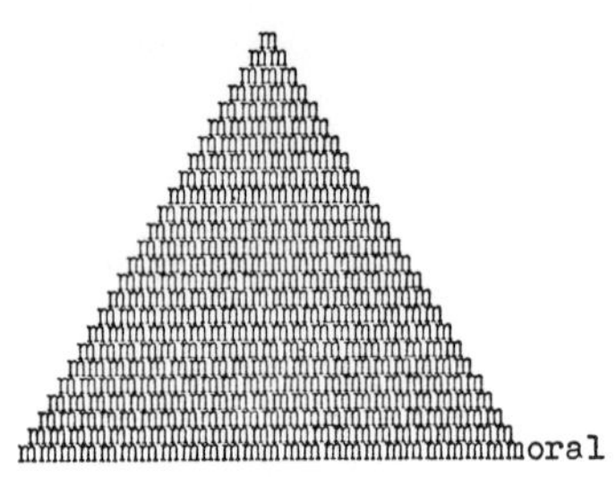

132 *Textgrafik:* Ernst Jandl, ›Moral‹

John Cage, Dylan Thomas, Henri Chopin u. a. zu erwähnen.

Thermokopierverfahren. Vervielfältigungsverfahren mittels Einwirkung von infrarotem Licht. Durch dieses erwärmen sich die bedruckten oder beschriebenen (dunklen) Stellen stärker als die unbedruckten (hellen). Durch Kontakt mit einem wärmeempfindlichen Spezialpapier erfolgt eine seitenrichtige Kopie.

Tiefdruck. Als Tiefdruck werden diejenigen Druckverfahren bezeichnet, bei denen die druckenden Stellen der Druckform vertieft liegen. Druckfarbe wird also in die Vertiefungen gedrückt, während die Oberfläche ohne Farbe bleibt. Tiefdruckverfahren eignen sich besonders gut zur Wiedergabe von Halbtonvorlagen und Fotografien.
Manuelle Tiefdruckverfahren sind u. a. der Kupferstich*, die Radierung* und die Heliogravüre*, die mit einer flachen Druckplatte arbeiten. Dagegen wird im maschinellen Rakeltiefdruck* ('Kupfertiefdruck') von einem Kupferzylinder gedruckt (vgl. Autotypischer Tiefdruck*).

Tiegeldruckpresse. Druckmaschine für den Hochdruck* (Buchdruck*). Wie bei der Handpresse* erfolgt der Druck gleichzeitig auf die gesamte Druckform (vgl. dagegen Schnellpresse*). Der Druck geschieht zwischen 'Tiegel' und 'Druckfundament', jedoch ist dieses senkrecht angebracht. Der Tiegel schwingt – durch Exzenter bewegt – vor und zurück. Beim Ausschwingen erfolgt am Druckfundament automatisch das Einfärben der Druckform mittels senkrecht laufender Farbwalzen. Der Druckbogen (Papier) wird von Hand oder automatisch angelegt. Kräftig gebaute Tiegeldruckpressen lassen sich auch für Prägedrucke* und Stanzarbeiten verwenden. Die bekannteste Tiegelpresse ist der sogenannte 'Heidelberger', der als Vollautomat stündlich bis zu 5 000 Bogen und mehr schafft.

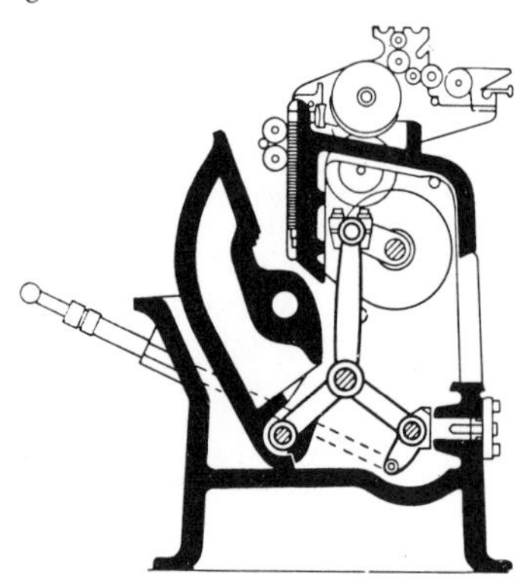

133 *Tiegeldruckpresse:* Boston-System des Heidelberger-Tiegelautomaten

Titelei. Die ersten Blätter eines Buches, die dem eigentlichen Text vorausgehen. Die Titelei beginnt mit dem 'Schmutztitel', dem ersten Blatt des Buches, das nur eine Kurzform des Buchtitels enthält. Das Titelblatt ('Haupttitel') verzeichnet Autor, den vollen 'Buchtitel', die Auflage, Erscheinungsort, Erscheinungsjahr und den Verlag. Auf der Rückseite des Haupttitels folgt das 'Impressum'*. Die nächsten Blätter enthalten Vorwort und Inhaltsverzeichnis. Ein Titelbild ('Frontispiz') oder ein Sammeltitel stehen dem Haupttitel gegenüber (also zwischen Schmutz- und Haupttitel). Ein Widmungstitel ('Dedikationstitel') wird zwischen Impressum und Vorwort angeordnet. In wissenschaftlichen Werken paginiert man die Titelei meist gesondert mit römischen Zahlen (Paginierung*).

Tondruck. Druck einer Farbfläche mit einem leichten Farbton mittels der sog. 'Tonplatte'. Dieser Druck dient als Untergrund für den darauffolgenden Druck der Zeichnung in einem kräftigeren Farbton. Im Gegensatz zum meist gleichmäßigen Tondruck ist der Plattenton* unregelmäßig.

Tonfarbe. Sehr helle Farbnuancen entstehen, wenn man eine Vollfarbe mit Transparentweiß oder Deckweiß stark vermischt ('verschneidet'). Tonfarben gibt es lasierend oder deckend, je nach Verwendungszweck. Im allgemeinen werden sie als Grund ('Fond'), d. h. flächig verdruckt. Aufgrund der geringen Pigmentierung ist die Lichtbeständigkeit bei Tonfarben sehr mäßig.

Tonwert. Abstufung zwischen 'Lichtern'* und 'Tiefen' im gedruckten Bild bezogen auf die Halbtöne*. Der 'Tonwertumfang', d. h. die Menge der Halbtöne im gedruckten Bild ist abhängig von Vorlage, Reproduktions- und Druckverfahren. So liefern der Lichtdruck* und der Rakeltiefdruck* die meisten Tonwerte. Dagegen ist der Tonwertumfang bei Rasterbildern im Offset-* und im Buchdruck* geringer; der Zeitungsdruck* besitzt die kleinste Tonwertskala (grober Raster*). Der Tonwertumfang hängt wesentlich von der Qualität des Druckträgers ab (Papier*).

Tuschlavierung.
s. Pinsellithografie

Typendruckverfahren. Vervielfältigungsverfahren im Hochdruck* mittels einzelner Drucktypen aus Gummi, Kunststoff etc., meist in Form der Schreibmaschinenschrift.

Typografie (griech. typos = Druck, graphein = Schreiben). Künstlerische Gestaltung eines Druckwerkes mittels Schrift, Bild, Linie, Fläche, Farbe und Papier. Bei der Schrift gilt die optische Geschlossenheit der Kolumne* als erstrebenswert (vgl. Ausschließen*, Ligatur*, Satzspiegel*, Spitzkolumne*). Ein wesentliches Gestaltungsgesetz, die Symmetrie in der Typografie, entspricht einem natürlichen Sinn für optisches Gleichgewicht und Ordnung.

Der Geschichte der Typografie in der Buchdruckerkunst gehen die handgeschriebenen Schriftkunstwerke (Kalligrafie) voran, insbesondere die mittelalterlichen Manuskripte. Wie in der Bildgestaltung so äußern sich auch im Schriftbild Zeitstile (vgl. Schrift*, Layout*, Umbruch*).

Für die neuere Typografie wurden William Caslons 'Old Face'-Schrift (1720), John Baskervilles 'Barock-Antiqua', Caslons 'Doric' (1816) und William Thorowgoods 'Grotesque' (1832) wegweisend. Im späten 19. Jahrhundert war William Morris ('Kelmscott Press') bahnbrechend und in den 20er Jahren das Bauhaus (Joost Schmidt, Herbert Bayer, Laszlo Moholy-Nagy).

Typografischer Punkt. Die kleinste Einheit des typografischen Maßsystems (1 Punkt = 1/2660 m = 0,376 mm). Schriftgrade werden in 'Punkten' gemessen, größere Abmessungen in 'Cicero'*.

Typografischer Satz. Im Gegensatz zum Schreibmaschinensatz* der von Hand (Handsatz*) oder mittels Setzmaschine* gesetzte Schriftsatz*.

Typografisches Maßsystem. Im Handsatz* und im Zeilenguß – Maschinensatz* angewendetes Maßsystem, das auf dem typografischen Punkt* als kleinster Maßeinheit beruht (vgl. typometrisches Maßsystem*).

Typometrisches Maßsystem. Einführung des metrischen Systems in Setzerei und Druckerei. Einer allgemeinen Umstellung vom typografischen Maßsystem* auf das metrische stehen z. Z. noch die hohen Kosten entgegen.

Typoskript (griech. typos = Druck, lat. scriptum = geschrieben). Mit der Schreibmaschine geschriebener Text (vgl. Schreibmaschinensatz*) im Gegensatz zum Manuskript*.

Umbruch. Bei den Hochdruck*-Verfahren das Zusammenstellen des Schriftsatzes für den Druck. Der in langen Spalten gelieferte Schriftsatz* wird vom 'Metteur' zu 'Kolumnen'* umbrochen. Oft wird dazu ein 'Klebeumbruch' (Entwurf) verwendet, der die genauen Angaben für den Satzspiegel* mit exakter Anordnung von Text, Überschriften, Abbildungen u. a. für jede Seite enthält (vgl. Layout*).

Umdruck. Verfahren der Lithografie* zur Übertragung einer Zeichnung oder einer Originaldruckform auf einen Stein ('Maschinenstein') oder auf eine Metallplatte für den Auflagendruck. Vom 'Originalstein' erfolgt der Druck mit Fettfarbe auf 'Umdruckpapier'*; oder aber dieses wird vom Künstler mit Lithokreide bzw. Lithotusche seitenrichtig bezeichnet. Das mit der Zeichnung versehene Umdruckpapier wird, damit es sich beim Druck nicht verschiebt, auf einen Karton durch Aufstechen mit einer Nadel befestigt ('Aufstechbogen'). Beide werden nun (mit der Zeichnung nach unten) auf den Maschinenstein oder auf die Druckplatte gepreßt. Dabei haftet die Farbe auf dem Stein.

Nach Ablösen des Papiers und der Kleisterschicht mit Wasser ist der Stein (oder die Metallplatte) druckfertig.

Durch Umdruck wird der Original-Druckstock geschont (vgl. Stereotypie*, Galvanoplastik*, Anastischer Druck*), außerdem lassen sich mehrere Abbildungen auf dem gleichen Stein nebeneinanderdrucken. Aber auch Reproduktionen nach Abdrucken von Holzschnitten etc., selbst Naturgegenstände lassen sich, mit Umdruckfarbe eingewalzt, über den Umdruck lithografisch drucken (vgl. Fotochromie*).

Umdruckpapier. Übertragungspapier für den lithografischen Umdruck. Es ist auf einer Seite mit einer wasserlöslichen Schicht (Stärkekleister, Gelatine, Glyzerin) versehen, auf die der Druck erfolgt (vgl. das Pigmentpapier* bei fotografischem Umdruck). Auf Umdruckpapier wurde häufig von Künstlern die Zeichnung im Atelier aufgebracht, wonach die lithografische Werkstatt druckte.

Unikat. Bild oder Schriftstück, das nur in einem Exemplar existiert ('Original') z. B. Gemälde, Zeichnung, Monotypie*.

Untergrunddruck. Beim maschinellen Bronzedruck* der Druck der klebrigen Untergrundfarbe.

Vedute. Ansichten von Städten und Landschaften in sachlicher Wiedergabe oder mit erdachten Gegenständen ('Idealvedute'). Sog. 'Sammelveduten' vereinigen Darstellungen von verschiedenen Bauten und Landschaften in einem Bild. Dagegen trägt der 'Prospekt' die dargestellten Formen nach Art der Bühnenmalerei zusammen (G. B. Piranesi). Veduten wurden besonders vom 17.–19. Jahrhundert als Buchillustrationen, auch als Erinnerungsblätter für Reisende hergestellt, u. a. von Canaletto (Radierungen) sowie in zahlreichen Stahlstichen des 19. Jahrhunderts.

Veredeln. Bei industriellen Drucksachen (Werbedrucksachen, Katalogumschläge) die nachträgliche Bearbeitung des Papiers durch Lackieren oder Zellglasieren. Bei Lackierungen wird eine dünne Schicht farblosen Lacks aufgedruckt und dann getrocknet. Zur Erzielung von Hochglanz durchläuft die Drucksache dann beheizte Walzen ('Kalandrieren'). Ebenfalls mit Kalanderwalzen kann eine 'Grainierung'* erzeugt werden. Bei 'Zellglasierungen' wird auf den Druckbogen eine durchsichtige Folie geklebt ('Kaschieren'*) bzw. 'laminiert' ('Laminieren'*) oder diese unter Wärmeeinwirkung aufgeschweißt. Durch diese Veredlungsverfahren wirkt der Druck, insbesondere der Farbdruck, leuchtkräftiger und ist gegen Feuchtigkeit besser geschützt.

Vergilben. Alterungserscheinung des Papiers*, die sich in gelber bis bräunlicher Farbe und zunehmender Brüchigkeit äußert. Vergilben entsteht durch Einwirkung von Licht, Luftfeuchtigkeit und Wärme auf den Säuregehalt des Papiers.

Dabei sind diejenigen Papiere am meisten betroffen, die einen hohen Anteil an Holzschliff besitzen. Wegen Vergilbungsgefahr sollen grafische Blätter nicht dauernd dem Tageslicht ausgesetzt werden.

Vergolden.
s. Handvergolden

Vergolderolle. Werkzeug der Handvergoldung* zum Drucken von Linien oder Ornamentbändern. Die Vergolderolle besteht aus einem langen Handgriff, dessen Ende beim Druck auch auf die Schulter gelegt werden kann, und einer Metallführung für die (auswechselbare) messerartige Rolle, in deren Kante das Druckmotiv graviert ist.

Verlag. Kaufmännisches Unternehmen, das auf eigenes Risiko geistige und künstlerische Werke (Bücher, Zeitschriften, grafische Blätter, Noten etc.) zur Veröffentlichung auswählt, vervielfältigt und vertreibt.

Soweit Künstler nicht selbst ihre Grafik anbieten, übernehmen dies u. a. Verleger. Ihre Namen sind seit der Mitte des 16. Jahrhunderts vielfach durch 'Adressen'* angegeben und mit dem Beiwort ›excudit‹* bezeichnet.

An neueren Verlegern künstlerischer Grafik sind Auguste Clot in Paris (Degas, Munch, Slevogt) und Pellet (Toulouse-Lautrec: ›Elles‹ 1896), der Tamarind Lithography Workshop in Los Angeles (Sam Francis) sowie Ambroise Vollard in Paris (Vuillard, Bonnard, Chagall, Picasso: ›Suite Vollard‹), Roger Lacourière u. a. zu nennen.

Vernis mou.
s. Weichgrundätzung

Verschnitt. Der beim Zuschneiden von Papieren und anderen Werkstoffen auf ein bestimmtes Maß entstehende Abfall. Er wird bei der Kalkulation meist mit eingerechnet.

Vervielfältigungsdruck. Ungenaue Bezeichnung für solche Verfahren, die mittels einfacher Maschinen oder Bürogeräte Abdrucke herstellen (vgl. Fotokopierverfahren*, Lichtpause*, Thermokopierverfahren*, Hektografie*, Schablonendruck*, Metallblattverfahren*, Typendruck*, Kleinoffset*, Xerografie*).

Vierfarbendruck. Druck zur Wiedergabe natürlicher Farben, bei dem mit vier Druckstöcken die drei Grundfarben Gelb, Purpur und Cyan sowie Schwarz übereinandergedruckt werden (vgl. Farbendruck*, Dreifarbendruck*).

134 *Vignette:* Todesanzeige, 19. Jh.

Vignette. In älteren Büchern verwendetes Zierstück, meist aus Ornamenten bestehend, aber auch mit figürlichen oder allegorischen Darstellungen. Vignetten wurden häufig zum Abschluß von Kapiteln gedruckt.

Vorlage. In der Reproduktionstechnik der zu reproduzierende Gegenstand – meist eine Fotografie oder eine Zeichnung. 'Strichvorlagen' besitzen nur rein weiße oder rein schwarze Partien, 'Halbtonvorlagen' hingegen Zwischentöne (vgl. Halbton*, Tonwerte*). Strich- und Halbtonvorlagen werden in 'einfarbige' und 'mehrfarbige' untergliedert.

Wasserzeichen. Zeichen (Fabrikmarke) des Herstellers; es wird durch eine plastische Form (Draht) auf dem Papiersieb in den Papierbrei eingedrückt. Bei durchscheinendem Licht ist das Wasserzeichen als helle Form oder, bei Schrägsicht, auf der Siebseite als vertieftes Relief erkennbar (vgl. Papier*). Wasserzeichen liefern Hinweise auf Alter und Herkunft des Papiers, doch gibt es Fälschungen. Ursprünglich nur in handgeschöpftem Papier, wird es jetzt auch in Maschinenpapiere mittels Walze ('Egoutteur') auf der Naßpartie der Papiermaschine in die noch feuchte Papierbahn eingebracht. Wasserzeichen gibt es seit dem Ende des 13. Jahrhunderts; sie gelten als die ersten Warenzeichen.

Weichgrundätzung (frz. Vernis mou = weicher Firnis, Lack). Sonderform der Radierung*; anstelle des sonst üblichen harten Ätzgrundes wird

135 *Weichgrundätzung:* (Detail) s. Abb. 136

bei der Weichgrundätzung eine weiche, klebrige Lack- oder Wachsschicht auf die Kupferplatte aufgewalzt. Darauf wird ein dünnes Papier gelegt, und die Zeichnung mit Stift oder Kreide aufgetragen. Durch den Druck des Zeichenstiftes haftet die Lackschicht an den bezeichneten Stellen am Papier und löst sich dort von der Metallplatte, die an diesen Stellen ätzbar wird. Schraffuren zur Darstellung von Stoffen etc. lassen sich in der Weichgrundätzung besonders befriedigend wiedergeben.

Die Vernis mou-Technik wurde vor allem am Ende des 18. und im beginnenden 19. Jahrhundert ausgeübt, u. a. von Thomas Gainsborough (1727–88), William Turner (1775–1851), später insbesondere von Félicien Rops (1833–98), auch von Max Liebermann (1847–1935) und Käthe Kollwitz (1867–1945).

136 *Weichgrundätzung:* Auguste Renoir, La Danse à la Campagne

Weiße Kunst. Die Arbeit der Papiermacher im Gegensatz zur Schwarzen Kunst* der Drucker (vgl. Papier*).

Weißlinienschnitt.
s. Holzstich

Weißprägedruck. Sonderform des Prägedrucks*: Zeichnung bzw. Schrift stehen weiß und erhaben (Reliefdruck*) auf farbigem Grund. Farbdruck und Prägung können gleichzeitig oder auch nacheinander ausgeführt werden.

Werkdruck. Druck von Büchern und Broschüren im Gegensatz zum Akzidenzdruck* und Zeitungsdruck* (Rotationsdruck*).

Werkverzeichnis (Œuvre-Katalog). Wissenschaftliche Arbeit, die sämtliche bekannt gewordenen Arbeiten (auch Zuschreibungen) eines Künstlers in chronologischer Reihenfolge verzeichnet. Bei Grafik werden auch Probe- und Zustandsdrucke sowie die Auflagen angegeben. Werkverzeichnisse geben Auskunft über Technik, Datierung, 'Provenienz' (Besitzwechsel, Herkunft); sie enthalten eine genaue Beschreibung und geben Hinweise auf Spezialliteratur, möglichst zu jedem Blatt.

In Werkverzeichnissen wird außerdem der verbindliche Titel eines Blattes festgelegt, ebenso werden die genauen Maße (Höhe vor Breite), Varianten, Wasserzeichen* etc. festgestellt, und das Blatt wird durch eine Abbildung vorgestellt.

Widerdruck. Bedrucken der zweiten Seite eines Druckträgers (Gegendruck) – also die Rückseite des 'Schöndrucks'*.

Wiegestahl. Spachtelähnliches Messer für die Schabkunst* (Mezzotinto) mit gekrümmter Kante. Da die abgeschrägte Seitenfläche mit feinen Rillen versehen ist, enthält die (schleifbare) Kante feine Zähne, die sich bei schaukelndem Druck ('Wiegen') in die Kupferplatte eindrücken.

Winkelhaken. Im Handsatz* benutzte winkelförmige Schiene mit einem feststehenden Endstück und

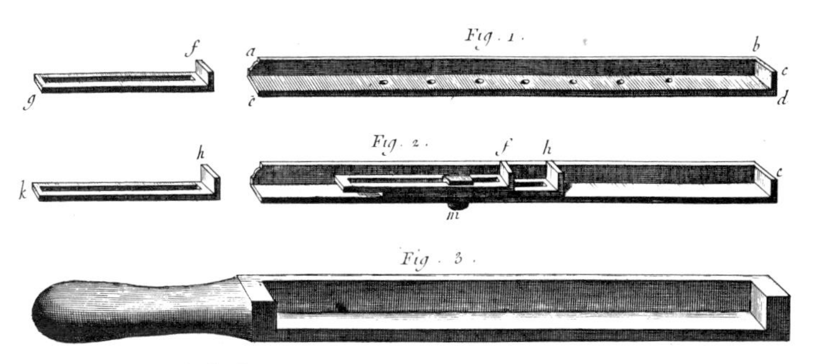

137 Alter *Winkelhaken* (Fig. 1–3)

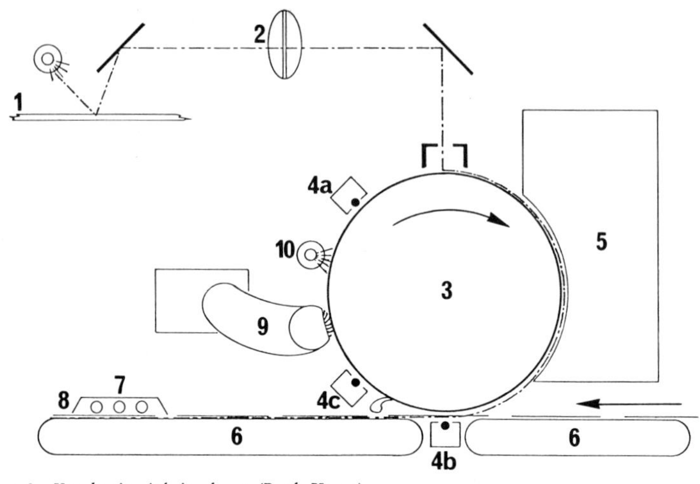

138 *Xerokopie:* Arbeitsschema (Rank-Xerox)
1 Vorlage
2 Optisches System (Projektion der Vorlage auf die Trommel)
3 Xerografische Trommel
4 Korotrone zum Aufladen von Trommel (a), Papier (b), zum Entladen der Trommel (c)
5 Entwicklungssystem (Toner)
6 Papiertransport
7 Hitzefixiereinrichtung
8 Papierausgabe
9 Reinigungsbürste
10 Entladelampe

139 *Xerografie:* Schema der Arbeitsweise
1 Aufladen der Platte
2 Positiv geladene Platte
3 Projektion der Vorlage auf die Platte
4 Aufstreuen des negativ geladenen Pulvers auf die positiv geladene Platte
5 Positive Aufladung des Papierbogens
6 Anziehen des negativ geladenen Pulvers auf das Papier
7 Anschmelzen der Farbe

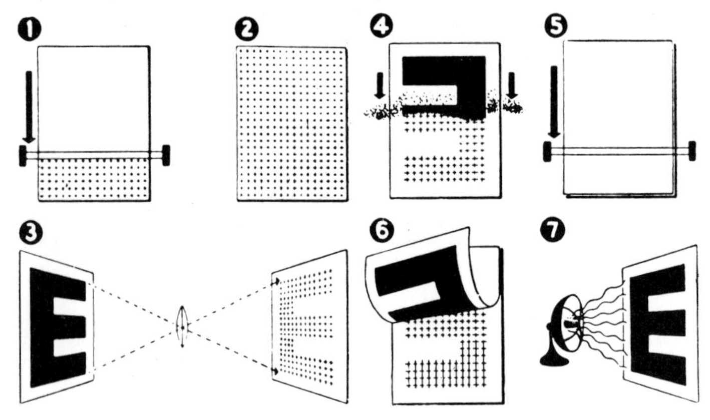

einem verschiebbaren Anschlag, dem 'Frosch'. Nachdem dieser auf die Zeilenbreite eingestellt ist, werden Lettern* und Blindmaterial* in den Zwischenraum gesetzt.

Wurmlöcher. Bei Neuauflagen älterer Druckstöcke des Holzschnitts treten die durch Wurmfraß entstandenen kleinen Löcher als weiße Punkte auf dem Abdruck in Erscheinung und können so zur zeitlichen Einordnung beitragen.

Xerografie (griech. xeros = trokken, graphein = schreiben). Elektrografisches Vervielfältigungsverfahren, bei dem die Vorlage auf eine mit einem Halbleiter (Selen etc.) beschichtete Platte projiziert wird. Durch die Lichtprojektion bildet sich für kurze Zeit auf der Platte ein elektrostatisches Druckbild aus anziehenden und abstoßenden Teilen. Wird diese Platte nun mit einem negativ geladenen Farbpulver ('Toner') eingestäubt, so haftet diese Farbe nur an den anziehenden Partien. Wird darauf nun der negativ geladene Druckbogen gelegt, so zieht er das Farbpulver in der Weise an, wie das Selen es freigibt. Durch Erhitzung wird dann das auf dem Papier haftende Farbpulver angeschmolzen.

Das Verfahren, das ohne Druck und trocken arbeitet ('Trockendruck'), wurde Ende der 30er Jahre in den USA entwickelt. Mit ihm lassen sich nahezu alle Druckträger (Papier, Kunststoff – selbst Apfelsinen) bedrucken.

Xografie. s. Panografie

Xylografie (griech. xylon = Holz, graphein = schreiben) s. Holzstich.

Zeitungsdruck. Der Druck der meist täglich erscheinenden Zeitungen erfolgt außer im Hochdruck* (s. Rotationsdruck*) zunehmend im Rollenoffset*. Die 'neue Technik' wirkt sich bei der Zeitungsherstellung besonders einschneidend aus.

Die in der Redaktion gesammelten Texte werden von Schreibautomaten erfaßt oder in Fotosatz*- bzw. Lichtsatz*-Geräten eingegeben. Abbildungen werden durch Reproduktionsfotografie* oder Scanner* in Rasterbilder umgesetzt. In der Montage* erfolgt dann das Zusammenkleben der Texte und Bilder nach einem Layout* (Klebeumbruch), mittels der Fotolithografie* die Herstellung der Offsetplatten*. Texte und Bilder können aber auch in besonderen Anlagen des Lichtsatzes* gleichzeitig 'gesetzt' und umbrochen werden.

Gedruckt wird auf Rollenoffsetmaschinen mit mehreren Druckwerken. Eine mit 22 000 Zylinderumdrehungen arbeitende Maschine vermag bei einer Papierbahn von 1,44 m je Stunde 22 000 Zeitungen im Format 52 x 36 cm mit je 16 Seiten herzustellen, davon 8 Seiten im Vierfarbendruck. Bei einer zweiten Papierrolle wäre es die doppelte Menge, d. h. 44 000 Stück à 16 Seiten oder 22 000 Stück à 32 Seiten. Andere Maschinen arbeiten mit 35 000 Zylinderumdrehungen und 1,80 m Papier.

Die gewaltigen Maschinen für den Zeitungsdruck erreichen Längen bis zu 70 Metern und sind meist mehrgeschossig aufgebaut mit überein-

a Ansicht

b Schema eines Druckwerks für 2 Farben im Schöndruck und 2 Farben im Widerdruck

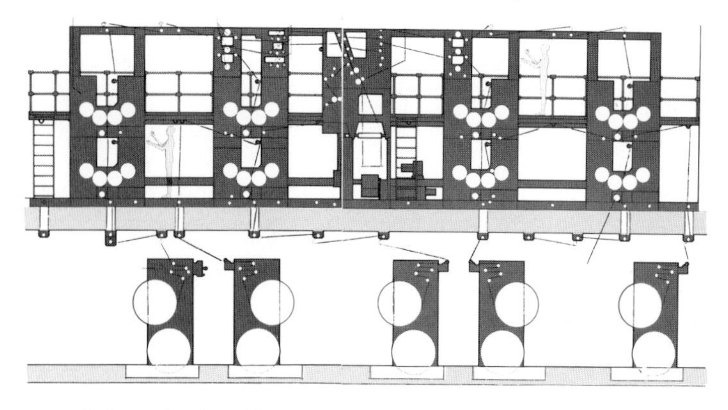

140 *Zeitungsdruck:* Albert A 400/500 Doppelumfang-Rollenoffsetmaschine für den Zeitungsdruck

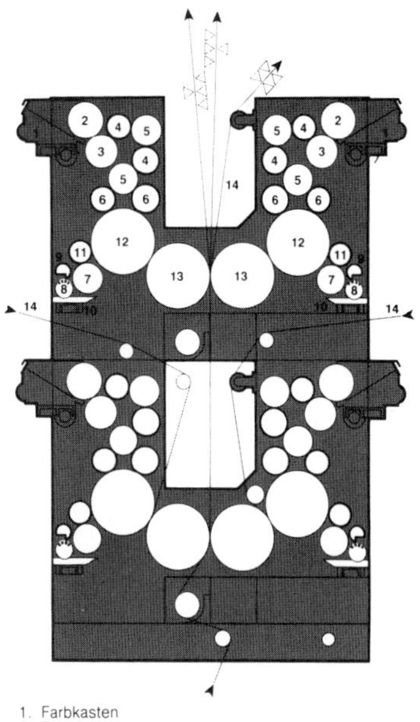

c Schema der Gesamtanlage

anderliegenden Druckeinheiten je Druckwerk (Bedienungsebene). Die Rollenträger sind hier oder im 'Unterbau' (Keller) gelagert, und die bedruckten Papierbahnen werden im 'Überbau' dem Falzapparat zugeführt. Von der Auslage können die Zeitungen in weniger als einer Minute bei vollmechanisierter Verpackung und Expedition zu den Lastwagen gelangen.

Zeugdruck. Bezeichnung für das Bedrucken von Textilgewebe. Im Handdruck wird von großen Druckstöcken (Hochdruck*) gedruckt, aber auch maschineller Flexo*-, Rotations*- und Siebdruck* wird angewendet. Tiefdruckverfahren wurden im Zeugdruck schon lange vor dem Papierdruck benutzt (vgl. Kattundruck*).

Zinkätzung. Manuelles Verfahren zur Herstellung einer Hochdruckform, bei dem – im Gegensatz etwa zur Radierung* – die Zeichnung mit einer säurefesten Flüssigkeit (Asphaltlack etc.) direkt auf die Metallplatte (Zink) aufgetragen wird. Die freistehenden Metallteile werden dann mit Salpetersäure geätzt, also vertieft, so daß die Zeichnung erhaben stehenbleibt.

Zinkätzungen ('Relief-Etching') fertigte u. a. William Blake (1757–1827). Arthur Illies (geb. 1897) erprobte sie in den 20er Jahren; in neuerer Zeit Heinz Mack und Horst Antes (vgl. Strichätzung*), als Teil eines Mischverfahrens Friedrich Meckseper (geb. 1936).

Zinkdruck. Älteres, direktes Flachdruckverfahren mit einer Zinkplatte (vgl. Zinklithografie*). Im Gegensatz aber zum Offsetdruck* erfolgt der Druck unmittelbar auf den Druckträger. Gedruckt wird mit einer Reiberpresse oder einer Rotations-Zinkdruckmaschine.

Zinklithografie. Verfahren zur Herstellung von Druckplatten aus Zink für den Flachdruck*. Da die Zinkplatte im Gegensatz zum porösen Stein der Lithografie* kein Wasser annimmt, wird durch 'Körnen' eine wasserhaltige Schicht künstlich erzeugt. Dies geschieht

141 *Zeugdruck* aus dem 13. Jahrhundert

durch Porzellankugeln und Schleifsand im 'Rüttelkasten' oder in der 'Schüttelmaschine' oder aber durch Sandstrahlen. Nach einer besonderen Metallätzung kann die Zinkplatte wie ein Lithostein behandelt werden. Vor allem in der Laviermanier* bietet die Zinkplatte wegen feinerer Abstufungen der Halbtöne Vorteile. Die Zeichnung kann auch durch Umdruck* oder Kopie (Fotolithografie*) auf die Zinkplatte aufgebracht werden. Gedruckt werden Zinklithografien entweder im 'direkten' Verfahren des Zinkdrucks* oder im 'indirekten' des Offsetdrucks*, wobei dieser ein seitenrichtiges Bild verlangt. Zinklithografien wurden um 1900 von Dr. Strecker erstmals angefertigt.

Zinkografie. Veraltete Bezeichnung für Ätzungen auf Zinkplatten (Autotypie*, Offsetplatten*).

Zurichtung. Im Buchdruck* eine Maßnahme zur Erreichung unterschiedlicher Druckspannung und damit zur Verbesserung der Druckqualität. Bei der 'Zurichtung von oben' ('Ausgleichszurichtung') werden mittels eines auf dem Tiegel oder Druckzylinder angebrachten 'Zurichtebogens' Unebenheiten durch Zufügen oder Wegnehmen von Material ausgeglichen. Bei der 'Zurichtung von unten' ('Plattenzurichtung') wird die Druckplatte mit Papier unterlegt (vgl. Aufklotzen*). Die 'Kraftzurichtung' erreicht bei Autotypien* eine größere Druckspannung in den Tiefen und eine geringere in den Lichtern (vgl. Halbtonbild*).

Zustandsdruck. Abdruck von einer Druckplatte, deren Zustand der Künstler noch nicht für den Auflagendruck als geeignet ansieht (vgl. Abdruckszustände*). Zustandsdrukke werden von Sammlern sehr geschätzt.

Zweifarbendruck. Zwei Farben werden nacheinander gedruckt: Entweder Schwarz auf einen farbigen Grund (vgl. Tondruck*) oder zwei Komplementärfarben, deren Übereinanderdruck eine farbige Wirkung ergibt – Orange und Blau, Rot und Grün, Violett und Gelb, oder eine andere Farbenkombination (vgl. Farbendruck*).

Zyanotypie. Lichtpausverfahren* mittels lichtempfindlicher Eisensalze. Das Kopierpapier wird dabei in eine Mischung von Ferrizyankalium und einem Eisensalz (Ammoniumferrizitrat) getränkt. Durch die Belichtung gehen beide Substanzen eine wasserunlösliche Verbindung von blauer Farbe ein. Deshalb gelten Lichtpausen in diesem Verfahren als 'Blaupausen' (Blueprint*).

Zylinderpresse (Zylinderdruckmaschine). Druckmaschine*, die nach dem Prinzip Zylinder gegen Fläche arbeitet (vgl. Schnellpresse*). Dabei wird nur geringer Druck benötigt, da der Druck nicht gleichzeitig die gesamte Druckplatte erfaßt, sondern – mit der Drehung des Druckzylinders – streifenweise fortschreitend geschieht.

Fremdsprachen-Glossar (manuelle Techniken)

(soweit nicht im Lexikon enthalten)

Acqua forte (ital.) s. Radierung
Affiche (frz.) = Plakat
Affisso (ital.) = Plakat
Après la lettre (frz.) = nach der Schrift
Artist's proof (engl.) s. Künstlerexemplar
Avant la lettre (frz.) = vor der Schrift (Text)

Bister (frz. bistre) = Rußfarbe
Bistermanier s. Aquatinta
Biting (engl.) s. Ätzung
Brush (engl.) = Pinsel
Bulino (ital.) = Grabstichel
Burin (frz.) = Grabstichel

Calcografia (ital.) s. Kupferstich
Carta (ital.) s. Papier
Chalcography (engl.) s. Kupferstich
Chalk (engl.) = Kreide
Chiaroscuro (ital.) s. Clair – obscur
Colore del rame (ital.) = Plattenton
Colour engraving (engl.) s. Farbstich
Copper engraving (engl.) s. Kupferstich
Copper plate printing (engl.) s. Tiefdruck
Couche de vernis (frz.) s. Ätzgrund
Cut (engl.) s. Schraffur
Cuvette (frz.) s. Plattenrand

Dragging (engl.) s. Retroussage
Dotted manner (engl.) s. Schrotschnitt
Drypoint (engl.) s. Kalte Nadel

Eau forte (frz.) s. Radierung
Edition (engl.) s. Auflage
Eliografia (ital.) s. Heliogravüre
Epreuve (frz.) s. Abdruck
Epreuve d'artiste (frz.) = Künstlerexemplar
Epreuve d'essai (frz.) s. Probedruck
Epreuve d'état (frz.) s. Zustandsdruck

Estampe (frz.) s. Druckverfahren
Etching (engl.) s. Radierung
Etching needle (engl.) s. Radiernadel
Etching ground (engl.) s. Ätzgrund
Filigrane (frz.) s. Wasserzeichen
Firma (ital.) s. Signatur

Gesso (ital.) = Kreide
Gravure (frz.) = Stich
Gravure en couleurs (frz.) s. Farbstich
Gravure sur acier (frz.) s. Stahlstich
Gravure sur bois (frz.) s. Holzschnitt
Gravure sur cuivre (frz.) s. Kupferstich
Gravure sur pierre (frz.) s. Steingravur

Impression à plat (frz.) s. Flachdruck
Impression au pochoir (frz.) = Schablonendruck
Impression de tissu (frz.) = Zeugdruck
Impressione (ital.) s. Abdruck
Imprimer (frz.) s. Drucken
Incisione (ital.) = Stich
Incisione a colori (ital.) s. Farbstich
Incisione in legno (ital.) s. Holzschnitt
Incisione in rame (ital.) s. Kupferstich
Incisione su pietra (ital.) s. Steingravur
Indirizzo (ital.) s. Adresse
Intaglio in acciaio (ital.) s. Stahlstich

Lavis (frz.) = Lavieren
Libro xilografico (ital.) s. Blockbuch
Lift ground (engl.) s. Aussprengtechnik
Lino-cut (engl.) s. Linolschnitt
Linogravure (frz.) s. Linolschnitt
Linoleografia (ital.) s. Linolschnitt
Litografia (ital.) s. Lithografie
Livre bloc (frz.) s. Blockbuch

Maniera a matita (ital.) s. Kreidemanier
Maniera a punti (ital.) s. Punktiermanier
Manière criblée (frz.) s. Schrotschnitt
Manière noire (frz.) s. Schabkunst
Manière pointillée (frz.) s. Punktiermanier
Matrice (frz.) s. Druckstock
Morsura (ital.) s. Ätzung
Morsure sur zinc (frz.) s. Zinkätzung

Paper (engl.) s. Papier
Penello (ital.) = Pinsel
Pinceau (frz.) = Pinsel
Plate (engl.) s. Druckstock
Platemark (engl.) = Plattenrand
Plate tone (engl.) = Plattenton
Point (engl.) s. Radiernadel
Pointe à graver (frz.) s. Radiernadel
Pointe sèche (frz.) s. Kalte Nadel
Poster (engl.) = Plakat
Print (engl.) s. Abdruck
Print on textile (engl.) = Zeugdruck
Printing (engl.) s. Druckverfahren
Procedimento allo zucchero (ital.) s. Aussprengverfahren
Proof impression (engl.) s. Zustandsdruck
Prova d'artista (ital.) s. Probedruck
Prova di stampa (ital.) s. Probedruck
Prova di stato (ital.) s. Zustandsdruck
Punta per incidere (ital.) s. Radiernadel
Punta secca (ital.) s. Kalte Nadel

Relief printing (engl.) s. Hochdruck

Screen print (engl.) s. Siebdruck
Seal (engl.) = Stempel
Serigrafia (ital.) s. Siebdruck
Silk-screen process (engl.) s. Siebdruck
Siderografia (ital.) s. Stahlstich
Soft-ground etching (engl.) s. Weichgrundätzung
Stampa (ital.) s. Druckverfahren
Stampa in piano (ital.) s. Flachdruck
Stampa di tessuti (ital.) s. Zeugdruck
Stampare (ital.) s. Drucken
State proof (engl.) s. Zustandsdruck
Steel engraving (engl.) s. Stahlstich
Stipple engraving (engl.) s. Punktiermanier
Stone engraving (engl.) s. Steingravur
Strato di vernice (ital.) s. Ätzgrund
Surface printing (engl.) = Flachdruck

Taglio (ital.) s. Schraffur
Teinte (frz.) = Plattenton
Timbre (frz.) = Stempel
Tirage (frz.) s. Auflage
Tiratura (ital.) s. Auflage

Trait (frz.) s. Schraffur
Trial proof (engl.) s. Probedruck

Vernice molle (ital.) s. Weichgrundätzung

Wash drawing (engl.) = Lavierung
Watermark (engl.) s. Wasserzeichen
Wood cut (engl.) s. Holzschnitt

Xilografia (ital.) s. Holzstich

Zinc etching (engl.) s. Zinkätzung

Literaturverzeichnis

Ars multiplicata (Ausst.-Kat.), Köln 1968

Bachler, K., und Dünnebier, H.: Bruckmann's Handbuch der modernen Druckgraphik, München 1973

Barnicoat, J.: Das Poster, München 1972

Barthel, G.: Konnte Adam schreiben? Weltgeschichte der Schrift, Köln 1972

Bock, E.: Geschichte der graphischen Kunst von ihren Anfängen bis zur Gegenwart, Berlin 1930

Brückner, W.: Populäre Druckgraphik Europas. Deutschland vom 15. bis zum 20. Jahrhundert, München 1969

Brunner, F.: Handbuch der Druckgraphik. Ein technischer Leitfaden, 4. Aufl. Teufen (Schweiz) o.J.

Bücher, die die Welt verändern, ausgew. u. hrsg. von J. Carter u. P. Muir. Eingel. von D. Hay, München 1967 (London 1967: ›Printing and the Mind of Man‹)

Cliffe, H. Lithografie heute, Ravensburg 1965

Der moderne Druck. Handbuch der graphischen Techniken, hrsg. von E. Kollecker u. W. Mattuschke, Hamburg 1956

Diderot, D. und d'Alembert, J.: Encyclopédie ou Dictionnaire raisonné des Sciences, des Arts et des Metiers, 35 Bde., Paris 1751–80 (Reprint der Bildtafeln 1979)

Die Bilderfabrik. Dokumentation zur Kunst- und Sozialgeschichte der industriellen Wandschmuckdarstellung zwischen 1845 und 1973 am Beispiel eines Großunternehmens (Ausst.-Kat.), Frankfurt am Main 1973

Dussler, L.: Die Inkunabeln der deutschen Lithographie, 1796–1821 (1925), Neuauflage 1955

Ehlers, K.-F.: Handbuch für Siebdrucker. Einrichtung, Werkstoffe, Technik, Anwendungsbeispiele, 3. Aufl. München 1980

Fischer, O.: Bruckmann's deutsche Kunstgeschichte: Zeichnung und Graphik, 1951

Friedländer, M. J.: Der Holzschnitt, Berlin 1917

Friedländer, M. J.: Die Lithographie, Berlin 1922

Genzmer, F.: Umgang mit der schwarzen Kunst. Vom Manuskript zum fertigen Druckerzeugnis, 4. Aufl 1978

Graphische Techniken. Eine Ausstellung des Neuen Berliner Kunstvereins (Ausst.-Kat.), Berlin 1973

Hofstätter, H. H.: Geschichte der Kunst und der künstlerischen Techniken, Band 3: Holzschnitt, Kupferstich, Radierung, Lithographie, Serigraphie. Ullstein-Taschenbuchausgabe, Berlin 1968

Jessen, P.: Meister des Ornamentstichs, Berlin 1924

Kirchner, K.: Satz, Druck, Einband und verwandte Dinge, 9. Aufl., Wiesbaden 1970

Koschatzky, W.: Die Kunst der Graphik. Technik, Geschichte, Meisterwerke. 3. Aufl. Salzburg u. Wien 1979

Kristeller, P.: Kupferstich und Holzschnitt in vier Jahrhunderten, 4. Aufl., Berlin 1922

Laran, Jean: L'Estampe, 2 Bde., Paris 1959

Lepeltier, R.: Druckgraphik und Zeichnungen. Ratschläge und Informationen für Sammler und Restauratoren 1977

Leporini, H.: Der Kupferstichsammler. Hand- und Nachschlagebuch für Sammler druckgraphischer Kunst, Braunschweig 1953

Lexikon der graphischen Technik, herausgegeben vom Institut für graphische Technik, Leipzig, 4. Aufl., München-Pullach 1977

Lippmann, F.: Der Kupferstich, Berlin 1926

Musper, Th.: Der Holzschnitt in fünf Jahrhunderten, 2. Aufl., 1962

Muzika, F.: Die schöne Schrift in der Entwicklung des lateinischen Alphabets, 2 Bde., Prag 1965

Rhein, E.: Die Kunst des manuellen Bilddrucks. Eine Unterweisung in den grafischen Techniken, 4. Aufl., Ravensburg 1971

Rumpel, H.: Der Holzschnitt, Genf 1972

Scheidegger, A.: Graphische Kunst, Bern o.J. (Hallwag-Taschenbücher)

Schundler, H.: Monografie des Plakats. Entwicklung, Stil, Design, München 1972

Schweidler, H.: Sammeln und Sichten, Innsbruck 1941

Senefelder, A.: Vollständiges Lehrbuch der Steindruckerey, München 1818 (Reprint, München 1970)

Sotriffer, K.: Die Druckgraphik. Entwicklung, Technik, Eigenart, Wien u. München 1977

Steinberg, S. H.: Die Schwarze Kunst. 500 Jahre Buchdruck, München 1958 (Übers. ›Five Hundred Years of Printing‹, Penguin Book, Harmondsworth)

Stiebner, E.: Bruckmanns Handbuch der Drucktechnik, 2. Aufl. München 1978

Stubbe, W.: Meisterwerke der Graphik. Vierzig große Graphiker zwischen 1450 und 1950 (Ausst.-Kat.), Hamburg 1969

Thieme, U., u. Becker, F.: Allgemeines Lexikon der Bildenden Künstler von der Antike bis zur Gegenwart, 37 Bände, Leipzig 1907–50

Velonis, A.: The Technique of Silk-Screen Process, 1938

Vom Handdruck zum Poster. Eine Einführung in die graphischen Techniken und in die maschinellen Druckverfahren. (Ausst.-Kat.), Köln 1973

Weber, W.: Saxa loquuntur. Geschichte der Lithographie, Band I, Heidelberg–Berlin 1961; Band II, München 1964

Winkler, R. A.: Wie sammle ich Lithograpphien?, München 1965

Für die Hilfe bei der Beschaffung von Fotomaterial und für die Gewährung von Reproduktionsrechten gilt der Dank des Autors und des Verlages der Kunst- und Museumsbibliothek im Wallraf-Richartz-Museum, Köln; Frau Fifi Jansen-Kreutzer Ruppichteroth; Herrn Dr. Norbert Nürnberg, Köln; sowie den Firmen Albert-Frankenthal, Frankenthal; Barent & Co., Augsburg; H. Berthold AG, Berlin; Ludwig Gack, Mühlacker; Heidelberger Druckmaschinen, Heidelberg; Dr. Ing. Rudolf Hell GmbH, Kiel; Druckerei E. Jungfer, Herzberg; Klimsch + Co., Frankfurt/M.; Koenig & Bauer, Würzburg; M.A.N.-Roland, Offenbach und Augsburg; Monotype GmbH, Frankfurt/M.; Rank Xerox, Köln; Druckerei Gebr. Rasch & Co., Bramsche; Rotaprint GmbH, Wiesbaden; Hans Sixt KG, Walldorf.

Index

DuMont's Handbuch für Grafiker

Eine Anleitung für die Praxis
Von Günter Hugo Magnus. 256 Seiten mit 53 Seiten farbigen Abbildungen, über 300 einfarbigen Abbildungen und Zeichnungen in Diagrammen, Literaturverzeichnis, Verzeichnis von Werkstoff-Material, Leinen

»Ein nützliches Handbuch für alle, die grafisch gestalten oder den Beruf erlernen wollen. Es ist nicht ausschließlich ein Buch für Anfänger, auch der Profi, der vielleicht ein spezielles Repertoire an handwerklichen Fertigkeiten virtuos beherrscht, entdeckt alte Techniken neu und bekommt Appetit, die eine oder andere längst vergessene Technik auszuprobieren. Hervorragend ist die Konzeption, überwiegend Studienarbeiten als Beispiele von Materialtechniken abzubilden. Die knappen Texte und einfachen Vignetten machen die Techniken gut verständlich.« *Der Tagesspiegel, Berlin*

DuMont's Handbuch zur Technik der Malerei

Farbstoffe – Bindemittel – Lösemittel – Emulsionen – Firnisse – Mischtechniken
Mehrschichtiger Farbauftrag – Lasuren – Transparenz – Simultankontraste
Von Egon von Vietinghoff. 192 Seiten mit 29 Farbtafeln und 11 einfarbigen Abbildungen, Glossar, Leinen

»Dieses reich ausgestattete Buch ist eine grundlegende Darstellung der vielfältigen Techniken von Öl- und Temperamalerei. Der Autor hat seinen großen Erfahrungsschatz, den er in langjähriger Malpraxis, vielen technischen Versuchen und bei Museumsbesuchen vor berühmten Meisterwerken sammeln konnte, in übersichtlicher Darstellung und mit praktischen Übungshinweisen zusammengefaßt.« *Bayerische Rundschau*

DuMont's Handbuch der Spritzpistolen-Technik

Entwicklung und Anwendung in Kunst und Werbung
Von Seng-gye Tombs Curtis und Christopher Hunt. 160 Seiten mit 101 farbigen und 189 einfarbigen Abbildungen, Glossar, Literaturhinweisen, Register, Leinen

»Dieses ungewöhnliche Handbuch bietet sowohl dem Amateurgrafiker wie auch dem professionellen Werbegestalter und Künstler einen detaillierten und zugleich sehr anschaulichen Überblick über die geschichtliche Entwicklung und die technischen Anwendungsmöglichkeiten der Spritzpistolenmalerei. Das Buch bietet eine reiche Auswahl an exzellenten Farbabbildungen, die das vielseitige Darstellungsrepertoire dieser Maltechnik belegen. Dieses unvergleichliche Handbuch ist damit ein unverzichtbarer Wegweiser für jeden, der sich in die Methodik der Spritzpistolenmalerei einarbeiten möchte.« *Fotografie*

Siebdruck

Technik – Praxis – Geschichte

Von Wolfgang Hainke. 380 Seiten mit 34 farbigen und 171 einfarbigen Abbildungen, Erläuterung der Fachbegriffe, ausführlichem Literaturverzeichnis, Hersteller- und Lieferantenverzeichnis (DuMont Taschenbücher, Band 77)

»Dieses Taschenbuch ist handlich, sehr informativ und preiswert. Es vermittelt, eine Seltenheit in diesem Genres, sowohl einen Überblick über die alten manuellen Verfahren als auch über die neuen Vervielfältigungsmethoden: Künstlerdrucke und vollautomatische Massenproduktion stehen nebeneinander.« *Kunst und Unterricht*

Die Lithographie

Geschichte, Kunst, Technik

Von Walter Dohmen. 277 Seiten mit 15 farbigen und 136 einfarbigen Abbildungen, Literaturhinweisen, Fachwort-Erläuterung, Liefer- und Herstellerfirmen (DuMont Taschenbücher, Band 124)

»Der Autor des vorliegenden Buches legt das Hauptgewicht auf die Erläuterung der verschiedenen lithographischen Techniken. Die Vorbereitung dazu, sowie das benötigte Material werden ebenso dargestellt wie die einzelnen Arbeitsvorgänge bis zu den Drucken selbst auf verschiedenen Pressen, dem Farbdruck und dem photographischen Verfahren. Das alles wird durch zahlreiche Werkstattfotos und detaillierte Zeichnungen veranschaulicht. Bemerkenswert sind die schönen Wiedergaben von klassischen Farblithographien im Innern des Buches.« *Wiesbadener Tagblatt*

Die Schrift

Geschichte, Gestaltung, Anwendung

Ein Lern- und Lehrbuch für die Praxis

Von Barbara Salberg-Steinhardt. 306 Seiten mit 206 meist mehrteiligen einfarbigen Abbildungen, Themenübersicht für den Werkunterricht, ausführlichem Literaturverzeichnis, Register (DuMont Taschenbücher, Band 133)

»Ein Buch, das umfassend informiert, neu Sehen lehrt und sensibel macht für das allgegenwärtige Phänomen der Schrift.« *Grafik Press*

»Dieses in Text und Illustration praxisbezogene Lern- und Lehrbuch beleuchtet das vielschichtige Thema ›Schrift‹ nach allen Seiten. Am Ende eines jeden der sechs Hauptkapitel erfolgt eine Zusammenfassung mit Fixierung der wichtigsten Fakten, der Anhang bringt neben Register und Literaturnachweis prägnante Erläuterungen der vorkommenden Fachbegriffe.« *Main-Echo*

DuMont Taschenbücher

Stand Herbst '84

Band 2 Horst W. und Dora Jane Janson
Malerei unserer Welt

Band 3
August Macke – Die Tunisreise

Band 4 Uwe M. Schneede
René Magritte

Band 6 Karin Thomas
DuMont's kleines Sachwörterbuch zur Kunst des 20. Jahrhunderts

Band 8 Christian Geelhaar
Paul Klee

Band 12 José Pierre
DuMont's kleines Lexikon des Surrealismus

Band 13 Joseph-Émile Muller
DuMont's kleines Lexikon des Expressionismus

Band 14 Jens Christian Jensen
Caspar David Friedrich

Band 15 Heijo Klein
DuMont's kleines Sachwörterbuch der Drucktechnik und grafischen Kunst

Band 17 André Stoll
Asterix – das Trivialepos Frankreichs

Band 18 Horst Richter
Geschichte der Malerei im 20. Jahrhundert

Band 23 Horst Keller
Marc Chagall

Band 25 Gabriele Sterner
Jugendstil

Band 26 Jens Christian Jensen
Carl Spitzweg

Band 27 Oto Bihalji-Merin
Die Malerei der Naiven

Band 29
Herbert Alexander Stützer
Die Etrusker und ihre Welt

Band 30 Johannes Pawlik (Hrsg.)
Malen lernen

Band 31 Jean Selz
DuMont's kleines Lexikon des Impressionismus

Band 32 Uwe M. Schneede
George Grosz

Band 33 **Erwin Panofsky**
Sinn und Deutung in der bildenden Kunst

Band 35 Evert van Uitert
Vincent van Gogh

Band 38 Ingeborg Tetzlaff
Romanische Kapitelle in Frankreich

Band 39 Joost Elffers (Hrsg.)
DuMont's Kopfzerbrecher
TANGRAM

Band 41 Heinrich Wiegand Petzet
Heinrich Vogeler – Zeichnungen

Band 43 Karl Heinz Krons
Gestalten mit Papier

Band 44 Fritz Baumgart
DuMont's kleines Sachlexikon der Architektur

Band 45 Jens Christian Jensen
Philipp Otto Runge

Band 47 Paul Vogt
Der Blaue Reiter

Band 50
Conrad Fiedler
Schriften über Kunst

Band 52 Jörg Krichbaum/
Rein A. Zondergeld
DuMont's kleines Lexikon der Phantastischen Malerei

Band 54 Karin Thomas /Gerd de Vries
DuMont's Künstler-Lexikon von 1945 bis zur Gegenwart

Band 55 Kurt Schreiner
Kreatives Arbeiten mit Textilien

Band 56 Ingeborg Tetzlaff
Romanische Portale in Frankreich

Band 57 Götz Adriani
Toulouse-Lautrec und das Paris um 1900

Band 58 Hugo Schöttle
DuMont's Lexikon der Fotografie

Band 59 Hugo Munsterberg
Zen-Kunst

Band 60 Hans H. Hofstätter
Gustave Moreau

Band 61 Martin Schuster/Horst Beisl
Kunst-Psychologie

Band 63 Hans Neuhaus
Werken mit Ton

Band 65 Harald Küppers
Das Grundgesetz der Farbenlehre

Band 66 Sam Loyd/
Martin Gardner (Hrsg.)
Mathematische Rätsel und Spiele

Band 67 Fritz Baumgart
»Blumen-Brueghel«

Band 68 Jörg Krichbaum
Albrecht Altdorfer

Band 69 Erich Burger
Norwegische Stabkirchen

Band 70 **Ernst H. Gombrich**
Kunst und Fortschritt

Band 71 José Pierre
DuMont's kleines Lexikon der Pop Art

Band 72 Michael Schuyt / Joost Elffers / Peter Ferger
Rudolf Steiner und seine Architektur

Band 73 Gabriele Sterner
Barcelona: Antoni Gaudi

Band 74 Eckart Kleßmann
Die deutsche Romantik

Band 77 Wolfgang Hainke
Siebdruck

Band 78 Wilhelm Rüdiger
Die gotische Kathedrale

Band 79 Otto Kallir
Grandma Moses

Band 80 Rainer Wick / Astrid Wick-Kmoch (Hrsg.)
Kunst-Soziologie

Band 81 Klaus Fischer
Erotik und Askese in Kult und Kunst der Inder

Band 83 Ekkehard Kaemmerling (Hrsg.)
Bildende Kunst als Zeichensystem 1

Band 84 Hermann Leber
Plastisches Gestalten

Band 85 Sam Loyd / Martin Gardner (Hrsg.)
Noch mehr Mathematische Rätsel und Spiele

Band 87 Hans Giffhorn
Kritik der Kunstpädagogik

Band 88 Thomas Walters (Hrsg.) / Gabriele Sterner
Jugendstil-Graphik

Band 89 Ingeborg Tetzlaff
Griechische Vasenbilder

Band 90 **Ernesto Grassi**
Die Theorie des Schönen in der Antike

Band 91 Hermann Leber
Aquarellieren lernen

Band 93 Joost Elffers / Michael Schuyt
Das Hexenspiel

Band 94 Kurt Schreiner
Puppen & Theater

Band 95 Karl Hennig
Japanische Gartenkunst

Band 96 Hans Gotthard Vierhuff
Die Neue Sachlichkeit

Band 98 Karl Clausberg
Kosmische Visionen

Band 99 Bernd Fischer
Wasserburgen im Münsterland

Band 100 Peter-T. Schulz
Der olle Hansen und seine Stimmungen

Band 101 Felix Freier
Fotografieren lernen – Sehen lernen

Band 102 Doris Vogel-Köhn
Rembrandts Kinderzeichnungen

Band 103 **Kurt Badt**
Die Farbenlehre van Goghs

Band 104 Wilfried Hansmann
Die Apokalypse von Angers

Band 105 Rolf Hellmut Foerster
Das Barock-Schloß

Band 106 Martin Gardner
Mathematik und Magie

Band 107 Joost Elffers / Michael Schuyt / Fred Leeman
Anamorphosen

Band 108 Götz Adriani / Winfried Konnertz / Karin Thomas
Joseph Beuys

Band 109 Bernd Fischer
Hanse-Städte

Band 110 Günter Spitzing
Das indonesische Schattenspiel

Band 111 Gerd Presler
L'Art Brut

Band 112 Alexander Adrion
Die Kunst zu zaubern

Band 113 **Jan Bialostocki**
Stil und Ikonographie

Band 114 Peter-T. Schulz
Der Kuckuck und der Esel

Band 115 Angelika Hofmann
Ton – Finden, Formen, Brennen

Band 116 Sara Champion
DuMont's Lexikon archäologischer Fachbegriffe und Techniken

Band 117 **Rosario Assunto**
Die Theorie des Schönen im Mittelalter

Band 118 Michael Rain / Robert Polin
Wie man besser flippert

Band 119 Joachim Petsch
Geschichte des Auto-Design

Band 120 Gabriele Grünebaum
Buntpapier

Band 121 Renate Berger
Malerinnen auf dem Weg ins 20. Jahrhundert

Band 122 Horst Schmidt-Brümmer
Wandmalerei zwischen Reklamekunst, Phantasie und Protest

Band 123 Fritz Winzer
DuMont's Lexikon der Möbelkunde

Band 124 Walter Dohmen
Die Lithographie

Band 125 Ulrich Vielmuth / Pierre Kandorfer (Hrsg.)
Fachwort-Lexikon Film · Fernsehen · Video

Band 126 Christian Kellerer
Der Sprung ins Leere

Band 127 Peter-T. Schulz
Rapunzel

Band 128 Lu Bro
Wie lerne ich zeichnen

Band 129 Manfred Koch-Hillebrecht
Die moderne Kunst

Band 130 Bettina Gruber / Maria Vedder
DuMont's Handbuch der Video-Praxis

Band 131 Anneliese und Peter Keilhauer
Die Bildsprache des Hinduismus

Band 132 Reinhard Merker
Die bildenden Künste im Nationalsozialismus

Band 133 Barbara Salberg-Steinhardt
Die Schrift:
Geschichte – Gestaltung – Anwendung

Band 134 Götz Pochat
Der Symbolbegriff in der Ästhetik und Kunstwissenschaft

Band 135 Karlheinz Schüssler
Die ägyptischen Pyramiden

Band 136 Rainer Harjes
Handbuch zur Praxis des Freien Theaters

Band 137 Nikolaus Pevsner
Wegbereiter moderner Formgebung

Band 138 Friedrich Piel
Die Methoden der Kunstgeschichte

Band 139 Peter-T. Schulz
Guten Tag! Eine Gulliver-Geschichte

Band 140 Horst Schmidt-Brümmer
Alternative Architektur

Band 141 Herbert Alexander Stützer
Die Kunst der römischen Katakomben

Band 142 Rudolf Wittkower
Allegorie und der Wandel der Symbole in Antike und Renaissance

Band 143 Martin Warnke (Hrsg.)
Politische Architektur

Band 144 Miriam Magall
Kleine Geschichte der jüdischen Kunst

Band 145 James F. Fixx
Rätsel und Denkspiele mit Seitensprung

Band 146 Rose-Marie und Rainer Hagen
Meisterwerke europäischer Kunst
als Dokumente ihrer Zeit erklärt

Band 147 Astrid und Joachim Knuf
Amulette und Talismane

Band 148 Renée Violet
Kleine Geschichte der japanischen Kunst

Band 149 Lawrence Treat
Detektive auf dem Glatteis

Band 150 Alexandra Lavizzari-Raeuber
Thangkas Rollbilder aus dem Himalaya

Band 151 Hartmut Kraft
Psychoanalyse, Kunst und Kreativität heute

Band 152 Peter F. Dunkel
Schattenfiguren – Schattenspiel

Band 153 Ingeborg Ebeling
Masken und Maskierung

Band 154 Hans Biedermann
Höhlenkunst der Eiszeit

Band 155 Ulrich Namislow
Oktagramm

Band 156 Herbert Alexander Stützer
Kleine Geschichte der römischen Kunst

Band 157 Paul Maenz
Die 50er Jahre

Band 158 Jack B. Rochester / John Gantz
Der nackte Computer